MEISTER DER ANGST

20 Gespräche mit Horrorfilmmachern
Peter Osteried

1. Auflage
Copyright © 2013 Peter Osteried, Ismaninger Str. 136,
81675 München
ISBN-13: 978-1490930237
ISBN-10: 149093023X
www.peterosteried.com

Covergestaltung: Ultranox Media

Inhaltsverzeichnis

Vorwort

Der Horrorfilm ist ein Genre, das sich immer wieder neu erfindet. Er ist Ausdruck gesellschaftlicher Veränderungen und Ströme. Mit jeder neuen Generation an Machern, aber auch Zuschauern definiert er sich neu. Nur zu oft wird der Horrorfilm als etwas Minderwertiges angesehen, das nur auf niedere Instinkte abzielt. Und ja, solche Filme gibt es, aber eben nicht nur. Es gibt auch Filme, die etwas aussagen oder Gedanken anregen wollen.

Noch wichtiger: Es gibt Filmemacher, die Horror als mehr als nur Unterhaltung verstehen, die sich darüber ausdrücken und ihren kleinen Beitrag dazu leisten, die Welt ein klein wenig zu verändern. Spricht man mit einigen dieser Filmemacher, merkt man schnell, dass vielen das Bedürfnis innewohnt, nicht bloße Unterhaltung zu erschaffen. Sie haben eine Passion, die sich im Filmemachen ausdrückt.

Im Lauf der Jahre konnte ich mich mit vielen Regisseuren und Autoren unterhalten – alten Hasen und jungen Wilden. 20 der interessantesten Interviews sind hier nun kompiliert.

Viel Vergnügen!

Peter Osteried

Adam Green

Adam Green wurde 1975 geboren. Im Alter von 31 Jahren wurden Horrorfans dann auf ihn aufmerksam, als er mit dem Slasher-Film HATCHET debütierte. Seitdem hat Green auch das Sequel inszeniert, den dritten Teil geschrieben und produziert und eine ganze Reihe von höchst amüsanten Kurzfilmen inszeniert. Außerdem drehte er den Überlebensthriller FROZEN und eine Geschichte des Episodenfilms CHILLER. Green ist seit 2010 mit Schauspielern Rileah Vanderbilt verheiratet, die in manchen seiner Produktionen mitwirkt. Das Interview wurde anlässlich der Aufführung von HATCHET 2 in München geführt.

Was ist die nervigste Frage, die man dir stellen kann? Dann kann ich die gleich mal streichen.

Bei HATCHET 2 gibt es noch keine nervige Frage, weil ich erst seit etwa einer Woche Publicity dafür mache.

Im ersten HATCHET wird Marybeth noch von Tamara Feldman gespielt. Im Sequel ist es nun Danielle Harris. Wie kam es dazu?

Tamara befindet sich an einem Punkt in ihrer Karriere, und das ist nur meine Meinung, an dem sie die falschen Entscheidungen darüber trifft, was sie machen soll. Als wir FROZEN machten und ich über HATCHET 2 nachdachte, wurde mir klar, dass es vielleicht besser war, mit dieser Figur einen Neuanfang zu probieren. Das

Problem dabei war, dass ich das Sequel schon im ersten Teil vorbereitet habe. Ich hatte immer den Plan, den Film direkt fortzusetzen. Also musste ich mir die Frage stellen: Verändere ich die gesamte Geschichte und vergesse alles, was ich für den Film geplant hatte, nur weil eine Schauspielerin ihr Leben nicht auf die Reihe bekommt? Oder besetze ich die Rolle neu?

Viele Fans hassen es, wenn eine Rolle neu besetzt wird. Aber mit Danielle Harris haben wir die vielleicht größte Scream Queen unserer Tage. Als wir also sagten, dass Tamara Feldman nicht mehr mitspielen würde, gab es großes Gekeife, aber als wir dann Danielle Harris als Nachfolgerin verkündeten, reagierten die Fans sehr enthusiastisch. Um ehrlich zu sein, ich glaube, dass Danielle auch besser ist. Der Grund, warum ich mich an sie wandte, war, dass sie schon für den ersten Film vorgesprochen hatte. Damals war es ein Kopf-an-Kopf-Rennen zwischen Tamara und ihr. Ich habe mich dann für Tamara entschieden, gerade weil sie im Genre unbekannt war. Ich wollte nicht noch eine Horrorfilm-Ikone in HATCHET haben. Es hat also gut funktioniert, die Rolle neu zu besetzen. Einzig schade ist, dass es eben diesen Bruch gibt, wenn man beide Filme zu einem zusammenschneiden würde. Da bräuchte man dann mitten im Film so eine Art Soap-Opera-Erzähler, der kurz erklärt: „Heute Nacht wird die Rolle von Danielle Harris gespielt."

Wie kam es, dass Regisseur Tom Holland eine Rolle in HATCHET 2 erhalten hat?

In L.A. veranstalten wir immer diese Masters-of-Horror-Dinner, die Mick Garris alle paar Monate mal organisiert. Da sitzen dann die so genannten Masters of Horror und essen gemeinsam Hamburger. Das klingt aufregender als es ist, denn man denkt sich, da würde dann jeder Alkohol trinken. Aber der einzige, der das tut, ist Quentin Tarantino. Ich hab mich bei diesen Treffen mit Tom Holland angefreundet. Für mich ein Erlebnis, denn FRIGHT NIGHT ist eine große Inspiration für HATCHET gewesen.

Eines Abends lud ich also Tom und seine Frau zu mir nach Hause ein. Ich erzählte ihm, was FRIGHT NIGHT für mich bedeutet, dass ich ihn gerne in meinem Film haben wollte und mir das viel bedeuten würde. Als erstes wusste er nicht, was er sagen sollte. Ihm war etwas unwohl dabei, wieder Schauspieler zu sein. Am ersten Drehtag zitterte er dann auch wie Espenlaub und war sehr nervös. Aber er hat großartige Arbeit abgeliefert. Und das Schönste, was er mir sagte, war, dass es ihm neuen Respekt für Schauspieler verschafft hat, weil er sich wieder daran erinnert hat, was für ein schwerer Job das eigentlich ist.

Lloyd Kaufman hat ein Cameo im Film. Wie kam es dazu?

Lloyd Kaufman fragte selbst an, ob er in dem Film mitspielen kann. Ich traf ihn auf einer Convention und er mochte HATCHET so sehr, dass er sagte, er wolle unbedingt ein Cameo im zweiten Film haben. Er ist auf eigene Kosten zu uns geflogen, um sich unter die Jäger in spe zu setzen. Das war auch witzig, allerdings hat uns das unglaublich viel Zeit gekostet, denn Lloyd ist niemand, der ruhig herumsitzen kann. Am liebsten würde er ständig mit den Händen herumfuchteln und etwa von Toxie erzählen. Aber es war natürlich ein nettes Cameo für die Fans, die ihn in dieser Gruppe entdecken.

HATCHET 2 ähnelt HALLOWEEN 2, indem der Film direkt an den Vorgänger anschließt. War das von Anfang an geplant?

Es war von Anfang an so geplant. Sogar einige der Waffen, die im zweiten Teil benutzt werden, werden im ersten eingeführt. Wenn man sich den ersten Film noch mal ansieht, dann fällt zum Beispiel die große Kettensäge auf, die in der Hütte hinter Marybeth zu sehen ist, als diese ihre Familie findet. Ich habe damals versucht, den ersten Film so zu gestalten, dass alles für sich steht, wenn es kein Sequel gibt. Wenn es niemals ein Sequel gegeben hätte, wäre das Ende des ersten Films okay gewesen. Die Leute hätten wohl vermutet, dass Marybeth am Ende auch stirbt.

Was ich an den Slasher-Filmen der 80er Jahre nicht mochte – mit Ausnahme von HALLOWEEN 1 und 2 – ist die Tatsache, dass sich alles wiederholt und man das Gefühl hat, denselben Film noch einmal zu sehen. Es scheint, als hätten sie nach dem ersten Teil aufgegeben und es wäre ihnen egal gewesen, was danach passiert. Hauptsache der Killer ist da und ein paar Morde geschehen. Ich wollte das anders haben. Ich wollte einen guten Grund dafür haben, warum es einen zweiten Film braucht. Und ich wollte mehr über die Hintergründe erzählen. Darum ist die Backstory von Victor Crowley auch viel ausführlicher ausgefallen. Ich wollte einfach ein Sequel, das besser ist, als das üblicherweise der Fall ist.

Und wie sieht's mit einem dritten Teil aus?

Es gibt eine Idee dafür. Die existiert schon, seit wir den ersten Film gemacht haben, aber es ist nichts, was die Zuschauer erwarten würden. Aber ich bin ziemlich sicher, dass es für mich der letzte HATCHET-Film war. Ich kehre vielleicht als Produzent zurück und mag bei der Entscheidungsfindung den Regisseur betreffend involviert sein, aber ich denke, dass ich mit diesem Stoff getan habe, was ich tun wollte und mich nun auf andere Projekte konzentrieren werde. Wenn anderer Mann das Ruder übernimmt, hat der vielleicht sogar noch eine bessere Idee. Ich möchte da offen bleiben.

Vielleicht in 3-D?
(Lacht) Ja, gut möglich.

Mercedes McNab ist im zweiten Teil dabei. Neues Material über Überbleibsel aus dem ersten?

Es war neues Material. Wir wussten, dass wir im zweiten Teil die Kamera wieder finden würden. Und Mercedes McNab war für viele Zuschauer beim ersten Teil das Highlight. Wohin auch immer wir gingen, sie erhielt die meisten Lacher. Wir haben die Gelegenheit genutzt und auch ihre Todesszene aus dem ersten Teil gedreht.

Irgendwann möchte ich mal eine Edition erstellen, in der beide Filme zu einem zusammengeschnitten werden. Im ersten Film stirbt sie ja off-screen. Für den Witz damals war dies vonnöten, da wir ja Joel mit ihren Körperteilen bewarfen und so nicht zeigen konnten, wie sie stirbt. Das haben wir nun nachgeholt.

Jeder aus dem ersten Teil kam auf mich zu und erklärte mir, warum auch er im zweiten Film wieder dabei sein könnte. Parry Shen erklärte, dass seine Figur einen Bruder hatte, was auch im ersten Film gesagt wird. Und nun ist er der Bruder, woraufhin andere kamen und auch meinten, sie hätten Brüder und Schwestern. Es war ein großes Kompliment für mich, als einige der Schauspieler das Set besuchten. Wir hatten häufig Besucher, die einfach nur mal vorbeischauen und etwas Spaß haben wollten.

Wenn beide Filme kombiniert werden, gibt es dann auch entfallenes Filmmaterial, das wieder eingefügt wird?

Die Filme sind der Director's Cut. Das einzige, was ich einfügen würde, ist die Todesszene von Mercedes. Ansonsten wurde nichts aus dem Film geschnitten, sofern es dafür nicht einen guten Grund hab. Also etwa ein Witz, der nicht funktionierte oder ein Dialog, der zu lang geraten ist. Aber es gibt keine kompletten Szenen, die entfernt wurden. Wenn man mit Budget- und Zeitbeschränkungen wie bei diesen Filmen arbeiten muss, dann ist es oftmals schon schwierig, das zu drehen, was man wirklich braucht. Man muss schon am

Set das unnötige Fett entfernen. Und wenn etwas am Set nicht funktioniert, dann muss man blitzschnell das Drehbuch ändern.

Ich bin ein weit größerer Kritiker, wenn es um Studiofilme geht. Ein Film wie HATCHET 2 wurde in 17 Tagen gedreht und hat 17 Kills zu bieten. Stell Dir da mal vor, wie schnell wir arbeiten mussten. Bei einem Studiofilm hat man zwei Jahre der Vorbereitung bis zu den Dreharbeiten. Und es gibt Budgets, bei denen den Regisseuren viel mehr Möglichkeiten offen stehen. Sie können Szenen nachdrehen und Filme testen. Wir hingegen haben den Film innerhalb von acht Monaten fertig gestellt. Es würde mir schon gefallen, wenn noch unbenutztes Filmmaterial vorhanden wäre, aber das gibt es hier einfach nicht.

Mit der Fassung, die auf dem Fantasy Film Fest lief, warst Du nicht zufrieden. Das Publikum hingegen war ziemlich glücklich. Dich störte das noch nicht optimierte Sounddesign?

Meine Freunde von Tiberius sagten auch, dass der Film gut rüberkommt. Aber wenn man weiß, wie der Film wirklich klingen soll, dann merkt man es einfach. Darum mögen es die Filmvorführer auch gar nicht, wenn der Regisseur zugegen ist. Denn dann bleibt man drei Minuten ruhig und bittet den Vorführer danach ständig, dies oder jenes zu ändern. Man arbeitet hart an dem Film, aber er sieht und hört sich niemals so an, wie man das während der Dreharbeiten erlebte. Darum mag ich Blu-rays auch so gerne. Die Blu-ray-Editionen meiner

Filme, soweit ich sie bisher gesehen haben, sind phantastisch. SPIRAL sieht unglaublich gut aus. Die DVD trägt dem nicht immer Rechnung, aber die Blu-ray ist ein Gottesgeschenk.

SPIRAL ist hierzulande auf Blu-ray erschienen. Ein wirklich phantastischer Transfer.

Man sieht das Filmkorn. Ich habe genau wegen dieses Korns den Kodak-Film benutzt. Klar, auf DVD sieht man auch, dass es Kodak-Film ist, aber es gibt einen Grund, warum ich mich für dieses Material entschied und auf Blu-ray kann man das nun auch genau erkennen.

Du hast im ersten Teil von HATCHET Horror-Stars wie Kane Hodder oder Tony Todd eingesetzt. Glaubst Du, dass dies auch Nachteile mitbringt, weil die Glaubwürdigkeit der Geschichte unterminiert werden könnte?

Bei FROZEN wollte ich keine Genre-Stars dabei haben. Man kennt zwar einige der Schauspieler, aber sie sind nicht für eine bestimmte Art von Film bekannt. Sie wirken frisch und darum kann man leichter an sie und an die Situation, in der sie sich befinden, glauben. Das Ensemble von HATCHET bestand auch aus Unbekannten, wurde aber mit Stars wie Robert Englund, Tony Todd und Kane Hodder garniert. Ich mag es, Genre-Stars in Rollen wie diesen zu besetzen. Es ist so, als würden sie dem Film damit ein Qualitätssiegel verpassen. Ich versuchte, das Feeling der 80er Jahre einzufangen und diese Horror-Stars ebenfalls organisch einzubauen. Viele Fans wurden auch erst durch diese Stars auf den Film aufmerksam und waren dann bereit, ihm eine Chance zu geben. Im zweiten Teil gibt es noch mehr Cameos. Und manche Rollen sind nicht mal Cameos. Tom Holland hat eine große Rolle. Ich kann Dir gar nicht sagen, was für ein Gefühl das war, einen seiner Lieblingsregisseure zu inszenieren. Ich ließ jeder Regieanweisung ein „Tut mir leid" oder „War das okay?" folgen.

Es gab einige Probleme während des Drehs von HATCHET 2. Was war die größte Schwierigkeit?

Tatsächlich die Schweinegrippe. Ich habe noch nie gesehen, dass Menschen so krank sein können. Wir haben uns alle übergeben und die Hälfte der Zeit im Bad verbracht. Jeder schwitzte heftig und war echt krank. Die Grippe verbreitete sich total schnell, wie ein Zombie Outbreak.
Problematisch war auch, dass FROZEN mitten während der Dreharbeiten von HATCHET 2 in die Kinos kam. Wir drehten also drei Wochen, dann brachen wir ab und ich ging nach Sundance, um FROZEN zu promoten. Und als ich damit fertig war, gingen die Dreharbeiten von HATCHET 2 weiter. Dazu war ich selbst auch noch krank, musste aber doch zu all diesen Presseveranstaltungen gehen. Und ein solcher Presse-Marathon ist unter diesen Umständen tödlich. Ich war bereits vom ersten Teil der Dreharbeiten von HATCHET 2 todkrank, musste dann Presse für FROZEN machen und dann HATCHET 2 zu Ende drehen.

Wieso hatte FROZEN in den USA nur einen Limited Release?

Weil Anchor Bay ein unglaublich schlechter Verleiher ist. Manchmal hat man echt das Gefühl, dass sie nicht mit einem, sondern gegen einen arbeiten. Die meisten ihrer Titel sind eines Wide Releases nicht wert, aber bei FROZEN war das anders. Der Film kam in Sundance sehr gut an und erhielt einige großartige Kritiken. Aber Anchor Bay hat dennoch nichts für ihn getan. Keine Werbespots, keine Billboards, keine Poster, einfach gar nichts. Sie haben den Film in die Kinos geworfen und obschon sie nichts für ihn taten, hat er sich neun Wochen gehalten, wenn Filme dieser Art normalerweise nach ein oder zwei Wochen wieder weg sind. Ich weiß, dass der Film auf DVD gut laufen wird und auch in anderen Ländern war er im Kino durchaus erfolgreich.
Die Art, wie Anchor Bay sich hier verhält, ist auch der Grund, warum ich ihnen HATCHET 2 nicht mehr gegeben habe. Der erste Teil war Anchor Bays größter Erfolg, aber als sie die Auswertung von FROZEN vermasselten, hab ich ihnen das Franchise entzogen. Mir blieb keine Wahl. Jeder aus meiner Crew freute sich auf den Start von FROZEN, aber Anchor Bay hat uns im Stich gelassen. Ich meine, okay, wenn ein Film nicht gut ist, dann müssen sie auch keinen Aufwand betreiben. Aber wenn es tatsächlich ein guter Film ist und er viele vorteilhafte Kritiken erhält, dann kann man vom Verleiher einfach mehr erwarten. Unterm Strich hatten sie einfach nicht das Geld, um den Film korrekt zu vermarkten.

Du arbeitest häufig mit Joel Moore zusammen. Wie kam es zur Zusammenarbeit bei SPIRAL?

Als wir HATCHET drehten, zeigte mir Joel ein Skript, das er geschrieben hatte. Zum damaligen Zeitpunkt lief es wie ein Drama ab, aber er wollte etwas draus machen, das in Richtung Thriller geht. Er fragte mich also, ob ich es lesen wollen würde. Ich las es und wir beide unterhielten uns darüber, wie man den Film visuell gestalten könnte. So kamen wir auf die Idee, gemeinsam Regie zu führen, zudem er auch wusste, dass er die Hauptrolle spielen wollte. Und sowohl die Hauptrolle zu spielen, als auch Regie zu führen, ist eine sehr diffizile Angelegenheit.
Wir unterhielten uns also darüber, wie der Film aussehen sollte. Am Set sollte dann ich den Großteil der Regiearbeit übernehmen und er sich auf das Schauspiel konzentrieren. Normalerweise würde ich davon abraten, zu zweit Regie zu führen, aber in diesem Fall war es für uns perfekt. Ich bin sehr stolz auf den Film, den wir drehten, noch bevor der erste HATCHET rauskam. Einer der Gründe, warum ich daran interessiert war, ist, dass ich nicht als der HATCHET-Kerl abgestempelt werden wollte. Besonders in den Staaten zeigte der Film, dass ich eben nicht nur Splatterfilme, sondern etwas weit Eleganteres machen kann. SPIRAL half mir außerdem dabei, FROZEN finanziert zu bekommen.

Ich hatte das Gefühl, dass bei SPIRAL das Ende ambivalent ist. Er konnte ein Mörder sein, oder einfach

nur ein sehr einsamer Kerl. Habt ihr jemals über ein anderes Ende als das im Film nachgedacht?

Das Ende sollte schon so gestaltet sein, dass das Publikum darüber diskutieren kann. Wir wollten nicht sagen, dass er ein Killer ist oder nicht ist. Die meisten Zuschauer kommen zu der Überzeugung, dass er kein Serienkiller ist, aber Amber getötet hat. Alle anderen hat er sich nur eingebildet, aber Amber hat er tatsächlich getötet. Ich selbst glaube auch, dass er sie getötet hat. Ich glaube, als Kind fand er seine Mutter tot im Badezimmer und jedes Mal, wenn er Frauen zeichnet, ist die letzte Pose, in der er sie zeichnet, die Pose, in der er seine tote Mutter aufgefunden hat. Darum ist sein Vater auch im Gefängnis. Und darum schreibt er ihm auch nicht. Es passt alles zusammen.

Von Anfang an hatten wir eine Regel: Wir wollten nicht darüber reden, was diese letzte Pose war und wir wollten sie auch nicht zeigen. Das ist eine der Stärken des Films, denn indem wir den Leuten nicht alles sagen und erklären, wird die Geschichte viel interessanter. Fast jeden Tag kam am Set jemand auf uns zu und wollte wissen, was die letzte Pose ist. Aber die Wahrheit ist: Keiner weiß es. Jeder glaubt zu wissen, wie sie aussieht und darum nimmt dies für jeden eine eigene Bedeutung an.

Du hast eine ganze Reihe von Kurzfilmen zu Halloween gemacht.

Ja, seit zwölf Jahren machen wir jedes Jahr einen Kurzfilm.

Kommen die mal auf DVD?

Wir werden oft gefragt, ob wir sie mal auf DVD pressen und verkaufen. Das Problem bei den frühen Filmen sind die Copyright-Verletzungen. Wir haben diese Filme nur aus Spaß gemacht und darum auch Musik und Logos verwendet, an denen wir keinerlei Rechte besitzen. Daran müssen wir noch arbeiten. Aber wir denken darüber nach, die Kurzfilme nach und nach als Extra bei DVDs meiner Filme zu veröffentlichen. Es ist toll, dass die Leute sie sehen wollen. Wir müssen nur noch einen Weg finden, eine Veröffentlichung möglich zu machen.

Mir gefiel besonders THE TIFFANY PROBLEM. Joel Moore im Kostüm des Radioactive Man ist großartig.

Ja, das ist auch mein liebster.

FAls eines deiner nächsten Projekte wird zurzeit KILLER PIZZA genannt.

Ich schreibe gerade am Drehbuch von KILLER PIZZA. Es basiert auf einem Kinderbuch von Greg Taylor und es geht um einen Jungen, der im Sommer in einer Pizzeria namens „Killer Pizza" arbeitet. Dort erfährt er schließlich, dass dieser Laden nur die Fassade für eine Organisation von Monsterjägern ist. Natürlich wird der Junge rekrutiert und ebenfalls zum Monsterjäger. Der Film soll vom Feeling wie GOONIES oder MONSTER BUSTERS werden und ist ein großes Action-Horror-Movie für Kids. Der Film wird von Chris Columbus produziert und er hat mich ausgewählt, um das Skript zu schreiben und den Film zu inszenieren. Als ich einen Anruf von ihm erhielt, konnte ich es gar nicht fassen und war total aufgeregt. Das ist ein großes Kompliment für mich. Das wird wahrscheinlich mein nächster Film werden.

Ein weiterer Film ist CHILLERAMA. Dabei handelt es sich um eine Anthologie, die Tim Sullivan, Adam Rifkin, Joe Lynch und ich machen. Jeder dreht seine eigene Episode. Meine ist THE DIARY OF ANNE FRANKENSTEIN. Die Hauptrolle spielt Joel Moore. Er spielt Hitler. Mein Teil des Films ist fertig und wir haben ihn als Überraschung auf dem Frightfest in London gezeigt. Der Film kam sehr gut an. Anfangs dachte das Publikum angesichts des Titels, dass der Film ganz schlechter Geschmack sei, aber nach ein paar Sekunden war jeder mittendrin im Film.

Ich kann es kaum erwarten, den Film mit einem deutschen Publikum zu sehen. Denn wir haben den ganzen Film in deutscher Sprache gedreht. Alle Schauspieler im Film sprechen Deutsch. Der einzige, der es nicht tut, ist Joel Moore. Er hat keine Ahnung von der Sprache und entwickelt praktisch seine eigene Version von Deutsch. Für mich war das schwer zu drehen, weil ich auch kein Deutsch spreche.

In London waren ein paar Leute im Publikum, die Deutsch sprechen und sie haben am Meisten von allen gelacht. Joel ist sehr überzeugend mit seinem Pseudo-Deutsch, aber wenn man die Sprache versteht, denkt man sich, was zum Teufel labert der da. Denn wir gaben ihm Texte wie „Ich möchte gerne mit Tieren schlafen" oder „Ich hab Würmer in meinem Penis", haben aber in den Untertiteln andere Übersetzungen angeboten.

Darum bin ich sehr gespannt, wie der Film von Deutschen angenommen wird. Immerhin seid ihr die einzigen, die aufgrund der Sprache wirklich alles verstehen.

Es ist eine ziemlich mutige Entscheidung, den Film in Deutsch zu drehen und dann zu untertiteln.

Ja, aber ich glaube, dass sich das Publikum heutzutage eher darauf einlässt. Aber natürlich gibt es einige, die keine Untertitel lesen wollen. Ich finde es schrecklich, dass ein Film wie LET THE RIGHT ONE IN neuverfilmt wird, nur weil man keine Untertitel lesen will. Schlimm ist auch, dass die Untertitel manchmal gar nicht funktionieren. Ich sah den ersten HATCHET in Spanien und mir sagten einige Zuschauer, dass die Untertitel nicht übertrugen, was gesprochen wurde.

Nach KILLER PIZZA werde ich wahrscheinlich noch GOD ONLY KNOWS machen, eine Romcom, die auch von Chris Columbus produziert wird. Das Projekt existiert bereits seit zwölf Jahren und ist seit sechs Jahren in echter Entwicklung. Es gab schon mal drei Starttermine, aber jedes Mal kam irgendetwas anderes dazwischen und wir mussten es aufschieben. Ich möchte den Film also machen, aber ich brauch bald auch mal eine Pause, weswegen ich mich erst mal auf KILLER PIZZA konzentriere. Ich hab fünf Filme in vier Jahren gemacht und bin erschöpft. Wenn ich nicht an einem Herzinfarkt abtreten will, sollte ich ein wenig kürzer treten.

Du schreibst die Drehbücher Deiner Filme zumeist selbst. Wurden Dir schon andere Drehbücher oder Filme angeboten?

Ich würde auch die Drehbücher anderer Leute inszenieren. Es gab mal ein Projekt, das Jacob Forman (ALL THE BOYS LOVE MANDY LANE) geschrieben hat. Es hieß DEAD WEST und war ein Zombie-Film, in dem Indianer als Zombies zurückkehren und ihre Rache wollen. Das Drehbuch hatte sehr pointierte Sozialkritik, aber das Projekt fiel durch. Ich denke, wir Amerikaner urteilen gerne über die Vergangenheit anderer Länder, vergessen dabei aber, was wir taten, um dieses Land überhaupt zu bekommen. Darum ist ein Film, in dem Indianer als Zombies zurückkommen und nach Rache gieren, schwieriger Stoff für Amerikaner, da man sie als die Bösen ansehen will, aber das sind sie eben nicht.
Ich hätte also beinahe mal diesen Film gemacht, aber ich habe sehr viele eigene Projekte, die ich verwirklichen will. Darum muss ein Skript schon sehr, sehr gut sein, damit ich es machen will. Vieles von dem, was mir angeboten wird, sind jedoch Remakes. Ich hab kein Problem mit Remakes, einige von ihnen sind phantastisch, aber es wird langsam lächerlich. Es gibt Remakes ohne Ende, die Fans beschweren sich, sind aber die ersten, die sich die Filme im Kino ansehen. Das ist traurig, weil es dem Genre schadet.

Ja, besonders, wenn es sich um Remakes von Filmen handelt, die gerade mal gut 20 Jahre alt sind. Bei vier oder fünf Jahrzehnten sieht es schon anders aus.

Genau. Ich hatte mal Gespräche mit einem Studio wegen des Remakes von DER SCHRECKEN VOM AMAZONAS geführt. Da dachte ich, dass genug Zeit vergangen ist und man etwas Neues und Interessantes daraus machen kann. Aber warum macht man ein Remake von John Carpenters HALLOWEEN oder FREITAG, DER 13.? Das Problem ist, dass man den Regisseuren hier nicht die Schuld geben kann. Die Studios haben so viele Regeln und mischen sich so sehr ein, dass man kaum noch das machen kann, was man will. Ich hatte mal ein Gespräch mit einem Produzenten wegen eines Remakes von AMERICAN WEREWOLF IN LONDON. Ich liebe den Film, er war eine große Inspiration für mich, und so sprach ich mit John Landis, der mir seinen Segen gab. Und dann sprach ich mit dem Produzenten, der mir sagte, was das Studio nicht will: Der Film sollte nicht lustig sein, es sollte keine Rucksacktouristen geben, und Werwölfe wollte man auch nicht haben. Ich fragte also, warum sie überhaupt ein Remake des Films machen wollten. Und die Antwort war: Der Titel ist gut.

Die Werbezeile für HATCHET war ja, dass es kein Sequel ist. Nun gibt's ja ein Sequel.

Ja, wir scherzten rum, dass wir diesmal die Tagline „Zumindest ist es kein Remake oder basiert auf einem japanischen Film" benutzen sollten. Ich liebe diese

Tagline. Sie stammt aus dem Brief eines Executives eines großen Studios, der ein Projekt, das ich angetragen hatte, abgelehnt hatte. Sie schrieben mir: „Das Skript ist brillant, es hat viel Spaß gemacht, es zu lesen, aber dieser Film wird niemals produziert werden, weil es kein Remake und kein Sequel ist und nicht auf einem japanischen Film basiert." Daraus hab ich die Tagline für das Poster gemacht, was meine Beziehung zu diesem Studio ziemlich beschädigt hat. Es war ein Fuckfinger für das Studio. Dort war man nicht glücklich darüber. In den USA durfte ich die Tagline nicht auf dem Poster behalten. Jeder mochte sie, sie ist lustig, aber Anchor Bay meinte, sie wäre nicht lustig, aber es ist auch gut möglich, dass man es sich mit dem größeren Studio nicht verscherzen wollte. Überall sonst auf der Welt wurde die Tagline benutzt und sie gefällt den Leuten. Sie lässt sie wissen, dass der Film auch Humor hat. In Amerika wollte man den Film jedoch als verstörenden Horrorstreifen vermarkten. Was sich das Marketing einfallen lässt, erfahre ich auch immer erst, wenn ich den Trailer sehe.

Du hast HATCHET 2 mit internationalem Publikum in den USA, Großbritannien und Deutschland gesehen. Reagiert das Publikum unterschiedlich?

Ja, besonders bei den lustigen Stellen. Einige Gags funktionieren in anderen Ländern nicht. Dafür wird dort über Dinge gelacht, die anderswo nicht funktionieren. Ich bin ganz ehrlich mit Dir, wenn ich sage, dass das Screening letzte Nacht schrecklich war. Der Film fing an und nur die vorderen Lautsprecher funktionierten. Der

Film war so ruhig, dass es für mich schwer war, ihn anzusehen. Das Sounddesign kam nicht zum Tragen. Und ich erkenne, was fehlt. Als ich ihn in London mit 1.200 Fans in einem riesigen Kino gesehen habe, war es ein riesiger Spaß.

Ich habe den ersten HATCHET mal in Spanien gesehen. Das Publikum dort dachte, dass der Film gar nicht lustig ist. Sie fanden ihn ziemlich gruselig. Ich war total überrascht und fragte ein paar Leute, ob sie denn gar nichts lustig gefunden hätten. Die Antwort war „nein". Es hängt also schon viel davon ab, wo man den Film sieht. Eines ist aber immer gleich. Die Fans lieben Victor Crowley. Man kann über den Rest reden und unterschiedlicher Meinung sein, aber wenn er auf der Leinwand erscheint, dann ist das Publikum überall auf der Welt gleich. Es mag es ihn zu sehen und es liebt die Kills

In HATCHET 2 gibt es eine ganze Reihe von Morden.

16 On-Screen-Morde, einer, den man nicht sieht. 17 also.

Vielleicht hab ich mich verzählt, aber ich komme nur auf elf, exklusive Victor, seinen Vater und seine Mutter.

Dann sind es 20.

Nicht eher 14?

Zählen wir nach. Jack Cracker am Anfang, die zwei Jäger im Wald, der Alligator-Jäger, die zwei Fischer. Das sind schon mal sechs in den ersten paar Minuten.

Oh, ich hab die Flashbacks am Anfang nicht gezählt.

Bei einem Sequel kann man es so machen, dass es einfach nur einen Haufen Morde gibt oder man versucht, eine Geschichte zu erzählen. Ich musste hier eine Entscheidung treffen und ich wollte eine Geschichte erzählen. Für manche Zuschauer wäre das wohl zu langsam gewesen, weswegen ich die Flashbacks mit den sechs Morden innerhalb der ersten Viertelstunde einbaute, damit der Teil des Publikums, der speziell dies wollte, auch befriedigt war. Und danach ging es mit der Story weiter. In der ersten Hälfte des Films gibt es darum auch nur diese sechs Kills.

Das könnte ein Slasher-Rekord sein.

Ja. Also ich bin sicher, dass man 16 Morde onscreen sieht, 17 im ganzen Film sind und 20 Menschen sterben, wenn man Victor und seine Familie dazuzählt. Das könnte ein Rekord sein. Ich kenne nicht jeden Slasher-Film, aber auf jeden Fall ist es phantastisch!

Ich hab gestern vor dem Screening einen Kerl mit einem T-Shirt gesehen, auf dem „Hatchet Army" stand. Was hat es damit auf sich?

Das begann mit einer Website, in der es auch darum ging, dass im Genre fast nur noch Sequels und Remakes gemacht wurden. Mit HATCHET haben wir uns dem entgegengestellt und auf dieser Webseite wurde die Phrase „You're either in the Hatchet Army or you're not" erfunden. Mein Assistent hat ein Logo entwickelt und plötzlich fingen die Leute an, mit solchen T-Shirts herumzulaufen. Man konnte zu Screenings des Films gehen und sehen, wie Leute vor dem Kino diese T-Shirts verteilten. Die taten das ohne persönlichen Gewinn, sondern nur, weil sie den Film so lieben. Mittlerweile ist es eine weltweite Bewegung. Wir verkaufen diese T-Shirts nun auch bei www.ariescope.com und andere Seiten haben sie auch. Mich erinnert das an Kiss und die Kiss Army. Das waren nicht nur Fans, sondern eine Armee. Es ist darum cool, eine Hatchet Army zu haben. Das Tolle an diesen Shirts ist, dass Leute, die auf Conventions gehen, mit anderen in Kontakt kommen, weil sie eben diese T-Shirts haben. Sie kennen sich nicht, lernen sich aber kennen und behandeln einander gut. Ich mag es, dass das Hatchet-Publikum nur aus netten Leuten zu bestehen scheint. Ich weiß nicht, wie ich das am besten ausdrücke, aber es gibt Bands, da weißt du sofort, wenn einer ein T-Shirt von denen trägt, dann ist er ein Arschloch. Aber bei Leuten mit einem Hatchet Army-Shirt weiß man zu 99 Prozent, das es tolle Leute sind. Und das ist echt cool.

Die Standardfrage: Was ist dein liebster Horrorfilm?

Das ändert sich ständig, aber seit einiger Zeit ist es John Carpenters HALLOWEEN. Das ist der perfekte Slasher-Film. Keiner von uns wird diesem Film jemals nahekommen. Er ist intelligent, wunderschön und mörderisch spannend. Alles, was danach kam, und das gilt auch für HATCHET, sind Filme, die sich hauptsächlich auf den Splatter verlegt haben, aber HALLOWEEN ist ein Meisterwerk. Ich kann mir den Film wieder und wieder ansehen. Es ist auch der einzige Film, den ich direkt zweimal hintereinander gesehen habe. Ich habe den Film öfters als STAR WARS gesehen, öfters als jeden anderen Film.

Das ist auch mein liebster Horrorfilm.

Echt?

Ja.

HALLOWEEN ist der Film, der mich wirklich dazu gebracht hat, Horror zu lieben. Er war angsteinflößend. Das sind Slasher-Filme ansonsten nicht. Der erste NIGHTMARE ON ELM STREET ist gruselig, aber die anderen sind es nicht. Sie machen Spaß, aber sie sind nicht erschreckend. Der zweite Horrorfilm, den ich liebe, ist AMERICAN WEREWOLF. Der Film nimmt ein ernstes Thema und macht es zu großem Entertainment. FRIGHT NIGHT hat das mit den Vampiren gemacht. Das wollte ich dann auch bei HATCHET machen. Ich fragte mich, wie man die Slasher-Formel nehmen und damit Spaß haben kann. Die meisten Leute glauben, dass FREITAG, DER 13.

meine größte Inspiration für HATCHET war, aber das stimmt nicht. Ich mag die Freitag-Filme nicht so gerne. Ich liebe den vierten Teil und mag vieles vom zweiten, aber ich liebe die Figur Jason. Einen wirklich guten FREITAG-Film gab es meiner Meinung nach aber noch nie. Wegen dem Setting und Kane Hodder glauben viele, dass diese Filme meine Hauptinspiration waren. Aber es sind HALLOWEEN und AMERICAN WEREWOLF, denen ich am meisten schulde.

Auch witzig: John Landis mag SPIRAL und FROZEN sehr gerne, aber ihm gefällt HATCHET gar nicht. Er sah ihn und fand, dass er albern sei. Darauf fragte er mich, was mich den zu dem Film inspiriert hätte. Und ich sagte: „Das warst Du!"

Wir haben gut gelacht. Das ist das Tolle bei den Masters-Dinnern. Jeder ist immer ehrlich, was die Filme der anderen betrifft.

Das ist es auch, was ich an den HATCHET-Filmen mag. Sie sind so herrlich überzogen, machen Spaß, sind selbst aber keine Filme, die sich über das Genre lustig machen.

Ja, ich wollte den Spaß ins Genre zurückbringen. Heutzutage geht's ja oft nur noch um Folter oder um PG-13-Filme. Darum wollte ich einen Film wie aus der guten alten Zeit machen, aber lustig. Dass so viele Leute darauf ansprechen, hat mich auch überrascht. Ich dachte, im besten Fall läuft der Film auf ein paar Festivals und ich beweise, dass ich einen kohärenten Film zusammenbekomme, was mir die Möglichkeit gibt, auch noch einen weiteren Film zu machen. Aber dass es sich so auswachsen würde, habe ich mir in meinen kühnsten Träumen nicht vorgestellt.

Alexandre Bustillo & Julien Maury

Das Duo Alexandre Bustillo und Julien Maury machte mit dem schockierenden Horrorfilm INSIDE auf sich aufmerksam. Ihr zweiter Film LIVID überraschte die Fans, da er weniger auf knallharte Splatter-Einlagen setzt. Das Duo sollte auch ein Remake von HELLRAISER machen, aber kreative Differenzen sorgten dafür, dass es das Projekt verließ. Das Interview fand anlässlich der deutschen DVD-Veröffentlichung von LIVID statt.

Wie schwer war es, LIVID finanziert zu bekommen, nachdem Sie mit INSIDE bereits einen Festivalhit hatten?

Wie Sie schon sagen, war INSIDE ein Festivalerfolg, aber finanziell kein so großer Erfolg, dass er Einfluss auf die Finanzierung von LIVID gehabt hätte. Es war sogar sehr schwer, die Finanzierung zusammenzubekommen, da in Frankreich Genre-Filme nur wenige Menschen und noch weniger Produzenten interessieren. Wir hatten ein geringeres Budget als bei INSIDE und weniger Drehtage, obschon dies ein deutlich ambitionierterer Film ist. Auf das Resultat sind wir sehr stolz.

LIVID lebt von einer seltsamen Atmosphäre und erinnert an Gialli, Argento-Filme und klassische britische Horrorfilme. Wodurch wurden Sie inspiriert, als Sie mit der Arbeit an dem Film begannen?

Wir wollten uns verändern und der Film reflektiert einen anderen Aspekt des Genres, das wir so lieben. Dies ist atmosphärischeres Kino, das mehr von der Kraft der Suggestion lebt als von dem, was man zeigt. Unseren ersten Film hatten wir als eine Art ultrablutigen Slasher-Film konzipiert. LIVID ist da eine ganz andere Kategorie. Er ist der traditionellen Stimmung von Hammer-Filmen und dem Wahnsinn, den man in Dario Argentos Filmen, speziell in SUSPIRIA, finden kann, näher. Wir wollten nicht notwendigerweise einen harten Film drehen, aber wir können gegen unsere Natur auch nicht angehen und so enthält auch LIVID ein paar sehr gewalttätige Sequenzen.

Was war die größte Herausforderung während der Produktion?

Am Herausforderndsten war es, alle Sequenzen innerhalb der Zeit, die wir hatten, abzudrehen. Wir sind stolz, dass wir es trotz der Myriaden von Problemen geschafft haben. Sehr problematisch war, dass Marie-Claude Pietragalla auf die Prosthetics sehr allergisch reagierte. Sie musste ins Krankenhaus und wir konnten ihre Drehtermine nicht anpassen – ein echter Albtraum.

LIVID scheint zur Hälfte etwas auseinanderzubrechen. Die zweite Hälfte wirkt fast wie ein gänzlich anderer Film und ist deutlich schwerer zu verstehen als die erste Hälfte. Machten Sie sich Sorgen, dass die Zuschauer verwirrt sein könnten oder wurde dieser Effekt gar beabsichtigt?

Genau das wollten wir erreichen. Wir wollten, dass der Zuschauer sich ebenso wie die Protagonisten fühlt. Er sollte keinen Vorteil haben. Ziel war es, das Gefühl eines Albtraums zu vermitteln, in dem buchstäblich alles passieren kann. Uns gefällt es, nicht alles haarklein zu erklären und dem Zuschauer die Möglichkeit zu geben, seine eigene Interpretation zu finden. Es gibt nichts Interessanteres als ein Kino zu verlassen und mit Freunden darüber zu diskutieren, was die Kernaussage eines Films sein könnte. Heutzutage sind es die Leute nicht mehr gewohnt, andere Erzählformen als jene zu erleben, die Hollywood bietet. In denen alles erklärt wird und der Zuschauer von Anfang bis Ende als ein Idiot angesehen wird. Es gibt auch andere Wege, eine Geschichte zu erzählen, aber der Zuschauer muss dafür offen sein.

Welche Art von Kreatur sind Mutter und Tochter? Als erstes erschienen sie mir wie Ghouls, aber auf den zweiten Blick scheinen sie eher eine Art Vampir zu sein, wobei merkwürdig ist, dass Mutter und Tochter in Hinblick auf die Sonne unterschiedlich agieren.

Wir haben versucht, unsere eigenen Kreaturen zu erschaffen. Legendäre Wesen, die Teil unserer Folklore sein könnten. Wir waren von einigen Einflüssen inspiriert und Vampire waren sicherlich einer davon. Wir behielten die Lust nach Blut und die Angst vor dem Tageslicht, aber die Sonne hat einen anderen Effekt auf sie und sie fürchten weder Knoblauch noch Kreuze. Für uns sind diese Kreaturen verfluchte und verstoßene Wesen, die von Einsamkeit geplagt werden.

Sowohl LIVID als auch INSIDE sind Geschichten über Mütter. Sicherlich sind die Geschichten sehr unterschiedlich, aber das Thema verbindet sie. Zufall oder ein Thema, das Sie beide besonders anspricht?

Es ist immer sehr schwer, die eigene Arbeit zu analysieren, aber Sie haben Recht, es gibt tatsächlich Ähnlichkeiten bei beiden Filmen. Darüber haben wir im Vorfeld jedoch nicht nachgedacht, das kommt aus unserem Unterbewusstsein. Wir haben allerdings keine Probleme mit unseren Müttern, aber uns interessieren Mutter-Tochter-Beziehungen, weil sie einerseits wunderschön, aber andererseits auch sehr destruktiv sein können.

LIVID ist weniger blutig, aber sehr viel atmosphärischer als INSIDE. Was ziehen Sie vor?

Da haben wir keine Präferenzen. Wir lieben das Genre mit all seinen Facetten und es ist uns eine Freude, seine verschiedenen Spielarten zu erkunden. Es war toll, einen harten Film zu machen, aber nun wollten wir mehr eine Welt der Fantasy und der makabren Poesie betreten. Aber wer weiß schon, was als nächstes kommt. Wir haben so viele Projekte, die wir machen wollen: einen Monsterfilm, einen noch härteren Film als INSIDE, ein Science-Fiction-Fantasy-Abenteuer und vieles mehr.

Sind Sie am amerikanischen Remake von LIVID, das für 2013 geplant ist, beteiligt?

Nein, da sind wir nicht involviert, sollten aber bald ein Skript bekommen. Wir sind sehr stolz darauf, dass unsere Filme mit einem Remake versehen werden. Die Remake-Rechte von beiden Filmen wurden frühzeitig verkauft. Nun sind wir gespannt darauf zu sehen, was daraus wird. Wir sind neugierig, eine andere Vision unserer Geschichten zu sehen.

Ich möchte noch kurz von LIVID weggehen. Sie beide sollten mal den HELLRAISER-Reboot verantworten, verließen das Projekt jedoch wegen kreativer Differenzen. Wie sah denn Ihre Vision für den Film aus?

Unsere Vision von HELLRAISER war sehr unterschiedlich von dem, was Clive Barker in seinem ersten Film gemacht hat. Er selbst mochte unseren Ansatz jedoch. Unsere Geschichte hätte zu Zeiten des Zweiten Weltkriegs begonnen, als die Puzzle-Box von den Nazis entdeckt wird. Das Ganze hätte dann in einer Mixtur aus Action und Satanismus enden sollen, ähnlich HELLBOY, da wir die Cenobiten wie absolut böse Superhelden behandeln wollten. Der Höhepunkt des Films wäre dann gewesen, dass Pinhead zum Papst der Hölle gekrönt wird. Die Produzenten wollten jedoch eher einen Film für Teenager, während wir einen Horrorfilm für Erwachsene machen wollten. Uns schwebte mehr vor als nur ein Mix aus SAW und SCREAM. Darum mussten wir uns leider von dem Projekt verabschieden.

Wie sehen Ihre Pläne aus? Kommt bald der erste amerikanische Film von Ihnen?

Es ist noch etwas zu früh, das zu sagen. Wir haben gerade zwei Drehbücher fertig gestellt und wollen nun sehen, ob Produzenten in Frankreich daran interessiert sind. Im Grunde sind wir immer noch in derselben Position wie vor vier Jahren und wir ziehen es vor, unsere eigenen Geschichten zu entwickeln, da wir auch so viele Ideen haben. Aber wenn uns jemand ein gutes Skript anbietet – egal, ob hier oder in Amerika – dann sind wir dafür schon auch bereit. Aber was auch immer unser nächstes Projekt sein wird, es wird ein Genre-Film werden.

Denken Sie, dass Horror-Regisseure in Frankreich mehr Freiheiten genießen als in den USA?

Wir haben hier mehr künstlerische Freiheit, aber nur, wenn wir mit Studioproduktionen vergleichen. Im amerikanischen Independent-Kino gibt es auch im Bereich des Horrorfilms große Diversifikation und Freiheit, so z.B. die Filme von Ti West, THE HOUSE OF THE DEVIL und THE INNKEEPERS, oder Rob Zombies Filme ... da gibt es auch Meisterwerke.

Dante Tomaselli

Der 1969 in New Jersey geborene Dante Tomaselli ist hier zu Lande her unbekannt. Er hat mit DESECRATION, HORROR und SATAN'S PLAYGROUND jedoch faszinierende Horrorfilme erschaffen, die von Stimmung und Atmosphäre leben. Er sollte mal Remakes von TANZ DER TEUFEL und HALLOWEEN drehen, aber daraus wurde nichts. Sein neuestes Werk trägt den Titel TORTURE CHAMBER. Das Interview wurde Anfang 2010 geführt.

Bitte erzähl uns ein bisschen über Dich.

Ich wurde am 2. Oktober 1969 um 4:35 Uhr morgens geboren. Schon immer hatte ich Probleme mit Schlaflosigkeit und Albträumen. Nachdem ich die High School in New Jersey abgeschlossen hatte, zog ich nach New York City und besuchte dort das Pratt Institute. Ich machte meinen Abschluss an der New York School of Visual Arts und habe bisher drei Filme geschrieben und inszeniert: DESECRATION, HORROR und SATAN'S PLAYGROUND. Mein nächster Film trägt den Titel TORTURE CHAMBER.

Du hast zuerst einen Kurzfilm mit dem Titel DESECRATION gemacht, aus dem schließlich ein Langfilm wurde. Wie kam es dazu?

Zu der Zeit litt ich besonders stark unter Schlaflosigkeit. Es war schon fast so, als ob ich keinen Schlaf mehr bräuchte. Alles verschwamm vor meinen Augen. Ich hatte schon immer wiederkehrende Träume eines Ortes, den ich wieder und wieder besuchte. Es war ein dämonischer Ort, an dem die natürlichen Elemente Erde, Feuer, Wasser und Luft besonders stark akzentuiert sind. Dieser Ort hat seine eigene Atmosphäre. Eine Aura der Sünde. Nebelgeschwängerte Landschaften, knochige Bäume, Kindheitserinnerungen, Orte, an denen man sich verloren und desorientiert fühlt. Alles glühte, war elektrisiert. Wie ein LSD-Trip, nur ohne Drogen.

Ich fand schließlich heraus, dass ich an etwas leide, das Synästhesie heißt. Das erklärte dann auch viel von dem, was mir während meines Aufwachsens widerfuhr. Beispielsweise sah ich kleine graue Tornadoähnliche Spiralen, wenn die Schulglocke läutete. Nur dieses Geräusch brachte dieses Bild hervor. Ich habe den Leuten gesagt, dass ich Geister sehe. Und ich habe echt daran geglaubt. Wenn es regnet, sehe ich auch heute noch kleine glühende Punkte, die inmitten des Regens tanzen. Bestimmte Geräusche, manchmal aber auch Menschen, Orte oder einfach nur Worte erzeugen in meinem Kopf Farben, die ich dann auch direkt vor mir sehe. Ich habe dies alles auch unbewusst immer in meinen Filmen benutzt, obschon ich gar nicht wusste, was es war. Die Krankheit ist aber wohl auch der Grund, warum ich die Kontrolle über das Sounddesign haben muss. Synästhesie ist einfach ein Teil von mir, wenn auch nicht mein alleiniger Antrieb. Ich habe mich immer irgendwie in meiner Phantasie verloren.

Schon mit Deinem ersten Film hast Du gezeigt, dass du weit außerhalb üblicher Konventionen arbeitest. Deine Bildsprache ist sehr stark. Über die Geschichte kann man diskutieren, aber visuell ist DESECRATION faszinierend und erinnert an die Arbeiten von Dario Argento. War er eine Inspiration für Dich?

Danke. Ich würde schon sagen, dass ich von Argento inspiriert, aber nicht beeinflusst bin, weil ich nicht mit seinen Filmen aufgewachsen bin. SUSPIRIA sah ich erst in meinen späten Zwanzigern. Tatsächlich hab ich SUSPIRIA erst gesehen, nachdem ich DESECRATION gedreht hatte und den Film gerade schnitt.
Es war beinahe wie eine religiöse Erfahrung. Ich konnte gar nicht fassen, was ich da sah. Ich habe es einfach geliebt, den Film im Dunkeln und so richtig laut anzusehen. Der Tranceähnliche Soundtrack war einfach hypnotisch und die Farben scheinen nicht von dieser Welt zu sein. Für mich fühlte sich der Film sehr okkult an, magisch und dunkel zugleich. Die anderen Argentos, die ich liebe sind PROFONDO ROSSO, INFERNO, DAS GEHEIMNIS DER SCHWARZEN HANDSCHUHE, TENEBRE und OPERA. Seine neueren Filme sprechen mich nicht so an, auch wenn ersichtlich ist, dass er sie mit Enthusiasmus macht. Ich bin froh, dass er noch schreibt und inszeniert, und sicher, dass er uns irgendwann noch ein echtes Juwel schenken wird.

Angesichts des Themas von DESECRATION drängt sich die Frage auf: Hast Du eine Schule besucht, bei der Nonnen als Lehrerinnen aktiv waren?

Ich selbst nicht, ich ging auf eine öffentliche Schule. Aber meine älteren Brüder und Schwestern und meine Eltern hatten Nonnen als Lehrer. Und ich erinnerte mich an ihre Geschichten. Eine war besonders schlimm. Da ging es um eine sadistische None, die Kinder mit einer Nadel stach. Ihr Name war Schwester Madeline und so habe ich auch die blutverschmierte Nonne in DESECRATION genannt.

Was war der Impetus, DESECRATION zu machen?

Ich konnte nicht schlafen, mein Nacken und meine Schultern schmerzten und ich besuchte einen Akupunkteur in Chinatown. Aber nichts half.
Dann war ich bei jemandem, der mit heißen Steinen arbeitete und sie an drei Punkten meines Rückens auflegte. Ich glaube, dies setzte die Schlange, die sich um mein Rückgrat gelegt hatte, frei. Die Kundalini-Schlange, wie mir gesagt wurde. Als ich Chinatown wieder verließ, schwebte ich fast. Ich fühlte mich so stark und voller Energie. Die Blockade war weg.
Danach ging ich nach Hause und besuchte meinen jüngeren Bruder, der die Verbrennungen auf meinem Rücken sah und mich drängte, den Mann anzuzeigen. Und ja, die Verbrennungen sahen hässlich aus. Damals war ich gerade aus dem College raus und lebte für ein paar Monate bei meiner Mutter. Ich glaube, das hat ein paar Dämonen meiner Kindheit befreit.
Ich hatte vor Jahren ein Bild gemalt, das schwebende, gesichtslose Nonnen zeigt. Als ich es sah, wusste ich, dass ich es vernichten musste.

Ich warf alles Mögliche, das ich im Kühlschrank fand, auf das Bild. Ich war wie in Trance. Mein Bruder Michael flehte mich an, das Bild nicht zu zerstören. Aber es musste entweiht werden. Für mich war es wichtig, das Bild auszulöschen. Es hatte irgendwie Macht über mich. Ich weiß auch nicht. Auf jeden Fall war es zu jener Zeit, dass ich damit begann, das Drehbuch für die Langfassung von DESECRATION zu schreiben. Die Bilder kamen direkt aus mir heraus. Ich zog wieder nach New York und lebte in einem von Kakerlaken verseuchten Apartment. Die Wände um mich herum erwachten nachts zum Leben. Während ich das Skript schrieb, schlief ich gar nicht mehr. Es war, als würde ich in meinem Geist mit einem Quija-Brett spielen. Ich wusste, dass diese Bilder wahr werden mussten. Ich wusste es einfach. DESECRATION sah ich so klar vor mir, als würde man den Film in meinem Kopf für mich abspielen.

Der Film soll 150.000 Dollar gekostet haben?

Ja, stimmt. Mein Investor Jack Swain erklärte sich für das Projekt bereit, nachdem er den Kurzfilm 1996 auf einem Festival im Angelika Film Center in New York gesehen hatte.

Stimmt es, dass Du kein Material aus dem Kurzfilm für den Langfilm benutzt hast?

Stimmt. Ich habe ganz neu damit angefangen. Wir drehten im November und Dezember 1997 22 Tage lang auf Super-16mm-Film in und um New Jersey.

Dein zweiter Film ist HORROR. War der Film immer als Nachfolger zu DESECRATION geplant oder gab es auch andere Projekte?

Es fühlte sich einfach richtig an, den Film zu machen. Geplant war da nichts. Ich schätze, ich war mit der Welt, die ich in DESECRATION erschaffen hatte, noch nicht fertig. Die beiden Filme gehören zusammen. Zudem spielt Danny Lopes dieselbe Figur in beiden Filmen. Sie sind eine Reise durch die Hallen der Hölle.

HORROR definiert sich ebenso wie DESECRATION weniger über die Story, als vielmehr über die Atmosphäre. Der Film ist wie ein wahrgewordener Albtraum. Was inspirierte Dich dazu?

Meine eigenen Albträume. HORROR ist das Entfernen von Schichten von Schmerz und tief verborgener Schuld, bis das Unbewusste freigelegt ist. Der Film spricht in Traumsprache. Er ist Teil dieser alternativen Landschaft, die ich immer wieder besuche. Die Stimmung, die Texturen, die Gefühle – all das ist wie eine außerkörperliche Erfahrung.

Reverend Salo wird vom Amazing Kreskin gespielt. Ich hörte, dass Du zuerst einen anderen Schauspieler nutzen wolltest, aber Kreskins Management sich an Dich wandte. Wie kam das zustande?

Das war ungewöhnlich, ja. Und kam praktisch aus dem Nichts. Sein Manager sah wohl die Casting-Anzeige im „Backstage Magazine". Ich suchte nach einem Mann, der einen dämonischen Großvater mit hypnotischen Kräften spielen könnte und hatte mich schon fast für einen Schauspieler entschieden – einen Mann, der verkrüppelt war, aber mich an einen Zauberer erinnerte –, als Kreskin zu mir kam. Ich gab ihm die Rolle ohne zu zögern.

Hat er Dich mal hypnotisiert?

Nein, das habe ich ihm nicht erlaubt. Aber er hat andere Leute auf dem Set hypnotisiert. Er ließ sie sich auf seinen Befehl hin zu Boden stürzen. Und er zog einige Mind Tricks ab. So ließ er Leute eine Zahl auf ein Stück Papier schreiben und in die Hosentasche stecken. Danach forderte er sie auf, an die Zahl zu denken und er sagte, welche Zahl es war. Er lag immer richtig. Es war richtig unheimlich.

Glaubst Du, dass der Amazing Kreskin echte übernatürliche Fähigkeiten besitzt?

Was die Macht der Hypnose, aber auch den Mentalismus betrifft ... ja, auf jeden Fall.

Felissa Rose, die Jahre zuvor in SLEEPAWAY CAMP gespielt hatte, ist in einer kleinen Rolle im Film zu sehen. Wie kam es dazu?

Sie sandte mir ihren Lebenslauf und ein aktuelles Foto und wollte für den Film vorsprechen. Ich bin froh, dass sie es getan hat.

Viele Menschen sind von Deinen Filmen verwirrt und machen sie nieder. Zu Recht?

Wenn Du mit „Menschen" die Gestalten auf der IMDb meinst, dann würde ich die nicht als real ansehen. Das sind Täuscher, die ihre Propaganda verbreiten. Die meisten Kritiken echter Journalisten sind polarisierend, klar, aber im Großen und Ganzen positiv.

Bei Rotten Tomatoes, aber auch bei den Variety-Besprechungen kann man das gut sehen. Auf die IMDb sollte man nichts geben, wenn es um mich und meine Filme geht. Diese Seite ist der Albtraum jedes Indie-Horrorfilmemachers. Es ist nur schade, dass die Öffentlichkeit nicht weiß, was dort hinter den Kulissen abgeht.

Es ist die reinste Schlangengrube. Sicher, manche Leute machen meine Filme nieder, weil sie sie wirklich nicht mögen. Das verstehe ich schon. Andere Menschen, andere Meinungen. Aber man sollte wissen, dass es schon einige Internet-Kriege gab, die gegen mich geführt wurden – und sie beginnen immer in den Foren der IMDb. Die Seite ist mit Propaganda gegen mich und meine Filme bis zum Bersten angefüllt.

Ich mag die Atmosphäre in Deinen Filmen. Sie sind seltsam, zeigen uns aber Dinge, die wir so noch nie gesehen haben. Sie leben auch stark von Symbolismus. Interessiert Dich das auf einem persönlichen Level bzw. schätzt Du Ambivalenz?

Danke. Meine Filme sind zumindest anders. Ich könnte keinen Film über Anwälte, die eine Liebesbeziehung eingehen, oder so etwas in der Art machen. Das interessiert mich nicht. Ich bin hier für den halluzinogenen Horror. Dafür stehe ich. Alles, was ich mache, kommt aus mir selbst, meinen Albträumen, meinen Ängsten. Das kann ich gar nicht ändern. Es ist nicht kontrollierbar, einfach unterbewusst. Wäre ich kein Filmemacher, wäre ich ein Parapsychologe oder Geisterjäger. Ich beziehe mich auf meine persönlichen Albträume und versuche, die übernatürliche Erfahrung erfühlbar zu machen. Es ist so, als wäre ich eine Mixtur aus einer Hexe, die schwarzmagische Mittel zubereitet, und einem jungen Mann, der dringend Therapie und psychologische Hilfe braucht. Symbolismus ist für mich sehr wichtig. Und dann auch wieder nicht. Es hängt davon ab, was der Zuschauer mitbringt. Ich erschaffe nur eine Stimmung. Horror und Surrealismus sind zwei Seiten derselben Medaille. Ich will Farben schmecken und Töne berühren.

Zwischen HORROR und SATAN'S PLAYGROUND sind drei Jahre vergangen. Gab es irgendein Projekt, das du dazwischen angehen wolltest?

Ich brauchte tatsächlich drei Jahre, um SATAN'S PLAYGROUND zu machen. Das ist fast wie ein Vollzeitjob. Bei diesen Independent-Filmen muss man viel Energie mitbringen und den Film praktisch zwingen, real zu werden.

Als jemand, der in New Jersey aufwuchs, stellt sich die Frage, ob Du jemals etwas mit dem Jersey Devil machen wolltest.

Ich erinnere mich, dass ich meine Sommer immer am Jersey Shore nahe den Pine Barrens verbrachte. Man musste durch die Pine Barrens, um nach Hause zu kommen. Eines Abends war ich auf der Terrasse unseres Strandhauses und ich hatte ein Flugblatt, auf dem eine Zeichnung des Jersey Devils zu sehen war. Sie war ziemlich gut, ziemlich erschreckend. Ich war damals wohl so zehn Jahre alt und ich erinnere mich, wie ich mir vorstellte, dass dieses Gesicht mich verfolgt. Es löste eine irrationale Angst aus und bescherte mir eine schlaflose Nacht. Da wusste ich, dass ich mal einen Film über den Jersey Devil machen wollen würde. Ich wusste sofort, dass ich Horrorfilme inszenieren wollte. Und mir war klar, dass diese Kreatur in meine Zukunft gehörte.

In SATAN'S PLAYGROUND sind ein paar Horrorstars wie Ellen Sandweiss zu sehen, die in TANZ DER TEUFEL dabei war. Wie kam es dazu?

Ich kontaktierte Ellen zuerst per Mail, dann auch per Telefon. Wir trafen uns ein paar Monate vor Drehstart von SATAN'S PLAYGROUND. Sie ist eine tolle, warmherzige Frau. Ich mag ihre Darstellung in TANZ DER TEUFEL sehr gern. Es war mir eine Ehre, mit ihr zusammenzuarbeiten. Zudem ist TANZ DER TEUFEL einer meiner liebsten Filme ist. Ellen hatte damals ein paar Familienprobleme und die Rolle einer kurz zuvor geschiedenen Frau, die ein neues Leben beginnt, sprach sie an. Bis heute sind wir sehr gute Freunde.

Hast du Felissa Rose und Edwin Neal aus TEXAS CHAINSAW MASSACRE angeheuert, um den Film leichter vermarkten zu können?

Nein, ich denke eigentlich nie ans Marketing. Es war auch kein Gimmick. Für mich war es einfach eine große Freude, ein paar Schauspieler, die mich in meiner Kindheit beeindruckten, zu meinem Film zu holen.

Der Film ist stringenter und ein wenig mehr dem Mainstream zugeneigt. Eine bewusste Entscheidung?

Ja, SATAN'S PLAYGROUND sollte mehr zu einem Popcorn-Film werden, auch wenn er eigenartig ist. Anchor Bay hat ihn 2006 vertrieben. Der Film hat meine bisherigen Fans in zwei Lager gespalten. Aber dies ist auch der Film, der mich in die großen Ladenketten brachte und etwas bekannter machte.

Hat der Film wirklich eine Million Dollar und damit viermal so viel wie HORROR gekostet?

Nein, das stimmt nicht. SATAN'S PLAYGROUND kostete unter 500.000 Dollar, eher um die 350.000. Das Budget war ähnlich dem von HORROR.

Danach wolltest du THE OCEAN machen. Das Skript wurde zusammen mit Michael Gingold geschrieben. Der Film kam nicht, was ist passiert?

Ja, er ist aufgeschoben. Die Produzenten und ich waren nicht in der Lage, das anvisierte Budget von zwei Millionen Dollar zusammenzubekommen. Darum entschied ich mich, erst einen anderen, kostengünstigeren Film zu machen. Mike und ich kennen uns schon seit Jahren. Er arbeitet für „Fangoria" und hat von Anfang an über meine Filme berichtet. Ich erinnere mich noch gut daran, wie Steve Puchalski mich anlässlich des DVD-Starts von DESECRATION interviewte. Ich war so nervös und aufgeregt. Für mich war das, als würde ich mit dem „Time Magazine" oder „Newsweek" sprechen. „Fangoria" habe ich schon immer geliebt. Und dort lernte ich auch Mike kennen, der einer der smartesten und nettesten Menschen ist, die ich jemals kennen gelernt habe. Er ist die Stimme der Vernunft in meinem Schaffen. Und er war es auch, der das Skript von THE OCEAN zu mir brachte.

Dein neuester Film ist TORTURE CHAMBER. Worum geht's?

Das ist ein Horrorschocker um einen von einem Dämon besessenen 13 Jahre alten Jungen, der aus einer Anstalt entflieht und eine alte verlassene Festung entdeckt. Er geht hin und findet einen Weg hinunter zur Folterkammer.

Dieser Film wird ein echter Angstmacher werden. Er ist von DER EXORZIST und meinen eigenen Albträumen inspiriert. Die Leichtigkeit meiner früheren Filme wird man hier nicht finden. Außerdem möchte ich, dass er rasant erzählt und sehr grimmig ist. Es gab schon lange keinen ernsthaften unabhängigen Horrorfilm mehr. Der Dämon im Film ist Baalberith. Er versucht seinen Wirt, sich der Blasphemie hinzugeben und zu morden.

Über die Jahre wurde Dein Name mit verschiedenen Remakes in Zusammenhang gebracht. Was ist passiert?

Du meinst sicherlich TANZ DER TEUFEL und HALLOWEEN. Daraus wurde einfach nichts und vermutlich ist das auch besser so. Ich habe gesehen, wie es anderen Regisseuren ergeht, wenn sie sich auf so etwas einlasen. Es ist schwierig und frisst die Seele auf. Die Leute sagen automatisch, dass man bei einem Klassiker Leichenfledderei begeht. Und irgendwo stimmt das aus. Damit kann man nur schwer leben. Ich habe aber tatsächlich vor, ein Remake zu machen, und zwar ALICE, SWEET ALICE von meinem Cousin Alfred Sole. Aber das sollte anders sein. Wir sind durch Blut verbunden, der Staffelstab wird weitergegeben. Naja, oder das Messer…

Hast Du schon mal darüber nachgedacht, zu einem Deiner Filme ein Sequel zu machen?

HORROR 2? Keine Chance. TORTURE CHAMBER wäre möglich. Der hat eine Geschichte, die sich für ein Sequel anbietet. Es gibt ja auch gute Sequels.

Was hältst Du von Remakes oder dem Torture Porn-Trend?

Es gibt eine Menge guter Remakes, z.B. John Carpenters DAS DING oder David Cronenbergs DIE FLIEGE oder auch den neuen THE HILLS HAVE EYES. Ich bin also nicht per se gegen Remakes, aber heutzutage ist das etwas außer Kontrolle geraten. Ich meine, brauchen wir wirklich Remakes zu PSYCHO oder THE FOG? Ich liebe Horrorfilme – das komplette Spektrum, aber diese Filme müssen eine Seele haben. Seelenlose Remakes wie THE HAUNTING will ich nicht sehen.
Torture Porn mag ich auch nicht. Klar, der Titel von TORTURE CHAMBER legt nahe, dass es ein solcher Film ist, aber das ist er nicht. Es gibt natürlich Folterszenen, aber meine Filme sind keine Zelebration des Bösen. Sie haben Gefühl und leben von echter Angst vor der Gewalt.

Was würdest Du für einen Film machen, wenn Du Carte Blanche hättest?

Ich würde gerne einen Katastrophenfilm machen, der zum Horrorfilm wird. Das ist in Grundzügen das, was THE OCEAN ist. Du kannst aber sicher sein, dass all meine zukünftigen Filme einen Horroreinschlag haben werden. Ich weiß nicht, ob mich das von anderen Regisseuren abhebt, aber ich denke, dass es so viel gibt, das man in diesem Genre erforschen kann. Ich möchte keine romantischen Komödien machen. Hier liegt meine Passion. Ich bin ein Horrorfan. Um auf die Frage zurückzukommen. Ich bräuchte sehr viel mehr Geld, um ihn zu machen, aber ich würde gerne einen Horrorfilm im Weltall machen, inklusive ausladender Sets. Es gibt viele Weltraumhorrorfilme, aber ich hab das Gefühl, dass ich etwas in mir trage, das die Welt in dieser Beziehung noch nicht gesehen hat. Vielleicht erhalte ich dazu eines Tages die Gelegenheit. Hauptsächlich möchte ich aber weiterhin halluzinatorische Horrorfilme machen.

Möchtest Du noch etwas hinzufügen, das ich zu fragen vergessen habe?

Ich bin kein Satanist, ich bin ein Supernaturalist.

Andreas Marschall

Der deutsche Regisseur Andreas Marschall hat mit TEARS OF KALI einen viel beachteten Horrorfilm abgeliefert. Dieses Werk übertraf er sieben Jahre später mit MASKS, seiner Verbeugung vor dem italienischen Giallo. Damit lieferte er einen der bemerkenswertesten Genre-Filme des Jahres 2011 ab. Das Interview entstand anlässlich der DVD-Premiere von Masks im Sommer 2012.

MASKS ist eine Verbeugung vor dem italienischen Giallo. Welche haben Sie denn besonders inspiriert? Darüber hinaus: Welche Horrorfilme haben Sie über die Jahre geprägt?

Mein erster prägender italienischer Horror-Film war DIE STUNDE, WENN DRACULA KOMMT von Mario Bava. Den zeigte die Film-AG in meiner Schule und er hat mich nachhaltig geprägt. Barbara Steeles Erotik hat mich verzaubert.
Ich war allerdings schon als fünfjähriges Kind Mitte der sechziger Jahre für ein Jahr in Amerika, als mein Vater einen Job als Austauschlehrer hatte, und da gab es im Fernsehen schon die Monsterfilme eines Corman oder Jack Arnold. Ich bin also in frühester Kindheit "geschädigt" worden. In Deutschland waren es natürlich die Edgar Wallace Filme, die mich bezauberten. Dann DAS OMEN und schließlich Dario Argentos SUSPIRIA, der einen kleinen Kinostart in Deutschland hatte, fast ohne Presseecho. Ich geriet völlig unvorbereitet in diesen

Exzess. Der Film hat meine Sichtweise aufs Genre völlig verändert. Keiner außer mir hatte damals den Film gesehen und wenn ich von den expressionistischen Farben und den Dekors schwärmte, musste ich für meine Schulkameraden wohl wie ein verwirrter Sektierer geklungen haben.

Damals wurde Argento von der deutschen Filmkritik ignoriert und verachtet, während SUSPIRIA in Italien erfolgreicher war als DER WEISSE HAI.

Stilistisch wirkt Ihr Film tatsächlich, als wäre er in den 70er Jahren entstanden. Wie schwer war es, die typische Giallo-Atmosphäre heutzutage zu erschaffen?

Zunächst muss man sehr bewusst den gerade modischen Horrorfilmlook vermeiden, diese farbentsättigten, kalten Bilder mit überstarken Kontrasten und viel pseudoauthentischer Handkamera. Fast jeder Thriller oder Horrorfilm sieht derzeit so aus.

Ich habe auf eine sehr dekorative Studioausleuchtung mit warmem Glühlicht geachtet. Kameramann Sven Jakob hat sich sehr viele Filme aus der goldenen Ära des Giallos angeschaut und Lichtdesigner Edgar Auell ist ein alter Hase, der alle Kniffe dieser speziellen Studiobeleuchtung kennt. Wir haben nie mit „vorhandenem natürlichem Licht" gearbeitet, sondern immer sehr große Scheinwerfer eingesetzt, mit Spitzen auf den Haaren und weichen Beauty-Filtern für die Gesichter. Um die verschiedenen Teile der Schule voneinander abzusetzen haben wir mit kontrastierenden farbigen Folien gearbeitet. Alles etwas künstlich, wie bei Argento, Bava und Fulci.

Dann sind natürlich die Sets von MASKS betont „märchenhaft", mit dem blauen und roten Samtwänden, wie 70er Studiobauten. Und die Kamera ist meist auf dem Stativ, der Steadycam oder wird auf dem Dolly bewegt und selten auf der Schulter.

Sehr wichtig ist auch, dass wir zwar digital gedreht haben, aber Objektive aus den siebziger Jahren benutzt haben, mit einer sehr analogen, weichen Charakteristik.

Einen wichtigen Anteil an der Giallo-Atmosphäre hat natürlich die phantastische Musik von Sebastian Levermann, der sich zusammen mit Nils Weise an Filmen des Genres orientiert hat - bis hin zur Verwendung der klassischen Hammondorgel. Sebastian ist übrigens der Sänger der Metal-Band ORDEN OGAN. Sein neues Album „To the End" erscheint im Oktober und wir planen einen Videoclip für einen speziellen MASKS-Song.

Seit Ihrem Erstling TEARS OF KALI sind sieben Jahre vergangen. Haben Sie in der Zeit versucht, andere Projekte zu verwirklichen oder war MASKS der Film, der auch ihr zweites Werk werden sollte?

Es gab in der Zwischenzeit viele Projekte. Mit einer Berliner Produktionsfirma habe ich versucht, das Projekt „The Face" zu realisieren, einen übernatürlichen Geisterfilm, der in Italien spielen sollte. Das Buch war hervorragend, der vorgesehene Cast namhaft und international. Nadeshda Brennicke sollte die weibliche Hauptrolle spielen. In Rom traf ich Franco Nero und gewann ihn für die Rolle eines Priesters. Firmen in Schweden und Italien waren an einer Ko-Produktion interessiert.

In Deutschland scheitern solche Projekte aber immer im letzten Moment an dem Desinteresse der Filmförderungsgremien. Irgendwann hatte ich keine Geduld mehr, auf Filmförderung zu warten.

Ich sprach mit zwei Schulen, der Reduta Schauspielschule in Berlin und der Hasso von Hugo Makeup-Schule, legte ihnen das Drehbuch zu MASKS vor. Dann kontaktierte ich die DVD-Firma Anolis, die schon TEARS OF KALI produziert hat. Anolis beweist ja immer wieder einen für Deutschland seltenen Mut. Sie haben auch den Backwood-Slasher BREAK produziert, und haben die Genrekompetenz, das Vertrauen ins Genre, was vielen größeren Produktionsfirmen fehlt. Dazu kamen Privatinvestoren und ich habe MASKS dann unabhängig mit Heiner Thimm zusammen auf die Beine gestellt.

Der Film wurde dann auch zu einem großen Teil in den Räumen der Reduta-Schule gedreht. Die meisten der jungen Darsteller sind Schauspielschüler der ersten drei Semester und sogar Mitglieder der Lehrerschaft haben mitgewirkt.

Wie gestaltete sich der Casting-Prozess? Sie haben ja größtenteils mit Newcomern gearbeitet, die allerdings recht gute Leistungen abgeliefert haben.

Die älteren Schauspieler kannte ich meist schon aus anderen Filmen. Mit Magdalena Ritter (NOSTRADAMUS), der bösen Rektorin, wollte ich unbedingt arbeiten. Sie hatte eine winzige Rolle in TEARS OF KALI und hier konnte ich ihr endlich die große Bühne bieten, die sie verdient. Norbert Losch war ja in vielen Filmen der Siebziger, hat unter Fellini gespielt und war exakt der Typ, den ich mir für Gdula gewünscht habe. Die Rektorin der Schule selbst, Teresa Nawrot, hatte leider nur Zeit für einen kleinen Cameo-Auftritt. Sie ist eine polnische Theaterlegende und war Schülerin von Jerzy Grotowski. Selbst in der kleinen Rolle der Co-Rektorin finde ich ihre Ausstrahlung außerordentlich.

Die jungen Darsteller wurden unter den Schülern der Reduta-Schule gecastet. Wir haben Szenen des Films mit verschiedenen Besetzungen zur Probe gedreht und uns dann entschieden. Susen Ermich war eine echte Entdeckung für die Hauptrolle Stella. Von ihr wird man noch viel hören.

Ganz phantastisch ist für mich auch Julita Witt, die Darstellerin der Cecile, die eine Absolventin der Reduta ist und seitdem eher beim Fernsehen und Theater gearbeitet hat.

Natürlich ist es nicht immer konfliktfrei, wenn absolute Newcomer auf erfahrene ältere Schauspieler treffen. Die Älteren brauchen nämlich in der Regel nur sehr wenige Takes, während die Jüngeren viel ausprobieren wollen und sich erst mal in die Abläufe einer Produktion einfühlen müssen. Gerade, wenn es eine Independent-Produktion ist, bei der es nicht viel Zeit für Proben gibt.

Diese Spannung , die zwischen der reifen erfahrenen Magdalena Ritter und der jungen Susen Ermich beim Dreh immer spürbar war, entspricht genau den Rollen im

Film: Die böse Rektorin sieht in ihrem jungen "Opfer" auch die junge naive Frau, die sie selbst mal war. Ich liebe die Szenen zwischen den beiden.

Erinnern Sie sich an eine besonders lustige oder kuriose Anekdote von den Dreharbeiten?

Als Susen und Julita sich kopfüber aufhängen mussten, da gab es zwar Sicherheitsmaßnahmen, aber es macht trotzdem Angst und fühlt sich sehr unangenehm an. Ich ging vorher mit Julita in ein Fitnesscenter und übte das Hängen bei einem "Anti Gravity Yoga"-Kurs.
Am Tag, als wir die Szene mit Susen drehten, hängte ich mich in voller Montur in die Seile und irgendjemand machte ein Foto. Im Internet kursiert jetzt diese Bild, in dem ich wie eine Fledermaus von der Decke baumele

Gab es Überlegungen, MASKS in englischer Sprache zu drehen, um ihn leichter vermarktbar zu machen?

Dazu hätte man einen englischen Cast gebraucht - und daran war im Rahmen des Budgets nicht zu denken. Der Film ist auf über 25 Festivals in aller Welt auf Deutsch mit Untertiteln gelaufen. Niemand hatte Probleme mit der Sprache. Fast alle anderen Horrorfilme, die ich auf den Festivals gesehen habe, waren in den Originalsprachen -Französisch, Italienisch, Spanisch etc. gedreht. In Deutschland, Frankreich und Italien werden die Filme in der Regel dann synchronisiert, in den anderen Ländern akzeptiert man Untertitel. TEARS OF

KALI wurde damals vom US-Verleih synchronisiert, allerdings mit grausigen Stimmen.

Ich werde sicher in Zukunft auch in Englisch drehen, aber das geht nur, wenn die meisten Schauspieler Engländer oder Amerikaner sind. Sonst macht man sich lächerlich. Ich habe schon erlebt, wie der aufwendig produzierte Film eines Kollegen deswegen bei einer internationalen Premiere fürchterlich Schiffbruch erlitten hat.

Denken Sie, der Giallo - sozusagen der Neo-Giallo - erlebt eine kleine Renaissance, nachdem es den belgischen AMER und nun Ihren MASKS gibt?

Ganz sicher. Durch das Internet ist eine Generation nachgewachsen, die diese Filme gerade erst entdeckt. Nächstes Jahr gibt es zum Beispiel den superben Giallo TULPA von Federico Zampaglione und in Italien wurde im letzten Jahr erst eine neue Giallo TV-Serie ausgestrahlt, in der unter anderem Lamberto Bava Regie führte.

Bestehen schon Pläne oder Überlegungen für das nächste Projekt?

Ich habe tausend unheimliche Geschichten im Kopf und einen Stapel fertiger Drehbücher. Ich kann aber noch nicht sagen, welches der Projekte als Nächstes dran ist. Aber es wird sehr wahrscheinlich wieder ein Horrorfilm sein.

Buddy Giovinazzo

Der Amerikaner Buddy Giovinazzo lebt seit vielen Jahren in Berlin. Dort arbeitet er und hat schon einige Folgen von TATORT und POLIZEIRUF 110 inszeniert. Bekannt wurde er in den 80er Jahren durch seinen schonungslosen Film COMBAT SHOCK, der auch heute noch nichts von seiner Wirkung verloren hat. Giovinazzo ist auch ein erfolgreicher Romanautor und hat mit THEATRE BIZARRE unlängst wieder im Horror-Genre gearbeitet. Das Interview wurde 2010 geführt.

Die erste Frage ist die offensichtliche: Wie kommt ein amerikanischer Filmemacher nach Berlin?

Eigentlich bin ich vor 13 Jahren nach Los Angeles gezogen, aber dort habe ich einen echten Kulturschock erlebt. Ich konnte mit Los Angeles nicht wirklich klarkommen und ich hatte eine Gelegenheit, nach Berlin zu ziehen. Für mich war das eine ganz natürlich kommende Entscheidung. Berlin ist wie New York. Nachdem ich zwei Wochen hier war, habe ich gesagt: Ich bleibe hier.

Willst Du dann in Deutschland bleiben, oder glaubst Du, dass es Dich irgendwann wieder in die USA ziehen wird?

Nein, ich werde hier bleiben. Ich würde gerne in Amerika arbeiten. Hier mache ich die deutschen Krimis, die mir viel Spaß machen. Für mich wäre es natürlich am besten, meine eigenen Filme in Amerika zu drehen, aber ich möchte immer hier in Berlin leben. Meine Frau ist auch Deutsche und wir haben hier ein gutes Leben.

In der IMDb findet man die Angabe, dass Du ein Drehbuch für CSI: NEW YORK geschrieben hast?

Das ist mein Cousin. Und das passiert ständig. Ab und zu werde ich bei der IMDb auch als Schauspieler genannt, aber das ist dann er.

Du hast ja Filme in den USA gedreht und hier welche für das Fernsehen. Würdest Du sagen, dass es da nennenswerte Unterschiede gibt?

Ja, es ist überhaupt nicht das Gleiche. Noch nicht mal ähnlich. Hier hat man viel mehr kreative Freiheiten. Wenn man hier einen TATORT inszeniert, dann ist das so, als würde man in den USA einen Independent-Film machen. Hier in Deutschland will man immer noch ein bisschen Kunst, während die Fernsehbranche in den USA für den Regisseur nichts bietet. Man ist dort nur ein „Director for Hire" und hat nichts zu sagen. Der Produzent ist der Chef. Andererseits verdient man dort vier- bis fünfmal so viel Geld wie hier. Aber das ist Schmerzensgeld – oder Schweigegeld. Man soll arbeiten, aber die Klappe halten. Hier kriegt man viel weniger Geld, aber hier kann ich ein Künstler sein.

Du hast verschiedene TATORTE gemacht, wobei verschiedene Kommissare zum Zug kommen. Hast Du

da Vorlieben, welche Kommissare im Mittelpunkt stehen?

Nein, ich mag die Filme gerade, weil sie so unterschiedlich sind. Ich denke, in Deutschland findet man viele der besten Schauspieler im Fernsehen. Ich habe gerade den Leipziger Tatort gemacht und die Schauspielerei ist hier wirklich toll. Ich mag die Schauspieler, ich muss aber auch das Drehbuch mögen. Wenn ich das Drehbuch gar nicht mag, dann mache ich auch den Film nicht. Aber wenn diese zwei Elemente stimmen, dann bin ich dabei.

Hast Du selbst schon mal eine Story für einen TATORT gepitcht?

Nein, ich bin aber recht stark in die Drehbuchentwicklung involviert. Normalerweise kriege ich ein Drehbuch und das ist die erste oder zweite Fassung. Danach fragt man mich, ob ich den Film machen will. Und dann entstehen noch eine dritte oder vierte und manchmal auch fünfte Fassung und erst dann drehen wir.

Du hast ja auch einige Romane geschrieben. POTSDAMER PLATZ soll verfilmt werden.

Ja. Hoffentlich.

Es hätte ja schon dieses Jahr losgehen sollen.

Bisher gibt es ein paar Angebote für Schauspieler. Einer ist Mickey Rourke, der andere ist Tom Hardy, ein großartiger Mime aus England. Wenn beide zusagen, sollte der Film bald gemacht werden. Aber man weiß es nicht. Das ist Hollywood. Es könnte passieren, es könnte nicht passieren.

Hast Du das Drehbuch dazu geschrieben?

Von mir sind die ersten zwei Drehbuchfassungen, aber nach mir kamen andere Autoren. Das ist ganz normal für Hollywood. Die Grundgeschichte wird sicherlich bleiben, aber es könnte komplett anders sein als meine Version.

Deinen Roman LIFE IS HOT IN CRACKTOWN hast Du selbst inszeniert. Ist das dann sehr nahe am Roman oder bist Du davon abgewichen?

Das ist interessant. Es ist supernah am Roman, aber die Struktur ist komplett anders. Das Buch hat kurze Geschichten, die nacheinander erzählt werden. Im Film passiert alles gleichzeitig. Wir schneiden von einer Geschichte zur nächsten und wieder zurück. Aber der Inhalt ist fast genauso wie beim Buch. Der Film ist sehr hart.

Wie ist es dann, seine eigene Arbeit zu adaptieren?

In dem Fall war es für mich ein Traum. Normalerweise ist es so, wenn ich einen Roman schreibe, dann ist das aus meinem System raus. Ich habe dann schon mal ausgedrückt, was ich erzählen wollte. Dann hab ich kein Bedürfnis, einen Film draus zu machen, aber bei LIFE IS HOT IN CRACKTOWN wollte ich diesen Film sehen. Dieses Buch lebte mehr als ein Jahrzehnt in meinen Gedanken, denn es war schwer, die Finanzierung für den Film zusammenzubekommen.

Klar, das ist natürlich kein Blockbuster-Thema.

Ja, stimmt, das ist kein Entertainment-Film. Aber ich bin ein gutes Publikum für meinen Film. Ich finde das unterhaltsam. Und ich hoffe, dass es genügend Leute wie mich gibt, die so etwas unterhaltsam finden.

Sicherlich. Das gilt ja auch für Deinen ersten Film.

COMBAT SHOCK.

Wie siehst Du den Film fast ein Vierteljahrhundert später im Rückblick?

(Lacht) Das ist interessant. Ich habe nie gedacht, dass dieser Film so lange nach seiner Entstehung noch angeschaut wird. Es war wie ein Studentenfilm damals. Ich war noch Student und ich hatte kein Geld, um den Film zu machen. Aber jedes Jahr werde ich wegen COMBAT SHOCK auf ein paar Festivals eingeladen. Ich denke, COMBAT SHOCK ist eine Vision von Amerika, die man so heute nicht mehr sieht.

Wenn man sich den Film heute ansieht, dann ist er immer noch bemerkenswert. Die desolate Grundstimmung ist immer noch intensiv. Es ist wie ein Schlag in die Magengrube.

Der Film war meine Leidenschaft. Ich habe mein ganzes Herz und meine Seele in den Film gesteckt. Zu dem Zeitpunkt war ich filmtechnisch noch nicht sehr erfahren. Ich hatte ein paar Kurzfilme gedreht, aber noch nie einen Langfilm. Es war, als stünde ich im Dunkeln und würde nach meinem Weg suchen, aber ich hatte keine Ahnung, wo er mich hinführt.

Die Hauptfigur wurde von meinem Bruder gespielt. Und mein Bruder ist kein Schauspieler. Er hat vorher nichts gespielt, und danach auch nicht. Ich glaube auch für meinen Bruder war dieser Film eine Frage der Leidenschaft.

Man hat auch das Gefühl, als würde die Figur wirklich leben. Es ist fast wie bei einer Dokumentation. Dein Bruder ist dabei in jeder Sekunde so gut, dass die Figur absolut real erscheint.

Komischerweise ist mein Bruder ein sehr sauberer Mensch. Er ist überhaupt kein Schlamper. Er sieht immer gut aus und alles muss immer schön aufgeräumt sein. Diese Rolle ist überhaupt nicht mein Bruder. In meiner Familie ist das ein echter Witz, weil Rick das komplette Gegenteil ist.

Wie fandest Du damals die Werbekampagne von Troma für den Film? Der Trailer kam ja rüber, als wäre es der nächste RAMBO-Film.

(Lacht) Ja, das war die Idee von Troma. Die hatten sich gedacht, RAMBO war sehr erfolgreich und es gab einen anderen Film, der P.O.W. −THE ESCAPE (mit David Carradine) hieß. Das war ein ganzes Genre mit dieser Art Filmen. Aber für Troma war COMBAT SHOCK ein totaler Versager. Keiner mochte diesen Film. Jeder im Publikum war enttäuscht nach der Vorführung. Die Leute beschwerten sich, dass es kein Actionfilm ist. Erst nach ein paar Jahren hat dieser Film sein Publikum gefunden und wurde nach fünf oder zehn Jahren zum Erfolg. Um fair zu sein, muss ich sagen, Troma hat den Film immer gemocht und dort hat man versucht, den Film kommerziell auszuwerten. Hast Du die Plakate gesehen?

Die sahen auch wild aus, mit diesen muskelbepackten Action-Helden.

Ja, da sind Leute auf den Plakaten, die überhaupt nicht im Film sind. Aber für Troma war es eine Geschäftsentscheidung, ihn so zu vermarkten. Damals war Troma die einzige Firma, die diesen Film überhaupt rausbringen wollte.

Denkst Du, es war damals schwerer, einen Verleih für den Film zu finden oder wäre es heute leichter?

Schwer zu sagen. Damals wollte den Film keiner. Ich habe fast ein Jahr nach einem Verleih gesucht, aber keiner war interessiert. Damals war auch die Arbeit am Film ganz anders. Wir hatten kein HD-Video, kein Final Cut Pro, alles war direkt auf Film. Und ich war auch nicht reich. Die Labore, aber auch das Filmmaterial kosteten sehr viel. Heute wäre es auf jeden Fall einfacher, einen Film wie COMBAT SHOCK zu machen.

Ich muss sagen, dass der Film eine solch rohe Kraft entwickelt, dass man auch einfach übersieht, dass bei den Rückblicken eben kein Dschungel, wie man ihn sich bei Vietnam vorstellt, zu sehen ist.

Ja, die kleine Hütte, in der die Vietcong foltern – das war der Hinterhof des Hauses meiner Mutter. Wir waren auf dem Dach des Hauses und drehten von oben. Ich hatte meiner Mutter auch verboten, sechs Monate lang den Rasen zu mähen, so dass das Gras fast einen Meter hoch war. Bei manchen Szenen finde ich schon, dass es gut aussieht, aber bei anderen sehe ich, dass es wie Upstate New York aussieht.

Sicher, man weiß aufgrund der Flora, dass es nicht Vietnam ist. Im Film nimmt man das aber hin. Es ist kein Störfaktor.

Für manche Leute, aber längst nicht für alle. Es gibt schon einige Kritiken zu COMBAT SHOCK, die das monieren. Man kann viel Negatives über den Film lesen.

Das ist für mich auch interessant. Und manchmal ist es auch sehr lustig.

War dann der Film eine Visitenkarte, die Du nutzen konntest, um Gespräche mit Produzenten zu bekommen oder neue Engagements zu erhalten?

Überhaupt nicht. Das war für mich schockierend. Ich habe gedacht, das ist meine Visitenkarte. Damals gab es Independent-Filmemacher wie John Waters oder John Sayles, deren erster Film eine Visitenkarte wurde. Bei denen hat es funktioniert. Bei mir war es das Gegenteil. Ich konnte keine Arbeit finden, nicht mal Low-Budget-Horrorfilme. Die Produzenten sahen sich COMBAT SHOCK an und dachten sich: „Oh Gott, ich will nicht, dass der sowas aus meinem Horrorfilm macht." Darum vergingen zwischen COMBAT SHOCK und meinem zweiten Film auch zehn Jahre. Für mich war es eine große Enttäuschung und ich verstehe auch heute noch nicht, warum das so gelaufen ist.
Aber COMBAT SHOCK galt in Amerika einfach gar nichts. Die Industrie sah ihn als schlecht gemacht an. Ich bin fassungslos, wenn ich darüber nachdenke.

Eigentlich erstaunlich, wenn man an andere Leute wie David Lynch denkt, dessen ERASERHEAD ja auch ein schwieriger Film ist. Der Film wurde von ihm genutzt, um weiterzukommen, während COMBAT SHOCK ignoriert wurde.

ERASERHEAD war ein Kunstwerk. Man liebt oder hasst den Film, aber man sieht, dass es ein Kunstwerk ist. Man könnte sagen, ERASERHEAD ist Rock'n'Roll und COMBAT SHOCK ist Punk. COMBAT SHOCK ist nicht so elegant. Er ist gar nicht elegant. Vielleicht ist er zu blutig und zu gewalttätig. Ich denke, in dieser Hinsicht war der Film zu realistisch, während ERASERHEAD wie ein Traum ist. Da gibt es zwar auch ekelhafte Momente, aber es fühlt sich nicht real an, ist immer ein Traum. COMBAT SHOCK war da anders. Typen wie in COMBAT SHOCK konnte man damals auf der Straße in New York zuhauf sehen. Mein Film war nie Unterhaltung.

Auf einer DVD hab ich mal vor Jahren den kurzen Promo-Film MANIAC 2: MR. ROBBIE gesehen. Wie kam es denn dazu?

Das ist eine interessante Geschichte. Der Beleuchter von COMBAT SHOCK kannte Bill Lustig und erzählte mir, dass dieser MANIAC 2 nicht machen wollte. Und er sagte mir, dass Joe Spinell jeden Tag in dieser einen Bar in Uptown New York ist und zurzeit nach einem Regisseur für den zweiten Teil sucht. Ich hatte dann die Telefonnummer von dieser Bar und rief dort an. Dann fragte ich, ob Joe Spinell da ist. Er war da und dann stellte ich mich ihm vor und sagte, dass ich gerne MANIAC 2 machen würde und er sagte: „Okay, komm her." Es war Mitternacht, ich fuhr zu dieser Bar und traf Joe. Damals hatte ich COMBAT SHOCK schon abgedreht, aber er war noch nicht fertig. Der Schnitt entstand gerade. Ich zeigte Joe 20 Minuten und er hat gesagt: „Okay, du arbeitest mit mir".

Geld gab es dafür nicht. Ich habe den Film umsonst gemacht. Wir hatten nur Geld für das Filmmaterial und die Laborkosten. Und wir hofften natürlich, dass wir mit diesem kurzen Film die komplette Finanzierung auftreiben könnten. Aber kurz danach ist Joe gestorben. Das war für mich sehr traurig, denn ich habe Joe sehr gerne gemocht.

Überlegungen, den Film dann ohne ihn zu machen, gab es nicht?

Nein, zumindest nicht von mir. Joe war der Maniac. Ohne ihn ging es nicht. Die Geschichte von MANIAC ist nichts Besonderes. Er ist interessant, aber was den Film ausmacht, ist die Darstellung. Joe war phantastisch. Und er war ein toller Typ. Er war ganz anders als seine Filmrollen. Er war ein ganz lieber Kerl: einfach, freundlich, ausgelassen.

Er ist ja leider nicht sehr alt geworden.

Ja, er war 52.

Ein großer Verlust. MANIAC lebte von ihm, ganz unabhängig von den krassen Splattereffekten. Gab es eigentlich ein fertiges Drehbuch für den Langfilm?

Ich habe ein Drehbuch geschrieben. Die einzige Version davon hab ich Joe gegeben, aber ich weiß nicht, wo es abgeblieben ist. Ich hab es damals auf Schreibmaschine geschrieben und so gab es nur diese eine Version. Dass

Joe sterben würde, hätte ich nie gedacht. Ich dachte, ich kriege einfach eine Fotokopie zurück.

Anderes Thema: Ich war etwas überrascht zu sehen, dass Du 2003 die Regie der 2nd Unit bei Jeff Burrs STRAIGHT INTO DARKNESS übernommen hast. Wie kam es denn dazu?

Ja. Kennst Du den Film?

Ja, ich habe mich über ihn auch mit Jeff Burr unterhalten.

Stimmt, das hattest Du mir geschrieben. Jeff ist ein sehr guter Freund von mir.

Ein netter Kerl. Sehr offen, sehr sympathisch. Als ich mit ihm sprach, wusste ich nicht dass Du die 2nd Unit gemacht hast, deswegen hab ich ihn gar nicht gefragt, aber wie ist es denn dazu gekommen, dass du daran beteiligt warst?

Ganz einfach. Er hatte kein Geld und ich wohnte in Berlin. Der Flug von Berlin nach Rumänien kostete vielleicht 130 DM oder so. Er hat mich angerufen und gebeten, ihm einen Gefallen zu tun. Ich hab einfach ja gesagt. Dann war ich eine Woche in Rumänien. Es war phantastisch. Und ich habe viele Nazis getötet (lacht). Das war mein Job: Nazis töten. Jeff hatte einige rumänische Soldaten, die als Nazis uniformiert waren. Wir hatten etwa 30 und Jeff sagte, er braucht eine

Szene, in der die Nazis auf die Scheune zustürmen. Und das umzusetzen, war mein Job, wobei vielleicht zehn von den 30 erschossen wurden. Das hat mir viel Spaß gemacht.

Und als 2nd-Unit-Director gibt es keinen Druck. Jeff sagte mir einfach, was er brauchte. Er gab mir eine Liste mit ein paar Einstellungen. Ich hatte keinen Druck bei der Arbeit. Es war phantastisch.

Wie hast Du Jeff Burr kennen gelernt?

Gute Frage. Ich denke, das war zu der Zeit von FROM A WHISPER TO A SCREAM, Jeffs ersten Film. Ich habe ihn damals in Los Angeles getroffen. Das muss mehr als 20 Jahre her sein.

Der Film entstand 1987.

1987. Ja, könnte sein. Jeffs Bruder war sein Produzent und ich wollte einen Film mit William Burr machen. Das hat nicht geklappt, aber meine Freundschaft mit Jeff war von Anfang an super.

Als ich in Los Angeles gewohnt habe, hatte ich keine Arbeit. Überhaupt nichts. Jeff Burr hatte aber die ganze Zeit Arbeit. Er war immer im Einsatz. Er hat viele Filme gemacht und ich habe das immer bewundert. Das war mein Traum: Beständig Filme zu machen, so wie Jeff.

Wobei er ja einige Schwierigkeiten hatte. Er erzählte von Problemen mit den Produzenten, lausigen Drehbüchern und dergleichen mehr.

Absolut. Er sagte mir auch immer: „Glaub mir, es ist nicht so gut wie Du denkst." Als er einen der PUPPET MASTER machte, sagte er mir mal, dass er die ganze Woche nur mit Puppen aus Plastik gedreht hatte. Für ihn war es nicht immer leicht, aber er war ein vielbeschäftigter Mann und das habe ich bewundert.

Mittlerweile bist Du ja auch gut beschäftigt.

Ja, aber hier bin ich „Director for Hire". Das ist etwas anderes. Wenn ich was Englisches mache, bin ich Autor und Regisseur. Ich habe einen ganz anderen Zugang zum Material, wenn ich das Drehbuch geschrieben habe. Bei den deutschen Filmen ist gut für mich, dass ich alles mit einem ganz anderen Auge sehe. Das gefällt den Produzenten, die mögen das. Alles, was ich sehe, jedes Interieur, ist für mich interessant und das wird in den Filmen umgesetzt.

Hast Du dann immer mal wieder probiert, Filme in den USA zu produzieren?

Ja, immer, aber das Problem ist, das Geld aufzutreiben. Independent-Filme in den USA zu machen ist schwierig. Heute gelten Miramax-Filme mit 20 Millionen Dollar als Independent-Film. Aber für mich ist das kein Independent-Film. Ich möchte auch keine 20 Millionen Dollar für einen Film haben. Ich möchte einen kleineren Film machen, da ich da mehr als Künstler arbeiten kann und mehr zu sagen habe. Der Film ist dann ein Ausdruck meiner Meinung und meiner Lebenssicht. Das ist es, was ich mag.

Was hat eigentlich ein Film wie LIFE IS HOT IN CRACKTOWN gekostet?

Eine Million Dollar. Wir haben den Film in Downtown L.A. gedreht. Und das auf echten 35mm-Film. Das war superschwierig. Aber das war ein echtes Projekt aus Leidenschaft. Alle Mühen haben sich gelohnt.

Weitere Adaptionen deiner eigenen Romane willst Du wohl nicht machen?

Nein, nicht wirklich. Ich habe vier Romane geschrieben. Ein neuer Roman erscheint im Frühling. Er heißt „Caution in the Wind" im Englischen, „Piss in den Wind" im Deutschen. Inszenieren wollen würde ich das nicht. Ich würde da lieber etwas Neues machen wollen.

Dein neuester Film ist THE THEATRE BIZARRE, ein Anthologieprojekt mit anderen Regisseuren zusammen.

Ja. Mit Douglas Buck, David Gregory, Richard Stanley und anderen. Stanley hat seine Geschichte schon gedreht, Buck macht seinen gerade und ich werde meinen voraussichtlich Ende Februar in Berlin drehen.

Gehören die Geschichten dann alle dem gleichen Genre an?

Sie gehören alle dem Grand Guignol an und sind ein bisschen dunkel und blutig. Meine Geschichte ist beides. Wir haben verschiedene Themen. Wir kriegen kaum Geld. Das Budget ist sehr minimal, aber wir können machen, was immer wir wollen. Und jeder hat den Final Cut. Für mich ist das etwas Besonderes.

Kannst Du schon andeuten, worum es in Deiner Geschichte gehen wird?

Nicht wirklich, aber es geht um eine Ehe. Es ist eine drastische Ehe-Geschichte und am Ende der Geschichte wird diese Ehe zerstört. Der Film ist nicht wie COMBAT SHOCK, aber ähnlich gemacht. Ohne Geld, aber ganz spannend.

Wie wurden die einzelnen Regisseure für dieses Projekt gefunden?

Das ist eine gute Frage. Ich bin relativ spät zu diesem Projekt gekommen. Ich glaube, ich war der letzte Filmemacher, der zu diesem Projekt dazu stieß. Ich bin befreundet mit Doug Buck, David Gregory und Karim Hussain. Und Richard Stanley hab ich mal vor 15 Jahren getroffen. Ich würde nicht sagen, dass wir Freunde sind, aber wir sind Bekannte. Ehrlich gesagt weiß ich es nicht. Ich denke, sie wollten eine Mischung sehr unterschiedlicher Filmemacher haben.

Wie lange soll deine Geschichte sein?

Jede Geschichte muss zwischen zwölf und 22 Minuten lang sein.

Woran arbeitest Du außer THE THEATRE BIZARRE?

Ich mache gerade die Abmischung für einen Leipziger Tatort. Außerdem schreibe ich ein Drehbuch, einen erotischen Thriller, den ich mit dem Produzenten von LIFE IS HOT IN CRACKTOWN realisieren will. In ein paar Wochen fliegen meine Frau und ich wegen ein paar geschäftlichen Terminen nach Los Angeles. Das ist ein Ziel für mich: Wieder einen Film in Amerika zu drehen.

Deine bisherigen waren auch sehr gut. Mir gefiel NO WAY HOME, der hierzulande als UNTER BRÜDERN rauskam, sehr gut. Hat der Film 1996 eigentlich ein paar Türen geöffnet?

In Amerika nicht, aber hier hat er mir sehr geholfen. Ich habe diese Fernsehfilme hier in Deutschland wegen NO WAY HOME bekommen. Hier gibt es einen anderen Zugang zu Kunst. NO WAY HOME wurde in den USA als zu künstlerisch angesehen und hat kein Geld gemacht. Einige Firmen mochten den Film, aber da er kein Geld eingespielt hat, brachte er mir nichts. Denn in den Firmen würde dann die Frage aufkommen, wer denn dieser Buddy Giovinazzo ist und was er gemacht hat. Und NO WAY HOME würde da nicht positiv aufgenommen werden, weil er kein Geld eingespielt hat. Das ist die Messlatte. Hier in Deutschland ist die Messlatte anders. Man denkt, der Film ist gut, ich mag ihn, und ob er nun Profit gemacht hat, ist nicht so wichtig. Das gefällt mir hier am Besten.

NO WAY HOME hat mir in Amerika nicht geholfen, hier aber sehr. Mein erster Job hier war POLIZEIRUF 110 in München. Das war Anfang der 2000er und das hatte ich NO WAY HOME zu verdanken.

Ich war auch sehr überrascht, als ich Deinen Namen in einem deutschen Fernsehfilm sah. Man erwartet nicht, dass ein Amerikaner nach Deutschland kommt.

Jeder sagt das. Bei jedem Geschäftstermin und bei jedem Treffen kommt die Frage: „Warum bist Du hier?" Andere Regisseure fahren nach Amerika. Aber ich war schon mal da. Ich weiß, wie es ist. Ich liebe Amerika, aber die Realität ist: Ich könnte dort fünf Jahre lang Geschäftstermine absolvieren ohne einen Film zu machen. Oder ich kann hier ein bis drei Filme machen, wenn ich will. Ich liebe Berlin, die Stadt, die Kultur, die Leute, einfach alles. Für mich ist das die perfekte Lösung. Ich bin hier glücklich. In Amerika wäre ich das nicht. Aber jeder fragt mich das. Es ist komisch, dass die Frage auch nach so langer Zeit noch kommt.

Man hört halt immer von deutschen Regisseuren, die einen Erfolgsfilm in Deutschland hatten und dann ihre Chance in den USA erhalten. Darum ist der umgekehrte Weg so unerwartet und so ungewöhnlich.

Leute wie von Donnersmark oder Robert Schwentke – das sind die Ausnahmen. Es gibt viele deutsche Regisseure in den USA, die keine Chance auf Erfolg haben. Man hört das nicht so oft, aber das ist die Realität. Viele deutsche Freunde von mir wollten in die USA, aber erst dort merken sie, dass sie einer von zig tausenden Regisseuren sind, die keine Arbeit haben.

Als ich 1998 hierher gezogen bin, wusste ich, dass ich mich für eine bessere Lebensqualität entschieden habe – und nicht für meine Karriere. Aber die ging hier auch weiter.

Was ziehst Du vor: Einen Roman zu schreiben oder einen Film zu machen?

Das ist einfach. Lieber einen Film. Film ist Spaß. Es gibt Vor- und Nachteile. Schreibt man zuhause, ist es angenehm und gemütlich. Bei einem Film ist man da draußen. Man hat Adrenalin und viele Leute um sich herum. Das macht Spaß, selbst wenn man Probleme lösen soll, die nicht zu lösen sind.

Vor- und Nachteile?

Film ist Kompromiss. In der Sekunde, wo ich zusage, ist es der erste Kompromiss. Beim Roman ist es mein alleiniger Ausdruck, meine Geschichte. Beim Film ist es immer eine Mischung. Manchmal eine gute, die den Film besser macht. Manchmal ist es aber auch eine schlechte Mischung. Aber es macht einfach mehr Spaß.

Daniel Stamm

Der 1976 in Hamburg geborene Daniel Stamm inszenierte den Low-Budget-Film A NECESSARY DEATH, mit dem er die Produzenten von DER LETZTE EXORZISMUS auf sich aufmerksam machte. Mit diesem Film feierte er internationalen Erfolg. Er arbeitet weiterhin im Genre, aktuell dreht er ANGRY LITTLE GOD, danach soll THE DARKNESS kommen und ein Remake von MARTYRS ist im Gespräch. Das Interview wurde anlässlich des deutschen Kinostarts von DER LETZTE EXORZISMUS im Jahr 2010 geführt.

Wie kommt ein Hamburger Jung' in die USA und wird dort Regisseur?

Also ich hab ja in Ludwigsburg vier Jahre lang Drehbuch studiert. Und da saß immer allein in meinem stillen Kämmerlein und meine Freunde kamen immer vom Set mit den wahnsinnigsten Geschichten, wie z.B. ein Scheinwerfer fast den Schauspieler erschlagen hätte. Und ich dachte mir: Wie blöd, dass ich hier alleine rumsitze und davon nichts mitkriege. Eigentlich muss ich jetzt auch Regie studieren. Es war für mich auch immer so eine komische in zwei Teile zerschnittene Art des Geschichtenerzählens, denn ich hab ja beim Schreiben der Geschichte diese in meinem Kopf schon inszeniert. Alles, was ich noch machen musste, war, das den Schauspielern und dem Kameramann zu erzählen. Und deshalb bin ich nach Amerika gegangen, hab aber erst mal anderthalb Jahre versucht, Stipendien zu sammeln.

Ich bin also ans American Film Institute in Los Angeles, weil da ganz viele tolle Leute gelehrt haben, z.B. Scorsese als Dozent. Und da hab ich dann zweieinhalb Jahre Regie studiert. Nach dem Studium gibt es immer die Falle, dass Leute ganz lange nichts mehr drehen. Sondern die sitzen dann da und warten, dass ihnen jemand 20 Millionen für ihr Kostümdrama gibt, aber das passiert natürlich nie. Und mein Diplomteam, mein ungarischer Kameramann, meine indische Cutterin, hat gesagt, wir müssen irgendwas drehen. Wir dürfen nicht in diese Falle rein tapsen. Egal was, wir nehmen uns eine Kamera und legen ohne Drehbuch los. Darum haben wir einen Film im dokumentarischen Stil gemacht, weil wir kein Geld hatten und weil man dafür kein Geld braucht, weil man keine großen Kinoscheinwerfer aufbaut oder mit Kränen dreht, sondern alles auf die Schauspieler fokussiert ist.

Und so haben wir drei Jahre lang A NECESSARY DEATH gedreht, der unheimlich ausgeufert ist, weil wir eben kein Drehbuch hatten, sondern immer irgendwelche Szenen gedreht haben. Wenn in einer Szene eine gute Idee aufkam, haben wir die darauffolgende gedreht. So kamen wir auf 200 Stunden Material, aus dem wir den Film dann geschnitten haben. Als der Film fertig war, lief er auf dem Festival South by Southwest in Austin und hat einen Preis beim AFI-Fest gewonnen. Und daraufhin haben die Produzenten von DER LETZTE EXORZISMUS den Film gesehen und gesagt: „Super, wir suchen gerade sowieso einen Pseudodokumentarfilmregisseur."

Die anderen Regisseure waren abgesprungen, da sie vertraglich an ein anderes Projekt gebunden waren und das kollidierte. Darum hat man nach einem neuen gesucht. Ein Autor, mit dem ich am AFI studiert habe, hat das gehört und hat die auf den Film aufmerksam gemacht. Die Produzenten haben ihn angesehen, mich angerufen und gesagt: „Kannst du einen Horrorfilm machen?"

Ich hatte noch nie einen Horrorfilm gemacht. Ich hatte keine Ahnung, ob ich einen Horrorfilm machen kann. Aber in Hollywood – das hatte ich inzwischen gelernt – immer „Ja, absolut" schreien, wenn dich jemand fragt, ob du was Bestimmtes kannst. Dann bin ich nach Hause gefahren und hab nachgedacht, ob ich einen Horrorfilm machen kann. Und dann rief Eli Roth aus Berlin vom INLGOURIOUS BASTERDS-Set an und wir haben uns über den Film unterhalten. Ich fand das Drehbuch toll, weil es kein Blutbad ist. Vielmehr gibt es einen sehr langsamen Spannungsaufbau. Ich hab ihm gesagt, ich würde es nicht als Horrorfilm machen wollen, sondern ich würde mich komplett auf die Charaktere konzentrieren wollen und es als Thriller erzählen, der dann in Horror umschlägt.

Es war also Zufall, dass Dein erster größerer Film ein Horrorfilm wurde?

Absolut. Ich war nie so genrebezogen. Auch in der Filmhochschule wurde man immer bei der Aufnahmeprüfung gefragt, welches Genre man machen will. Und alle hatten immer eine Antwort. Ich war fasziniert davon, weil ich dachte, ich weiß überhaupt nicht, welches Genre ich machen will. Ich will gute

Geschichten erzählen. Und wenn die im Weltall spielt, dann ist es Science Fiction, und wenn die im Wilden Westen spielt, dann ist es ein Western.

Ich finde Horror toll, weil das Genre eine sehr emotionale Sache ist, wo man sehr mit cineastischen Mitteln arbeiten kann: Licht, Schatten, Konturen. Und da eine tolle Geschichte reinzusetzen mit tollen Charakteren fand ich spannend, denn ganz oft sagt man ja, der Schockeffekt ist der Hauptdarsteller des Films. Aber wer sagt denn, dass ein Horrorfilm nicht tolle Schauspieler, tolle Figuren und tolle Handlung haben kann? Da kam DER LETZTE EXORZISMUS gerade richtig.

Ich mache gerne einen Horrorfilm, wenn er eine gute Geschichte zu erzählen hat. Ich hätte jetzt nicht unbedingt Lust, einen Slasher-Film zu machen, wo einfach nur Leute abgemurkst werden. Wenn einem die Figuren nichts bedeuten, dann ist mir auch egal, ob die in Stücke geschnitten werden. Ich muss erst mal Zeit mit denen verbringen und die müssen mir wichtig werden. Und dann ist es auch gruselig, wenn diesen Leuten etwas passiert.

Dieses dokumentarische Format, das wir jetzt benutzt haben, ist dafür natürlich toll, da es dir erlaubt, diese vierte Wand, die zwischen dir und dem Publikum besteht, niederzureißen, denn bei einem normalen Film dürfen die Schauspieler nicht in die Kamera gucken. Das Publikum ist im Dunkeln geschützt und nimmt nicht Anteil, da es einen Stellvertreter im Film hat. Aber bei diesem Format ist es involvierter und dieses „Ach, es ist nur ein Film, es ist nur ein Film" funktioniert nicht mehr so gut, wenn die vierte Wand weg ist. Dadurch ist der

Zuschauer sich sehr bewusst, dass diese Ausschnitte, die man auf der Leinwand sieht, nur kleine Ausschnitte aus den 360 Grad rundherum sind, dass aber jedes Mal die Gefahr von überall herkommen könnte. Und das macht den Zuschauer sehr verwundbar, sehr verletzbar. Eine tolle Ausgangsposition für einen Horrorfilm.

Ist es dann schwieriger oder leichter, mit einem dokumentarischen Format Angst beim Zuschauer zu erzeugen?

Bei normalen Filmen hast Du halt mehr Möglichkeiten, indem du die Scares im Schnitt baust. Das kannst du hier halt nicht. Das musst du innerhalb der Kamera zum Funktionieren bringen. Aber da es diese vierte Wand nicht mehr gibt, hast du wieder einen Vorteil. Beim Drehen selber, gerade bei einer Geschichte, bei der es um die Charaktere geht, verlierst Du wegen Technischem keine Zeit. Du beleuchtest nicht vier Stunden und alle müssen warten. Oder es werden Kräne für sechseinhalb Stunden aufgebaut. Wenn du bei einem normalen Film die Kamera für vier Minuten bei einem Zwölf-Stunden-Tag laufen lässt, ist das schon viel. Bei diesem Format hatten wir teilweise die Kamera acht Stunden lang laufen lassen, um jeden Moment, der irgendwie passiert, einzufangen. Und dadurch kannst du mit den Schauspielern ganz anders arbeiten, weil du eine Atmosphäre kreieren kannst, bei der es okay ist, zu experimentieren. Wir wissen nicht genau, wonach wir suchen und jetzt gucken wir einfach mal, was passieren soll. Und wenn 90 Prozent totaler Scheiß sind, ist das total egal, weil die anderen zehn Prozent richtiges Gold sind. Und was wir dann gemacht haben, sind sehr, sehr viele Takes zu drehen.

Eli Roth sagte, es wären 30 bis 40 Takes pro Szene gewesen?

Ja. Denn die Schauspieler sind darauf trainiert, eine gewisse Vision davon zu haben, wie sie die Szene spielen wollen. Die lesen sie zuhause durch und denken sich, hier gucke ich böse und da mach ich dieses. Das funktioniert bei normalen Filmen, aber bei unserem Format siehst du einfach, dass die spielen, was sie sich im Kopf vorgenommen haben. Und das musst du erst mal runter brechen. Das dauert eine ganze Menge Takes bis die sagen „Ich hab jetzt alles versucht, was ich im Kopf hatte. Ich weiß nicht mehr weiter". Und dann wird's gut. Ich weiß, wenn der Schauspieler nicht mehr weiterweiß, wird's gut, weil er dann die Szene in dem Moment erlebt und nicht vorausgeplant hat. Das Schöne ist, wenn man auf einen Moment stößt, der so noch nie zuvor entstanden ist; das kann ein irritierter Blick sein, eine Schweißperle, die die Stirn runter läuft. Man weiß es nicht, aber man spürt, dass dieser Moment real ist. Ab Take 20 tritt etwas unheimlich Gutes ein: Erschöpfung. Der Schauspieler denkt: „Es hat 40 Grad im Schatten, ich hab die Szene jetzt 20-mal gespielt. Ich weiß nicht, was ich noch machen soll. Ich geb auf." Dann wird's gut. Denn diese Anspannung spürst du auf der Leinwand. Man weiß nicht, wo sie herkommt, aber sie entstammt der Gesamtsituation und ist Horrorfilmen auch angemessen. Das ist etwas, das so subtil ist, dass ich glaube, dass man's nicht spielen kann. Spielen bedeutet immer, diesen bewussten einen Schritt zu machen. Man kann eine Schweißperle als Spezialeffekt einbringen, aber das weiß der Schauspieler und er reagiert anders. Aber wenn sein eigener Schweiß in die Augen rinnt, dann reagiert er ganz eigen. Ab Take 30 würde ich sagen, setzt Wut ein. Er denkt: „Ich hab wirklich alles versucht. Ich weiß nicht, was Du noch von mir willst. Ich will nach Hause." Und dann werden die Takes richtig gut. Weil du diese Spannung auch absolut spürst. Die Schauspieler sind natürlich total an Bord bei der Sache, weil die wissen, warum wir das machen und warum wir so arbeiten. Ich hab immer das Gefühl, das, was ich denen schulde, ist aus ihnen die beste schauspielerische Leistung herauszuholen. Egal mit welchen Mitteln. Also nicht, dass ich die hinters Licht führe und manipuliere. Ich bin schon ehrlich darüber, warum wir das so machen, aber es ist schon eine sehr andere Art von arbeiten.

Wurde dann auch viel improvisiert?

Wir haben schon das Drehbuch als Ausgang benutzt. Aber um zum emotionalen Kern zu kommen, haben wir ganz oft Sachen improvisiert. Ich wollte, dass die Schauspieler begreifen, warum ihre Figur das so macht, wie es im Drehbuch steht. Und wir haben auch umgeschrieben. Wenn Sachen rausgekommen sind, die besser waren als im Drehbuch, haben wir umgeschrieben. Das kann man nur machen, wenn man die Zeit hat, mit den Schauspielern zu arbeiten.

Wie lange wurde der Film gedreht?

24 Tage.

Das ist recht kurz, wenn man 30 bis 40 Takes pro Szene macht, oder?

Der Hauptteil beim Dreh geht ja nicht beim eigentlichen Drehen verloren, sondern bei der Vorbereitung. Aber da wir keine Scheinwerfer hatten und nichts aufbauen mussten, sondern Licht auf der Kamera hatten und loslegen konnten, haben wir Stunden gespart. Wir haben den genauen Drehplan eingehalten. Es war nicht so, dass wir ganze Szenen improvisiert hatten. Darum ging das.

Der Film ist sehr ambivalent, auch und besonders am Ende. Würden Sie sagen, dass in der Realität des Films Reverend Cotton wirklich auf einen echten Dämon gestoßen ist? Wie sehen Sie das?

Also mir ist es wichtig, dass es offen bleibt. Dass ich nicht schon am Anfang sage, ich tendiere dahin oder dorthin. Mir war wichtig, dass wir diese beiden Kräfte auf den Weg bringen: Wissenschaft gegen Religion. Und der Twist ist natürlich, dass unser Hauptdarsteller, der eigentlich die Religion verkörpern sollte, die Wissenschaft verkörpert. Und der Vater die Religion. Dass wir beide ihr Argument vorbringen lassen. Und dass wir sie aufeinandertreffen lassen und zeigen, wie sie koalieren und dass es keinen Kompromiss gibt. Dass beides sich gegenseitig ausschließt. Was für mich eine

Metapher für die Politik der USA ist. Da sind es auch zwei Seiten, die nicht mehr miteinander arbeiten. Da geht es nur noch darum, die andere Seite zu negieren und plattzumachen. Und das ist die Tragödie. Denn die wollen beide das Gleiche: Das Mädchen retten. Die haben die besten Absichten, aber dadurch, dass es keinen Dialog zwischen den beiden gibt, wird es zur Tragödie. Und deswegen war es mir wichtig am Ende, als Cotton ins Feuer läuft und Gott um Hilfe bittet, dass ich nicht zeige, ob Gott ihm zu Hilfe kommt oder nicht. Denn ich will keinen Film machen und so arrogant sein zu sagen, am Ende zeig ich dir, ob Gott existiert oder nicht. Das war nicht das Ziel des Ganzen. Und deswegen ist es wichtig, dass Gott sagen könnte: „Okay, du glaubst an mich und deswegen helf ich dir gegen den Dämon". Und vielleicht wird Nell gerettet, oder auch nicht. Man weiß es nicht. Oder Gott sagt: „Das ist kein echter Glaube, wenn erst die Hölle aufbrechen muss, damit du an mich glaubst." Auch andere Lesarten sind denkbar. Gibt es überhaupt einen Dämon? Oder ist es ein Riesenwerbevideo für Cotton, der sich als Showman etabliert? Und deswegen das offene Ende.

Wenn du und ich jetzt in den Wald gehen würden und wir würden auf eine Teufelsanbetung stoßen, dann wüssten wir ja nicht, was genau abgeht. Wir würden nur das unangenehme Gefühl haben, hier geht mehr ab, als Sinn macht. Das Feuer ist etwas zu hoch, die Geräusche sind irgendwie dämonisch. Aber wir wüssten nicht, wie oft die sich treffen, wer da der Boss ist, was die genau wollen, was die da rausziehen und im Feuer verbrennen.

Es wäre irgendwie Verrat an dem Format und der Geschichte gewesen, wen alles erklärt werden würde. Das beleidigt die Intelligenz des Zuschauers. Und das Ende muss für mich abrupt sein, denn wenn dem Kameramann in diesem Film der Kopf abgeschlagen wird, dann ist der Film vorbei. Man wird nie erfahren, was danach passiert. Ich kann total begreifen, dass das einige Leute wurmt. Gerade in den USA ist eine Riesendebatte zum Ende entstanden. Die Leute lieben oder hassen es. Aber in den USA hab ich das Gefühl, die bezahlen zehn Dollar und dafür schuldest du ihnen eine Antwort. Die kaufen eine Kinokarte und sagen: „Erklär mir was". Da gibt es aber auch den umgekehrten Ansatz. Du bezahlst zehn Dollar, damit ich in dir eine Frage inspiriere, die du dann selber beantworten kannst. Das ist vielen in den USA unangenehm. In Europa sind wir etwas mehr daran gewöhnt, dass wir intellektuelle Herausforderungen annehmen. Ich hab den Film in London gesehen, da hat's super geklappt. Und ich bin gespannt, wie er jetzt in Deutschland läuft.

Was kann man als nächstes von Ihnen erwarten? Ein Sequel?

Ein Sequel nicht. Die Geschichte ist ziemlich erzählt. Ich hab ein neues Projekt, das ist ein psychologischer Thriller und zwar nicht im Dokuformat. Einer meiner Lieblingsfilmemacher ist Produzent, aber ich darf noch nicht sagen, wer es ist.

Das Gerücht ist, es sei M. Night Shyamalan.

Lalalalalalalalalala. (*hält sich die Ohren zu*) Ich hab grad gestern einen bösen Anruf bekommen, weil ich nicht mit der Presse darüber sprechen darf.

Eli Roth

Der 1972 geborene Eli Roth wurde mit seinem Horrorfilm CABIN FEVER bekannt. Danach hatte er mit HOSTEL Erfolg und inszenierte auch das Sequel. Zurzeit entsteht der Horrorfilm THE GREEN INFERNO. Roth ist ein vielbeschäftigter Produzent und steht auch häufiger vor der Kamera. So spielte er den Bärenjuden in Quentin Tarantinos INGLOURIOUS BASTERDS. Das Interview wurde 2010 anlässlich der Deutschland-Premiere von DER LETZTE EXORZISMUS geführt.

Wie sind Sie zu DER LETZTE EXORZISMUS gekommen?

Das Skript wurde mir von den Produzenten Eric Newman und Marc Abraham vorgestellt. Eric hatte die Idee einer Dokumentation über einen Exorzismus, der aus dem Ruder läuft. Er entwickelte diese Idee mit den Autoren, die ihn auch inszenieren sollten. Wir wandten uns an StudioCanal, das interessiert war, den Film zu finanzieren, solange man mit meinem Namen werben konnte. Ich las also das Skript und dachte, dass es eines der besten, smartesten und gruseligsten ist, die ich in einer langen Zeit gelesen hatte. Die Charaktere waren sehr schön definiert und die Geschichte ließ mich bis zum Ende rätseln, wie es ausgehen würde. Als ich fertig war, dachte ich noch mehr über die Geschichte nach. Ich fragte mich, wie man jemals versuchen könnte, DER EXORZIST zu toppen, der der m.E. nach erschreckendste Film aller Zeiten ist. Aber nachdem ich das Skript gelesen hatte, sah ich, dass es möglich war. Es war Zeit für einen Update.

Haben Sie jemals überlegt, den Film selbst zu inszenieren?

Eigentlich sollten die Autoren die Regie übernehmen, doch sie hatten einen anderen Film geschrieben, für den sie grünes Licht bekamen und den sie dann angingen. Ich dachte also, das ist nun mein großer Test als Produzent. Ich meine, wenn ich wirklich ein Produzent sein wollte, dann konnte ich nicht immer die Versicherungspolice sein, wenn wir einen Regisseur verloren.

Wir suchten also nach jemanden, der für die Aufgabe geeignet war. Zudem mag ich es, wenn man jungen Filmemachern eine Chance geben kann. Hollywood braucht frisches Blut. Und es gibt einige Filmemacher da draußen, die ihre Chance verdient haben. Wir stießen auf Daniels Film A NECESSARY DEATH, den er mit 2.000 Dollar im Verlauf von drei Jahren gedreht hatte. Der Film ist hervorragend, toll inszeniert, ungemein smart, großartig gespielt.

Das Schöne daran, dass wir den Film über meinen Namen finanzieren, ist die Tatsache, dass wir viele Freiheiten haben. Der Film wurde schon vorab in verschiedene Territorien wie Südkorea und Italien verkauft. Und alles, was die Käufer interessiert, ist, dass es ein Eli-Roth-Präsentiert-Film ist. Wir sammelten also zwei Millionen Dollar ein und drehten den Film mit 1,5 Millionen Dollar. Wir konnten Daniel anheuern, weil die Finanziers den Produzenten vertrauen. Und Daniel konnte casten, wen immer er wollte. Denn im Endeffekt interessierte es niemanden, wen er castete, so lange wie der Film gut werden würde. Wir fanden auch immer, dass es am besten war, unbekannte Schauspieler anzuheuern. Die Leute sollten aus dem Kino kommen und sich denken, wie erstaunlich es doch war, dass sie ein solch hohes schauspielerisches Niveau in einem Horrorfilm gesehen hatten.

Ich war besonders von Patrick Fabian beeindruckt.

Er ist großartig. Daniel treibt diese Leute an. Er macht 20, 30, 40 Takes, falls notwendig. Dabei ist er gnadenlos. Und die Schauspieler lieben das. Sie lieben es, wenn man sie bis an ihre Grenzen treibt. Man muss sich das vorstellen: Es war brütend heiß, es gab keine Klimaanlage, alles wirkte so real. Das spricht auch das Publikum an. Der Film hat am Eröffnungswochenende mehr als 20 Millionen Dollar gemacht. Grandios. Das ist ein größeres erstes Wochenende als bei HOSTEL.

Finden Sie, dass der Film zum Ende hin zu viele Fragen offen lässt. Z.B. wie Caleb ein Teil des Kults wurde? Denken Sie, zu viel wurde am Ende unbeantwortet gelassen?

Die Geschichte ist vorüber. Es liegt nicht an uns, Antworten zu geben und zu sagen, ob Gott oder der Satan real sind. Wenn man sich den Film ein zweites Mal ansieht, bemerkt man all die Hinweise, die es gibt. Nell sagt, dass Caleb sich nach dem Tod ihrer Mutter von

Gott abgewandt hat und begann, ihn zu hassen. Das war die Saat, die in Caleb gepflanzt wurde und die ihn dazu brachte, sich dem Kult anzuschließen. Aber der Film handelt eigentlich von Cottons Glaube. Er hat an jedem Punkt des Films versagt. Er verliert bei der Produktion der Dokumentation langsam die Kontrolle. Und so wird es zu einem Film, in dem es darum geht, dass die Filmmitglieder versuchen müssen, ihrem Schicksal zu entkommen.

Cotton glaubt in diesem Film nicht, dass Nell wirklich besessen ist. Er glaubt immer, dass sie verrückt ist. Und auch das Ende mit der Zeremonie hat nichts mit Nell zu tun. Es geht immer nur um Cotton. Es ist eine Show für ihn, die ihn dazu bringen soll, auf das Feuer zuzugehen. Im Endeffekt ist alles nur Fake, so wie es auch die klischeehaften Methoden des Exorzisten sind, mit denen er Louis um sein Geld bringt. Diese Stereotypen werden auch von dem Kult der Teufelsanbeter genutzt. Denn weil er nicht an Gott glaubt, glaubt er auch nicht an den Teufel. Er kann einfach nicht daran glauben. Aber wegen der Pentagramme und all dieser Dinge wird er zu dem Feuer gelockt. Als sich der Dämon dann zeigt, ist es für Cotton zu spät. Er findet Gott, er stellt sich dem Bösen und er will Nell retten. Aber das Problem ist, dass dies nicht wirklich echter Glaube ist.

Es ist für jeden von uns leicht, an Gott zu glauben, wenn der Teufel direkt vor uns steht. Wahrer Glaube ist jedoch, an Gott zu glauben, bevor sich der Teufel zeigt. Und diesen Glauben hat Cotton nie gehabt. Sowohl seine Filmcrew als auch er glauben, dass sie smarter sind als diese Leute. Sie bekommen, was sie verdienen. Es wird ihnen ja sogar gesagt, dass dies alles passieren würde, aber sie glauben dennoch, dass Nell verrückt ist. Sie achten nicht auf die gemalten Bilder. Diese Bilder sind ein Zeichen des Teufels, der ihnen sagt, was ihnen geschehen wird, weil keiner von ihnen an ihn glaubt.

Ich mag aber auch die Frage, wer das alles orchestriert. War es der Kult? War es die Kirche, die durch Angst Menschen zu Kirchgängern machen will? Oder war es Cottons größter Trick? Es sind die Diskussionen, die das Ende auslöst, die wir so schätzen.

In der Beziehung ist der Film wie einige der großen Klassiker des Genres, deren Ende auch 30 Jahre später noch heißblütig diskutiert wird. Ich mag es, wenn Filme die Geschichte beenden, aber den Zuschauer sich fragen lassen, was gerade passiert ist.

Wie interpretieren Sie das Ende?

Die kleine Kreatur wird ins Feuer geworfen, das zu monströser Größe anwächst. Das ist meiner Meinung nach ziemlich eindeutig.

Aber es musste nicht zwangsläufig ein Baby sein, das ins Feuer geworfen wird. Es könnte alles sein. Ein Trick des Kults, um Cotton zu täuschen.

Das könnte sein. Aber ich denke, im Film sieht man das wahre Böse. Und es gibt Cotton die Kraft, zu Gott zu finden und gegen es zu kämpfen. Ob Gott ihm dabei hilft, weiß ich nicht. Aber noch einmal: Die Frage ist, wer steckt hinter all dem? Der Kult hätte es getan, um zu beweisen, dass Dämonen real sind. Die Kirche hätte es getan, um die Menschen dazu zu bringen, an Gott zu glauben. Und Cotton hätte es getan, um sich Geld für Exorzismen erschleichen zu können. Jeder hat eine andere Motivation. Es könnte Gott sein, es könnte der Teufel sein, oder aber es könnte etwas ganz anderes sein. Das Ende bringt einen dazu, darüber nachzudenken. Und das ist es, was es für mich interessant macht. Aber für mich ist ziemlich klar, dass Nell die ganze Zeit wirklich von Abalom besessen war.

Angesichts des Erfolgs des Films ist ein Sequel recht sicher, oder? Gibt es schon Ideen dazu?

Wir haben nie an ein Sequel gedacht. Wir haben uns immer nur auf diesen Film konzentriert. Bevor wir ein Sequel machen, würden wir lieber ein anderes Projekt angehen. Ich sehe es hier so wie bei DER EXORZIST. Es gibt nur einen.

Von dem immerhin zwei Sequels produziert wurden.

Grauenhafte Filme.

Anderes Thema: Werden Sie bald wieder mal einen Film inszenieren?

Ja, das möchte ich schon. Nach HOSTEL 1 und 2 brauchte ich eine Pause. Ich war erschöpft. Und dann hatte ich die Gelegenheit, in INGLOURIOUS BASTERDS mitzuspielen, was eine einmalige Erfahrung im Leben war. Danach produzierte ich DER LETZTE EXORZISMUS. Ich möchte wieder inszenieren, aber ich möchte keiner jener Regisseure sein, die jedes Jahr einen neuen Film rausbringen. Wenn man so viel Zeit seines Lebens einem Film opfert, dann möchte ich auch sicher sein, dass es der richtige Film für mich ist. Darum schreibe ich jetzt an einem Skript, das ich verwirklichen will.

Genießen Sie das Schauspielern mehr als das Inszenieren?

Für Quentin Tarantino zu spielen und neben Brad Pitt zu agieren, ist toll. Wenn ich für Quentin vor die Kamera treten kann, dann gerne. Oder wenn ich an einem Nasser-T-Shirt-Wettbewerb in PIRANHA 3D beteiligt bin, dann ist es auch wunderbar. Aber ich ziehe es schon vor, selbst die Zügel in der Hand zu halten. Es ist eine andere Form der Befriedigung. Es macht Spaß, der Star in einem Film zu sein, sich auf dem Poster zu sehen und als einer der Hauptdarsteller über den roten Teppich zu gehen. Das ist elektrisierend. Und es war eine der besten Erfahrungen, die ich in meinem Leben je gemacht habe. Aber für viele Filmemacher würde ich nicht als Schauspieler arbeiten.

Inszenieren ist die Befriedigung, eine Idee auszuarbeiten, die dann eine Verbindung mit dem Publikum eingeht. Man hat eine Vision und diese wird zum Teil der Erfahrungswelt des Publikums.

Vor kurzem war ich abends aus und ein Pärchen kam zu mir. Die beiden sagten zu mir: „Sorry, dass wir Sie belästigen, aber wir sind verheiratet und unser erster

Date war der Kinobesuch von HOSTEL." Das ist süß und schmeichelhaft. Und ganz klar hat der Film funktioniert. Als Produzent wiederum fühlt man sich wie ein stolzer Vater. Man hat das Gefühl, dass es toll wäre, einen neuen Film über Exorzismen zu machen. Und dann findet man einen Filmemacher wie Daniel Stamm, der ein sehr smarter Regisseur ist und seine Chance verdient hat. Er hat hart an diesem Film gearbeitet und als Produzent hat man geholfen, seine Karriere zu starten. Genauso ist es bei Schauspielern, die es verdienen, einem größeren Publikum aufzufallen. Wie Patrick Fabian. Leute wie er sollten immer Arbeit haben, am besten in großen Filmen. Es ist seine Performance, die den Film trägt. Und nun hat er einen Film mit einem riesigen Startwochenende. Das ist toll.

Franck Vestiel

Der Franzose Franck Vestiel hat bislang nur einen Film inszeniert: EDEN LOG. Die stimmungsvolle Science-Fiction-Mär ist jedoch ein bemerkenswerter Erstling. Vestiel hat darüber hinaus als Second-Unit-Regisseur mit Marc Caro und Brian DePalma gearbeitet. Das Interview wurde anlässlich der deutschen DVD-Premiere von EDEN LOG im Jahr 2008 geführt.

Erzählen Sie uns ein bisschen von sich: wie kamen Sie zum Film?

Ich will es mal so sagen, ich bin quasi mit der Bibel und Homer aufgewachsen, mit Comics und Rollenspielen. Da ich aus einem Arbeitermilieu stamme, habe ich das Kino immer als eine Art Zufluchtsort gesehen, an dem man der aufgezwungenen Arbeit der restlichen Woche entfliehen konnte. Als dann die Videokamera auf den Markt kam, konnte ich mir gut vorstellen, die Sonntage damit zu verbringen, eigene Filme zu machen. Ich begann zu Hause mit Knetmasse zu modellieren und versuchte mich an Zeichentrickfilmen. Dann bekam ich schließlich meine etwas verspätete Chance in Form einer Assistentenstelle bei Regisseur Patrick Schulmann, für den ich dann ein Storyboard entwarf (COME UN BETE). Seitdem knüpft ein Projekt an das nächste an, wobei ich mich jedem Film widme, als wäre es mein Letzter. Und hier bin ich.

Es hat einige Zeit gedauert bis Sie endlich Gelegenheit hatten Ihren eigenen Film zu verwirklichen. Bis es soweit war haben Sie bei vielen Projekten als erster oder zweiter Regieassistent fungiert. Wie war die Zusammenarbeit mit Künstlern wie Brian DePalma bei FEMME FATALE zum Beispiel? Wie würden Sie die Arbeit eines Regieassistenten beschreiben?

Der Posten als Regieassistent bei DePalma hat mir nicht wirklich gefallen. Natürlich ist seine Arbeit bewundernswert, dieser Regisseur ist schließlich eine Kultfigur. Aber völlig unnahbar. Er hat mich nur zwei Mal angesprochen, davon einmal aus Versehen. Im Nachhinein war das wohl eine der Dreh-Erfahrungen, bei denen ich am wenigsten gelernt habe. Der Vorteil bei Filmen, die mit einem kleineren Budget auskommen müssen ist, dass man gezwungen ist, überall mitzuarbeiten und dass die Größe des Teams es ermöglicht, sich gegenseitig kennen zu lernen.
Der Regieassistent ist so eine Art Organisator, der die Umsetzung des Drehbuchs plant und es in Drehtage und nach diversen Erfordernissen einteilt, was ihn auch zur Schnittstelle zwischen allen anderen macht.
Er versucht mehr oder weniger den Pflichtkatalog des Arbeitsplans einzuhalten. Er ist der ständige Begleiter des Regisseurs. Manchmal ist er mehr in den Kreativprozess mit eingebunden, manchmal weniger...

Sie waren auch bei dem Horrorfilm THEM als Regieassistent tätig, der sehr erfolgreich auf den internationalen Festivals läuft. Wie kam es dazu?

Ich wurde von der Produktionsfirma ESKWAD angesprochen, mit der ich bereits bei SAINT ANGE zusammen gearbeitet habe. Ich wurde zwei Regisseuren vorgestellt und los ging es.

Bei EDEN LOG haben Sie das Drehbuch zusammen mit Pierre Bordage geschrieben. Haben Sie ihn 2006 während der Dreharbeiten von Marc Caros DANTE 01 kennen gelernt oder kannten Sie sich schon vorher?

Ich habe Pierre tatsächlich erst bei DANTE 01 kennen gelernt. Unsere Zusammenarbeit war ganz anders, als er es von Marc gewohnt war. Er fungierte vor allem als aufmerksamer Lektor und Berater. Pierre arbeitete damals an mehreren Projekten gleichzeitig.

Was hat Sie zu EDEN LOG inspiriert?

Ich wollte einen völligen Neuanfang beschreiben. Es sollte so eine Art vertikales Road-Movie werden, das die Aufwärtsbewegung in der Zeit so wie auch die Aufwärtsbewegung der Figur beschreibt, die sich der Oberfläche nähert. All das findet in einer Welt statt, die den Comics von „Métal Hurlant" ähnelt, die mich sehr beeinflusst haben. Die Thematik stützt sich auf aktuelle ökologische Problemstellungen und ich konnte nicht anders als dabei die Brücke zu der Rolle zu schlagen, die Gott dem Menschen schon auf der ersten Seite der Bibel übertragen hat: Die des Hüters der Erde.

Ist Science-Fiction ihr Lieblingsgenre oder reizt Sie daran eher die Möglichkeit, beim Science-Fiction Film Designs verwenden zu können, die in einem realen Filmsetting nicht passend wären?

Beides. Ich mag es, den Zuseher in eine unbekannte Welt zu versetzen und das mittels einer Reise, die mich selbst schon als Leser oder Zuseher begeistert hat.

In EDEN LOG wird die Geschichte eher durch Bildsprache als Dialoge vermittelt. Hatten Sie die Handlungssequenzen im Drehbuch bereits festgelegt oder hatten Sie nur eine Grundidee, was Sie zeigen wollten und haben während der Dreharbeiten eher improvisiert? Ich könnte mir vorstellen, dass das Drehbuch nicht viele Seiten hatte.

In der Tat hatte es nur sehr wenige Seiten. Hätte ich an der Anfangsidee festgehalten, gäbe es sogar überhaupt keine Dialoge im Film. Das zwingt einen unerlässlich darüber nachzudenken, wie man einem Bild einen Sinn geben kann ohne Zuhilfenahme des Textes. Ich glaube, das Kino ist vor allem ein bewegtes Bild, das durch den Ton eigentlich nur noch ausgeschmückt wird. Das Bild an sich spricht schon eine universelle Sprache, es hat gar keine Übersetzung nötig. Der deutsche Expressionismus hat mich dabei sehr geprägt und ich halte gerade die Stummfilmära für eine wahrhaft große Kinoepoche.

Mit Clovis Cornillac haben Sie einen der ganz neuen Stars des französischen Kinos für ihr Projekt gewonnen. Was hat ihn an EDEN LOG gereizt?

Kennen gelernt haben wir uns, als ich zum ersten Mal Assistent bei einer Serienproduktion war (CENTRAL NUIT) und Clovis dort die Hauptrolle gespielt hat. Damals hat er mich schon ermutigt, einen eigenen Film zu drehen. Wir wollten also schon lange einmal zusammen arbeiten. Ich denke, er hatte zwischen zwei großen Filmen einfach Lust an einem Film mitzuwirken, der innovativ ist, aber über keine großen Mittel verfügt. Allerdings könnte er ihnen das besser erklären...

Können Sie uns in ihren eigenen Worten sagen, was für ein tieferer Sinn sich hinter EDEN LOG verbirgt – sowohl hinter dem Titel als auch der Geschichte.

Das LOG ist quasi die Wurzel der Informatik, die es einem ermöglicht, zu dem jeweils vorherigen Schritt zurückzukehren. In diesem Fall bis zur Entstehung der Welt, bis zum Garten Eden. Ich wollte ein biblisches Thema in einen technologischen, modernen Kontext setzen. Dabei habe ich mir die Frage gestellt: Wenn die Probleme der Menschheit mit der Vertreibung aus dem Paradies begannen, wie kann man wieder in diesen Paradies-Garten zurückkehren? Die Idee war, bei der Wurzel anzufangen und den Weg umgekehrt zu gehen und somit der menschlichen Geschichte zu folgen. In der Bibel hat die Frucht vom „Baum der Erkenntnis" den Menschen ins Verderben geführt. Vielleicht sollte man sein ganzes Wissen ablegen, um wirklich zu erkennen. Vielleicht sollte man die Frucht vom „Baum der Unkenntnis" essen. Was in der Bibel beschrieben wurde, passiert im übertragenen Sinne heute genauso: Vor allem im technologischen Bereich scheinen dem menschlichen Wissensdrang keine Grenzen gesetzt. Aber wir dürfen die Auswirkungen des Fortschritts nicht ignorieren, sonst könnte das in unserem Zeitalter fatale Folgen für die gesamte Menschheit haben.

Was kann das Publikum als Nächstes erwarten?

Filme die mit wenig Budget auskommen, aber etwas Zeit für die Fertigstellung brauchen. Filme geprägt von Sinngehalt und Auslegungsfreiheit, neuen Ideen und visionärer Kraft.

Wenn Sie die Gelegenheit dazu hätten, würden Sie dann auch nach Hollywood gehen wie ihr Kollege Alexandre Aja zum Beispiel?

Mich zieht es eigentlich nicht nach Hollywood. Ich bin überzeugt davon, dass es zwischen der amerikanischen und asiatischen Science-Fiction auch Platz für das europäische Fantasy-Kino gibt. Aber wenn mir morgen Hollywood die Möglichkeit geben würde, eines meiner Projekte zu verwirklichen, würde ich mir das natürlich schon gründlich überlegen.

Franck Richard

Der 1977 geborene Franck Richard hat bislang nur einen Film gedreht: Den makaber-schwarzhumorigen DIE MEUTE. Die Gelegenheit für dieses Interview ergab sich 2011 anlässlich der deutschen DVD-Premiere von DIE MEUTE.

Erzähl uns bitte ein bisschen über Dich.

Ich bin einfach nur ein Horrorfan, der Horrorfilme machen will. Als Kind habe ich John Carpenters THE FOG gesehen – das war für mich der Anfang vom Ende. Wissenschaftliche Studien fand ich langweilig. Stattdessen besuchte ich in Paris die Filmschule. Die war allerdings auch langweilig, zudem nutzlos und auch noch sehr teuer. Ich beschloss also, den Sprung ins kalte Wasser zu wagen. So drehte ich einige Kurzfilme, um Erfahrungen zu sammeln. Nachts schrieb ich dann an meinem Drehbuch und veränderte es wieder und wieder. Eines Tages hatte ich dann das Gefühl, dass es Zeit war, es umzusetzen. Da ich niemanden in der Filmindustrie kenne, habe ich das Skript dann an zahlreiche Produzenten geschickt und einer war verrückt genug, mir zu antworten.

Was war die Inspiration für DIE MEUTE?

Ich bin aus Lorraine, einer französischen Region, die für den Minenbau bekannt ist. Als Kind erlebte ich mit, wie alle diese Minen nacheinander geschlossen wurden. Als ich Jahre später darüber nachdachte, welchen Hintergrund ich für meine Horror-Geschichte nehmen könnte, dachte ich unwillkürlich daran. Es ist schwer, eine bessere Lokalität als diese für einen Low-Budget-Horrorfilm zu finden. Dieser seltsame dunkle Berg sieht des Nachts einfach gruselig aus. Es ist das perfekte Setting und damit für die Geschichte sehr wichtig. Als Kind hab ich mir immer vorgestellt, wie diese wilden Kreaturen bei Vollmond aus dem dunklen Boden hervorkommen.

War es ein natürlicher Prozess, dass der Film teilweise wie eine absurde, sehr schwarze Komödie wirkt oder eine bewusste Entscheidung, die Genre-Grenzen zu verwischen?

Das entwickelte sich ganz natürlich, als ich das Skript schrieb. Ich habe viele Horrorfilme gesehen und versucht, Klischees zu vermeiden. Was das Lustige angeht: Für mich ist sehr wichtig, dass Horror und Humor nicht in einer Szene vermengt werden. Bei den Monstern oder den phantastischen Aspekten des Films gibt es keine Lacher. DIE MEUTE ist auch kein ironischer Horrorfilm. Das hasse ich. Der Humor des Films ist rabenschwarz, ungewöhnlich und, wie Du schon sagst, absurd. Das imitiert das Leben. Da kann man in einem Moment unglaublich lachen, und im nächsten wird man von einem Auto überfahren. Vielleicht ist der Genre-Bruch aber auch etwas zu stark. Da bin ich mir nicht sicher.

Was war das größte Problem während der Dreharbeiten?

Das größte Problem war meine fehlende Erfahrung. Es ist eine Sache, einen Film komplett im Kopf zu haben, aber etwas ganz anderes, am ersten Drehtag am Set zu stehen. Ich war sehr gut vorbereitet, hatte tolle Storyboards, aber die Realität sorgt immer wieder für Komplikationen. Wenn man einen Low-Budget-Film macht, ist es immer hart. Und ich schätze, ich habe alle Fehler gemacht, die man während des Drehs machen kann. Bei meinem zweiten Film werde ich sicher weitere Fehler machen. Ich lerne noch.

Hast Du die Schauspieler für den Film bekommen, die Du haben wolltest?

Ja, ich hatte echtes Glück. Yolande Moreau war meine erste Wahl und sie stimmte schon nach zehn Minuten unseres ersten Treffens zu, den Film zu machen. Genauso erging es mir mit Philippe Nahon. Was die Figuren von Max und Charlotte betraf, so bedurfte es hier eines längeren Casting-Prozesses.

Siehst Du Dich in der Tradition von Kollegen wie Alexandre Aja, die Frankreich verlassen und dann Filme in den USA drehen?

Nein. Auch wenn es hart ist, finde ich, dass es wichtig ist, Horror-Geschichten in Frankreich oder Europa zu erzählen.

War es pure Passion, einen Horrorfilm zu drehen, oder dachtest Du auch daran, dass sich ein Genre-Film leichter vermarkten lässt?

In solchen Dimensionen denke ich nicht. Ich will einfach nur Horror-Filme drehen. Das ist alles, was ich machen will. Zudem ist es in Frankreich auch nicht so leicht, Horrorfilme zu produzieren.

Arbeitest Du schon an einem neuen Stoff?

Mein nächster Film wird eine sehr dunkle, gotische Vigilanten-Geschichte sein.

Gibt es Pläne für DIE MEUTE 2?

Nein, keine Pläne. Ich möchte meinen nächsten Film in einem urbaneren, dreckigeren Universum ansiedeln. Das nächste Mal wird das Monster ein Mensch sein. Als Zuschauer mag ich Sequels, aber als Regisseur möchte ich lieber neue Geschichten erkunden. Ich denke, das ist normal.

Everett De Roche

Der 1946 geborene Everett De Roche verließ die USA und wanderte in Australien ein. Dort wurde er ein erfolgreicher Drehbuchautor, der einige der wichtigsten und erfolgreichsten Filme der Ozploitation-Welle, darunter PATRICK, LONG WEEKEND und RAZORBACK geschrieben hat. In den letzten Jahren verfasste er auch die Drehbücher zu STORM WARNING und dem LONG WEEKEND-Remake. Anlässlich des DVD-Starts des Remakes wurde dieses Interview im Jahr 2009 geführt.

Fangen wir am Anfang an: Sie waren 22 Jahre alt, als Sie die USA verließen und nach Australien gingen. Wie kam es dazu?

Ich hatte gerade geheiratet und ein Kind war auf dem Weg. Besondere Qualifikationen hatte ich nicht, Geld sowieso auch nicht und ich war genau im richtigen Alter, um für den Kriegsdienst in Vietnam eingezogen zu werden. Kurz gesagt war es die perfekte Zeit für einen jungen Mann, die USA zu verlassen. Damals war es noch unglaublich leicht, eine Aufenthaltsgenehmigung in Australien zu bekommen.

Und wie sind Sie aufgewachsen?

Ich wurde in Maine geboren, nicht unweit, wo Stephen King zur Welt kam. Ich hatte immer schon das Gefühl, dass dieser Ort etwas Gruseliges an sich hat. Als ich sechs Jahre alt war, zogen wir nach Kalifornien, aber die frühen Erinnerungen an Maine scheinen mein Interesse für dunklere Themen und Horror immer geprägt zu haben. Ich lebte von meinem sechsten bis zum 22. Lebensjahr in San Diego. Es war eine tolle Zeit, um in Südkalifornien ein Teenager zu sein. Es schien, als lebten wir am Nabel der Welt. Ich habe die meiste Zeit am Strand verbracht, meine Ausbildung vernachlässigt und stattdessen lieber gesurft. Die Hippie-Revolution kam gerade auf und die Musikszene war phänomenal. Das Beste an San Diego war, dass es nur eine halbe Stunde Fahrt bis nach Mexiko war, wo wir immer surften und tranken.

Als Sie die USA verließen, wussten Sie da schon, dass sie mal Autor werden wollen würden?

Ich habe das Schreiben schon immer geliebt und mich damals auch am Journalismus versucht, aber konnte damit kein Geld verdienen. Mein erster Job in Australien war Redakteur einer Regionalzeitung zu werden. Ich war ein schrecklicher Journalist. Danach erhielt ich einen Job am Queensland Health Education Council, wo ich Pamphlete über Herpes und ähnliches schrieb. Besonders aufregend war das nicht, aber ich konnte mich zumindest Autor nennen. Der Job war leicht, wenn auch langweilig und so begann ich Kurzgeschichten für das „Surfer"-Magazin zu schreiben.

Sie begannen ihre Karriere als Drehbuchautor 1970 mit einer Episode der australischen Serie HOMICIDE. In der Dekade waren sie verstärkt für das Fernsehen tätig und

dann kamen 1978 zwei Filme von Ihnen heraus, PATRICK und LONG WEEKEND. Waren das die ersten Filmdrehbücher, die Sie geschrieben haben, oder nur die ersten, die produziert wurden?

Das ist mittlerweile so lange her, dass ich mich nicht mehr daran erinnern kann, ob ich vor den beiden schon ein Filmdrehbuch geschrieben hat. Ich weiß jedoch noch, dass das PATRICK-Drehbuch schon einige Jahre auf dem Buckel hatte, aber es brauchte CARRIE und DER EXORZIST, bevor Investoren das Potenzial von Horrorfilmen erkannten. Ich weiß auch noch, dass ich mit dem Schreiben von LONG WEEKEND begann, weil ich an einer langweiligen Fernsehshow arbeitete und mich mit dem Schreiben eines Spec-Skripts zumindest selbst davon überzeugen konnte, dass ich kreativ war. Autoren sind in der Regel große Zauderer.

Sieht man sich Ihre Filmographie an, kann man schon sagen, dass Suspense- und Horror-Filme Sie besonders interessieren. Sind Sie ein Genre-Fan?

Horror ist ein solch weitverzweigtes Genre, dass man wirklich viele Unterkategorien bemühen muss. DER EXORZIST und SHINING beeindruckten mich sehr. Dies sind Horrorfilme in ihrer reinsten Form. Aber wie vergleicht man ein Meisterwerk wie DER EXORZIST mit einem kleinbudgetierten Slasher-Film? Zumeist beschäftigen sich die Slasher-Filme doch nicht mit der Erzeugung von Spannung, sondern versuchen eher, den Zuschauer mit Ekel zu packen. Ich bin kein großer Fan von Slasher-Filmen. STORM WARNING ist mein erster und letzter Abstecher in die Ausläufer dieses Genres. Für mich war das Skript ein Experiment, bei dem ich sehen wollte, ob ich etwas Aufregenderes schreiben konnte, als die Slasher-Filme, die meine sechs Töchter zu jener Zeit aus den Videotheken nach Hause brachten.

Wie muss man sich den Zustand der australischen Filmwirtschaft in den 70er Jahren vorstellen? Es scheint, dass vor allem Horrorfilme es geschafft haben, auch außerhalb Australiens bemerkt zu werden.

Es war eine irre Zeit, da es von der Regierung großzügige Steuervergünstigungen für Filmproduktionen gab. Ich habe Filme back-to-back geschrieben. Eine Menge Schrott wurde produziert (darunter auch etwas von *meinem* Schrott), aber wenn man lange genug sucht, finden sich darunter auch ein paar Perlen. Horror war kein populäres Genre, als Regisseur und Produzent Richard Franklin und ich ins Filmgeschäft einstiegen. In jenen Tagen war die Film- und Fernsehproduktion von historischen Dramen besessen. Horror wurde als minderwertig angesehen und unsere Filme erhielten in der Regel schlechte Kritiken oder wurden einfach ignoriert.

PATRICK war der Film, der dafür sorgte, dass Universal Richard Franklin für PSYCHO II holte. Der Film selbst hat Hitchcocksche Elemente. Waren sie vom Master of Suspense beeinflusst?

Richard hatte in Los Angeles studiert und die Gelegenheit, sich mit Hitchcock anzufreunden. Er durfte ihn sogar am Set besuchen und bei der Arbeit beobachten. So hat Richard sehr viel von Hitchcock gelernt. Ich selbst lernte Richard erst kennen, als er wieder in Australien war und wir uns am Set einer Folge von HOMICIDE trafen. Er hat sehr intensiv mit mir zusammengearbeitet, um aus PATRICK ein Skript zu machen, das man auch verfilmen konnte. Dabei hat er mir viele von Hitchcocks Regeln in Bezug auf die Erschaffung von Spannung beigebracht. Die größten Abenteuer meines Lebens habe ich mit Richard erlebt. Wir waren bis zu seinem Tod Freunde.

Es heißt, die erste Fassung von PATRICK soll 140 Minuten Laufzeit gehabt haben. Das entfernte Filmmaterial soll nicht mehr existieren. Stimmt das denn?

Ich kann mich nicht erinnern, dass so viel aus dem Film herausgeschnitten wurde. Das Drehbuch war nicht besonders lang.

Ich habe mal gehört, dass Richard Franklin und Sie ein Sequel mit dem Titel PATRICK II: THE MAN WHO WASN'T THERE geschrieben haben?

Ja, das Skript gibt es. Es setzt in meinem Büro Staub an. Zu der Zeit gab es so viele Projekte, weswegen ich mich nicht mehr erinnere, warum aus PATRICK II nichts wurde. Möglicherweise lag es daran, dass es zwischen

Richard und dem Produzenten Tony Ginanne Streitigkeiten gab.

Denken Sie, ein Sequel wäre nach all diesen Jahren noch machbar, vielleicht sogar mit einer aktualisierten Variante Ihres Skripts?

Vielleicht verderb ich's mir gerade mit einem Gig, aber ich finde, dass PATRICK sehr schlecht gealtert ist. Es gab verschiedene Versuche, ein Remake zu schultern (zuletzt von Mark Hartley, dem Regisseur der Dokumentation NOT QUITE HOLLYWOOD; aber mit einem anderen Autor). Ich würde aber lieber ein Remake von TRUCK DRIVER oder FROG DREAMING sehen, die die Zeit weit besser überdauert haben als PATRICK.

1980 produzierten die Italiener ein Sequel zu PATRICK mit dem Titel PATRICK LEBT. Haben Sie es mal gesehen?

(Llacht) Ja, ein Freund hat mir davon mal eine Kopie gemacht. Wie ich vorhin schon sagte, ich habe sechs Töchter und hab sie eigentlich immer ansehen lassen, was sie wollten, aber bei PATRICK LEBT habe ich gezögert. Das ist einer der härtesten Filme, die ich kenne. Das Schräge daran ist, dass die einzige Verbindung zum Original ist, dass sie gelegentlich eine Überblende von Robert Thompsons Gesicht machen.

Im selben Jahr kam LONG WEEKEND in die Kinos. Der Film ist heute aktueller als damals. War es schwer, den

Produzenten einen Die-Natur-läuft-Amok-Film zu verkaufen?

Viele sagen, dass der Umwelthorror des Films seiner Zeit weit voraus war. Um die Wahrheit zu sagen, ich war als Drehbuchautor damals noch sehr ungeschliffen. Als ich mit dem Schreiben des Skripts begann, hatte ich keine Ahnung, wohin mich die Geschichte führen würde. Ich hatte keine Outline gemacht, keine Aufzeichnungen und schon gar keine Recherchen betrieben. Damals wusste ich noch nicht mal, was ein Genre-Film ist. Am schwersten war es aber wohl, die Idee an den Mann zu bringen, dass es die Geschichte zweier Menschen ist, die unglaublich unsympathisch sind. Auch heutzutage ist das noch sehr ungewöhnlich.

Was war die Inspiration für LONG WEEKEND?

Umweltbewusstsein lag damals noch nicht im Trend, aber es gab schon einige Ökos und auch Surfer gehörten dazu. Was mich inspirierte, war mein persönlicher Verdacht, dass Mutter Erde wie der Mensch ein Immunsystem hat, das loslegt, wenn die Menschen außer Rand und Band geraten und zu einer Art Krebsgeschwür werden. Die Umwelt wird dann auf dieselbe Art angreifen, wie es weiße Blutkörperchen bei einer Infektion tun.
Während des langen Osterwochenendes im Jahr 1976 fuhr ich mit Familie und Freunden an einen eher unbekannten Strand in New South Wales, um dort zu campen. Wir fuhren nachts in einem kleinen Konvoi und

verirrten uns. Als wir an einem Baum vorbeifuhren, in dem ein Pfeil steckte, sprang meine Phantasie sofort an. Und ich fragte mich: „Was, wenn wir wieder und wieder an dem Baum vorbeikommen würden?"

Aus diesem Moment heraus entwickelte sich die Geschichte. Interessanterweise wählte Regisseur Colin Eggleston zwei Jahre später denselben Strand als Haupt-Location für den Film.

Über weite Strecken, besonders im letzten Drittel, funktioniert der Film ohne Dialoge. Wie schwer ist es, ein Drehbuch zu schreiben, das am Ende kaum noch Dialoge besitzt?

Für mich hat der perfekte Film gar keine Dialoge. Filme sind ein visuelles Medium und das erste Credo eines jeden Filmemachers ist, zu zeigen, nicht darüber zu reden. Denken Sie nur an den superben Film NO COUNTRY FOR OLD MEN, in dem in der ersten halben Stunde kein Wort gesprochen wird.

Der Film war in Australien ein Flop, aber in anderen Teilen der Welt erfolgreich. Warum glauben Sie ging der Film in Australien unter?

Die einfache Antwort wäre, dass Australien noch nicht dafür bereit war, dass er schlecht vermarktet wurde und dass die kulturelle Elite des Landes Vorurteile gegen kommerzielle Filme hatte. Die Wahrheit ist, dass ich den Film auch nicht besonders mochte, als ich ihn damals sah. Erst, als der Film auf DVD herauskam, bekam ich auch mit, dass er in einigen Ländern gut angekommen ist und auch ein paar Preise erhalten hat. Quentin Tarantino nannte den Film in NOT QUITE HOLLYWOOD ein „unentdecktes kleines Juwel" und meinte, er sei einer seiner Lieblingsfilme.

1979 kam dann SNAPSHOT, der in den USA mit neuen Titeln in die Nähe von HALLOWEEN gerückt wurde. Der Film ist aber kein Slasher. Und Sie haben ihn nicht alleine geschrieben.

Ja, aufgrund der ungewöhnlichen Umstände gab ich meiner Frau Chris einen Ko-Autoren-Credit. Produzent Tony Ginanne rief mich an und erklärte, er hätte einen Titel, einen Regisseur und schon einen Teil der Besetzung. Was er nicht hatte, war ein Skript. Also fragte er mich, ob ich innerhalb von fünf Tagen eines schreiben könnte. Ich machte es dann in vier Tagen, aber da es keine Zeit für Änderungen oder Re-Writes gab, half mir meine Frau. Sie lass es, bewertete es und empfahl Änderungen, während ich es schrieb. Ohne sie hätte ich es nicht schaffen können und so dachte ich, dass sie eine namentliche Nennung verdient. Chris war damals vor allem Hausfrau und Mutter. Heute singt sie in einer Band. SNAPSHOT mag nicht mein bestes Drehbuch sein, aber ich fordere jeden heraus, innerhalb von vier Tagen etwas Besseres zu machen.

Der Film wurde von Simon Wincer inszeniert. Kannten Sie ihn schon zuvor?

Ja. So wie Richard Franklin, traf ich auch Simon durch die Firma Crawford Productions. George Miller war ein weiterer Regisseur, der aus diesem System hervorging.

HARLEQUIN folgte 1980. Auch der Film wurde von Simon Wincer inszeniert.

HARLEQUIN wurde in Perth gedreht, so dass ich während der Dreharbeiten nicht anwesend war. Aber mit Simon zusammenzuarbeiten, war immer eine gute Erfahrung. Er ist ein sehr guter Regisseur. Ich hatte mir immer gewünscht, mal an etwas mit ihm zusammenarbeiten zu können, das nicht so hastig wie SNAPSHOT oder HARLEQUIN fertig gestellt werden musste. Aber Simon ging dann nach Los Angeles und so drifteten wir auseinander.

Der Film erinnert sowohl an die Geschichte von Rasputin am Zarenhof zu Beginn des 20. Jahrhunderts als auch den Tod des australischen Premierministers Harold Holt, der 1967 verschwand. War dies die Inspiration für den Film?

Mehr noch als das, ich habe die wahre Geschichte letzten Endes nur variiert.

Sie erhielten die Medalla Sitges en Plata de Ley auf dem Sitges Film Festival in Spanien. Waren sie dort?

Dort? Ich wusste nicht mal was davon! Beinahe alle meine Filme haben in Europa besser abgeschnitten als in Australien. Warum, weiß ich allerdings auch nicht.

Sie schrieben für das Fernsehen die SF-Miniserie LOCUSTS AND WILD HONEY. Was war das?

De Roche: Das ist eine lange Geschichte. Ich schrieb die Geschichte als Dreiteiler für ABC TV, aber es war ein Desaster und bleibt am besten vergessen. ABC in Australien behielt aber nicht ewig die Rechte an der Geschichte, so dass diese an mich zurückfielen. Vor ein paar Jahren überzeugte mich Richard Franklin, daraus ein Filmskript zu machen. Jahrelang versuchte er, dafür Finanziers zu finden, aber ohne Erfolg. Es ist mir das liebste meiner Drehbücher, aber bleibt unproduziert.
Die Geschichte kombiniert mein Interesse für Ufos, Religion und große Mysterien. Es geht um zwei kleine Mädchen, die am Strand verschwinden. Die Leute sind sich dabei unsicher, was geschehen ist, ob die beiden Mädchen von Außerirdischen entführt wurden oder ob es sich um einen Streich handelt. Das Ende ist so gestaltet, dass es Platz für Interpretation lässt. Auch das mag ein Grund sein, warum nie jemand den Film machen wollte. Die Erbsenzähler haben lieber Filme mit definitiven Erklärungen, aber das funktioniert bei dieser Geschichte nicht.
Vielleicht klappt es noch irgendwann. Meine letzten drei Filme basieren alle auf 20 bis 30 Jahre alten Drehbüchern. Es bedarf nur der Geduld und des richtigen Timings.

1981 haben Sie wieder mit Richard Franklin zusammen gearbeitet. Sowohl Sie als auch Franklin haben einen Credit für die Story von TRUCK DRIVER bekommen. Wie kam es dazu?

TRUCK DRIVER sollte eigentlich fürs Fernsehen entstehen. Gedacht war die Geschichte als eine Episode für die Serie TRUCKIES. Aber Richard drängte mich dazu, aus der Story ein richtiges Filmdrehbuch zu machen. Ich wurde von Sondheims SWEENEY TODD und Chaucers CANTERBURY TALES inspiriert. Richard und ich machten einen epischen Road Trip von Melbourne bis Perth, wobei wir die Nullabor-Wüste durchquerten. SWEENEY TODD lief im Radio, während wir uns darüber unterhielten, wie man Jamie Lees Körper zerlegt und wo die Teile am besten versteckt werden.
Die Ursprungsidee muss von Richard gekommen sein. Er kam aus einer sehr gebildeten Familie, während ich von Chaucer schon mal gehört und Sondheim gar nicht gekannt hatte.
Richard war der Produzent von DIE BLAUE LAGUNE, während ich TRUCK DRIVER schrieb. Er brachte mich auf die Fidschis, damit wir dort gemeinsam am Skript arbeiten konnten. Das meiste davon schrieb ich, während ich am Strand von Turtle Island saß. Eine tolle Erfahrung. Wie ich schon sagte, meine besten Abenteuer erlebte ich zusammen mit Richard.

Zur damaligen Zeit war der Film mit einem Budget von 1,8 Millionen Dollar die teuerste australische

Produktion. Dachten Sie, dass sie es als Autor endlich geschafft hatten?

Ich habe nie gedacht, dass ich es als Autor geschafft habe. Selbst heute, nach 40 Jahren, nicht. Irgendwie erwarte ich immer noch, dass man mich als Scharlatan outet. Autoren sind immer unsicher darüber, dass Leute für ihre Worte gutes Geld bezahlen wollen.

Wie war die Arbeit mit Jamie Lee Curtis und Stacy Keach?

Wie bei HARLEQUIN war ich auch bei TRUCK DRIVER nicht bei den Dreharbeiten dabei. Was ich weiß, ist also Hörensagen. Richard erzählte mir, dass Jamie Lee Curtis bezaubernd war. Stacy kenne ich nicht gut, aber Richard und ich haben mal eine tolle Nacht auf seiner Ranch in den Malibu Hills verbracht, viel getrunken und Musik gemacht (Stacy ist ein großartiger Pianist).
Die beste Geschichte den Film betreffend, handelt von Produzent Bernie Schwartz. In Hollywood war ich dabei, als Jamie und Bernie sich das erste Mal trafen und sie verschmitzt meinte: „Waren Sie nicht mal mein Vater?" Witzig, wenn man weiß, dass Tony Curtis' echter Name Bernie Schwartz ist.

Gab es Überlegungen, ein Sequel zu machen?

Nein. Ich schätze mein Vertrag machte es schwer, ein Sequel oder Remake zu machen. Aber von allen meinen Filmen würde ich am liebsten von diesem hier ein

Remake sehen. Richard hatte während des Drehs einige Probleme, die mit dem Budget zusammen hingen und dafür sorgten, dass die Produktionswerte nicht so gut sind, wie sie sein sollten. Der Film war nie so gut, wie er hätte sein können. Zum Beispiel war die Verfolgungssequenz im Finale mit drei Drehtagen angesetzt, aber Richard musste sie dann in nur einer einzigen Nacht abdrehen.

1981 kam der Film RACE FOR THE YANKEE ZEPHYR. Richard Hemmings, der Star aus HARLEQUIN, führte Regie. Wie kam das Projekt zustande?

Der Film begann als Richards Projekt. Ich weiß nicht mehr, warum er es fallen ließ. Möglicherweise Streitigkeiten mit Ginnane. Der Film basiert auf einer wahren Geschichte, die im nördlichen Queensland passierte. Aus finanziellen Gründen drehte man jedoch in Neuseeland. David und ich haben sehr eng zusammengearbeitet und ich habe in meinem Leben nie mehr als hier gelacht. Er mag ein Alkoholiker und ein besserer Schauspieler denn Regisseur gewesen sein, aber es machte Spaß, mit ihm Zeit zu verbringen. Es ist sehr schade, dass er so kurz, nachdem seine Karriere mit GLADIATOR wiederbelebt wurde, verstarb.

Ein paar Jahre später kam RAZORBACK, den sie nach einem Roman von Peter Brennan adaptierten.

Ja, Produzent Hal McElroy machte mir das Angebot und arbeitete bei der Skriptentwicklung eng mit mir zusammen.

Russell Mulcahy gab sein Regiedebüt. Wie war die Arbeit mit ihm?

Keiner kannte Russell vorher. Wir wussten nur, dass er ein paar gute Musikvideos gemacht hatte. Ich wünschte, ich hätte mehr über ihn gewusst, als ich RAZORBACK schrieb, da ich dann noch stärker ein Fantasy-Element eingewoben hätte. Wie Wincer war auch Russell ein sehr freundlicher und zugänglicher Regisseur, der wusste, wie er den Job machen musste. Ich denke, Russell hat einen weit besseren Film gemacht als es das Drehbuch eigentlich hergab.

Wir Nicht-Australier fragen uns: Könnte es wirklich passieren? Könnte ein Schwein derart groß werden?

Ich habe bei meinen Recherchen jede Menge Geschichten von riesigen Schweinen gehört, aber ein Razorback dieser Größe ist dann wohl doch nur ein Phantasie-Gespinst. Der Film entstand zu einer Zeit, als große Monster gerade en vogue waren. Das Schräge ist, dass Tiere wie Razorbacks, Krokodile und Haie wohl nicht angsteinflößend genug sind – wir müssen sie auch noch gigantisch anwachsen lassen. Größer ist besser, was?
Soweit ich mich erinnere, hat das Produktionsteam sechs verschiedene Razorbacks gebaut, von denen jedes für

eine andere Funktion gedacht war, etwa einen Wagen zu rammen, oder die Augen zu verdrehen.

Was war die größte Herausforderung dabei, aus einem Roman ein Filmskript zu machen?

Die meisten Romane sind viel zu lang, um sie einfach zu adaptieren. Der Job beginnt also damit, dass man etwa 50 Prozent herauswerfen muss. Adaptionen sind mit die schwierigste Form des Drehbuchschreibens. Und RAZORBACK machte da keine Ausnahme. Sogar zwei Wochen nach Beginn der Dreharbeiten habe ich noch Änderungen am Drehbuch gemacht.

1986 arbeiteten sie wieder mit Richard Franklin zusammen. Hat Franklin Sie für LINK – DER BUTLER geholt?

Ja, das war Richards Idee. Er hatte anfangs nicht viel, wir kamen dann aber auf die Affengeschichte, da wir uns beide zu der Zeit sehr für die Arbeit von Jane Goodall und Demond Morris interessierten.

LINK – DER BUTLER wurde in Großbritannien gedreht. Waren Sie am Set dabei?

Ich war während der Vorproduktionsphase in England, ging aber nach Hause, bevor die Dreharbeiten starteten. Elisabeth Shue oder Terence Stamp hab ich also nie getroffen. Aber die beste Anekdote erhielten wir vom Tiertrainer, der uns immens geholfen hat. Er erzählte uns, dass Schimpansen ungefähr sechsmal stärker sind als ein Mensch. Er berichtete uns von Trainern, denen schon Gliedmaßen und Augen ausgerissen worden waren. Und dann sagte er uns noch, dass es genetisch betrachtet zwischen einem Hund und einem Wolf weit mehr Unterschiede gibt als zwischen einem Menschen und einem Schimpansen.

Da Schimpansen sehr viel gefährlichere Affen sind, wurde aus Link schließlich ein Orang-Utan. Der Tiertrainer hatte Sorgen, dass drei Schimpansen am Set zu gefährlich sein würden. Aber auch mit nur zwei stand er ständig mit einem geladenen Gewehr parat. Wie man mir sagte, mussten die Dreharbeiten mit den Tieren auch immer verschoben werden, wenn weibliche Crew-Mitglieder ihre Periode hatten.

Was den Film von anderen Tierhorrorstreifen unterscheidet, ist die psychosexuelle Komponente zwischen Link und Elisabeth Shue. War das von vornherein so geplant oder entwickelte sich das im Verlauf der Dreharbeiten?

Ich wünschte, Richard würde noch leben. Er hatte unzählige Geschichten zu dem Film parat. Mir erzählte er einmal, dass er während der Dreharbeiten keine Ahnung hatte, ob die Zuschauer Angst haben oder lachen würden. Erst beim Schnitt konnte er abschätzen, wie die einzelnen Szenen wirken.

Und er erzählte mir, dass bei der Szene, in der Shue nackt ist, Link eine Erektion bekam, weswegen der

Abzugsfinger des Tiertrainers zu zucken begann. Es war ein sehr angespannter Moment.

FORTRESS ist ein Fernsehfilm, der lose auf einer wahren Begebenheit beruht. Außerhalb Australiens ist der Film eher unbekannt. Was können Sie uns darüber erzählen?

Den Auftrag hierzu erhielt ich über Crawford Productions. Der Roman wurde von Gabrielle Lord geschrieben, die ihn sehr filmisch angelegt hatte. FORTRESS ist damals der Lieblingsfilm meiner Kinder und ihrer Freunde gewesen. Wahrscheinlich, weil er zeigt, wie Kids fluchen und den Kidnappern mit extremer Gewalt begegnet wird.

Sieht man sich Ihre Filmographie an, dann fällt eine Lücke von 1986 bis 1990 auf. Was haben Sie in der Zeit getan?

Die Steuervergünstigungen für Filmproduktionen wurden gekappt und es wurde weniger produziert. Ich hatte noch ein paar unproduzierte Drehbücher, auf die es eine Option gab, womit ein bisschen Geld reinkam, aber zum Ende der 80er Jahre musste ich zum Fernsehen zurück, um Geld nach Hause zu bringen. Ich war lange aus dem Fernsehgeschäft heraus gewesen, so dass ich mich wieder neu einordnen musste. Was Filmprojekte betraf, war es eine lange sehr staubige Dekade für mich.

Ein Filmprojekt war dann VISITORS, ihre letzte Zusammenarbeit mit Richard Franklin.

Richtig. Richard gab mir ein Buch von Kay Cottee, die australische Seglerin, die die Welt allein umrundet hatte. In ihrem Buch spricht sie von „Besuchern", die sie an Bord sah – Halluzinationen, die vom Schlafentzug ausgelöst worden waren. Richard und ich fanden das Phänomen sehr gruselig und wollten daraus einen Film machen.

Erzählen Sie uns bitte ein bisschen was über Richard Franklin.

Die Leute scherzten gerne, dass Richard und ich wie ein altes verheiratetes Pärchen waren, wir stritten uns immer und versöhnten uns dann wieder. Obwohl wir hier in Mt. Eliza nur ein paar Blocks voneinander entfernt lebten, trafen wir uns nur selten außerhalb der Arbeit. Wir lebten in sehr unterschiedlichen Welten. Aber wenn wir an einem Film arbeiteten, lebten wir praktisch zusammen. Meine größten Abenteuer erlebte ich mit Richard. Wir zelteten in Cape York oder flogen zur recht abgelegenen Insel Murray, feierten mit Brooke und Terri Shields auf den Fidschis, machten einen Road Trip durch England oder besuchten jedes Filmstudio in Los Angeles. Richard kannte jeden und er hatte ein photographisches Gedächtnis, wenn es um Geschichten ging. Er war ein wunderbarer Begleiter und ich vermisse ihn sehr.

STORM WARNING kam 2007 heraus. Sie bezeichneten den Film als schwarze Komödie, aber mit erscheint er doch sehr intensiv und verstörend. Wie sehen Sie das?

STORM WARNING war mein erster und letzter Versuch, etwas im weiteren Bereich des Slasher-Films zu machen. Zu der Zeit, als ich das Skript schrieb, wollte ich einen Film im Stil von WER GEWALT SÄT oder BEIM STERBEN IST JEDER DER ERSTE machen. Mich interessierte, wie normale Menschen auf extreme Gewalt reagieren. Das Skript lag gut 20 Jahre herum. Es war den Produzenten zu gewagt. Mein Agent in Los Angeles riet mir sogar, meinen Namen davon zurückzuziehen, da es meinem Ruf schaden könnte (als ob ich einen Ruf in L.A. gehabt hätte, den man zerstören könnte). Über die Jahre wurde es öfters optioniert und erwies sich so als kleiner Goldesel.

2007 kamen dann Darclight und Jamie Blanks. Jamie verstand, was ich mit diesem Film machen wollte. Ein Film, der in Sachen Gewalt so überzogen ist, dass er vom Horror zur Komödie werden konnte. Das funktioniert im Film auch. Von all meinen Filmen ist STORM WARNING der, der dem originalen Konzept am meisten gleicht. Ich habe mir sechs Wochen frei genommen und war jeden Tag am Set dabei. Meine besten Momente hatte ich, wenn Crew-Mitglieder zu mir kamen und meinten: „Gott, De Roche, Du bist ein kranker Bastard." Jamie und ich warteten irgendwie immer darauf, dass uns jemand stoppen würde, aber keiner tat's.

Ich hatte mir immer vorgestellt, dass STORM WARNING auf einer Soundstage produziert würde und damit einen

Look wie z.B. NIGHT OF THE HUNTER erlangen könnte. Dann kam die Gelegenheit, dass wir den Film in Melbournes wunderschönen Dockland Studios drehen konnten. Der Farmkomplex, Interieurs und Exterieurs, waren im Studio. Der Sturm wurde später mit CGI hinzugefügt.

STORM WARNING wurde übrigens an selber Stelle wie VISITORS gedreht. Letzterer wurde in einem alten Lagerhaus gedreht, das eingerissen wurde, um Platz für die Dockland Studios zu schaffen.

Sehr gute Arbeit leisteten auch Justin Dix und sein FX-Team, die all die Leichen und den Gore gestalten mussten. Justin musste in Poppys Leiche Chicken McNuggets stopfen, damit der Hund angriff. Wir hatten den schlechtesten Filmhund aller Zeiten. Ein Rottweiler, der nicht mal bellen wollte.

Eins muss ich noch erzählen. Die Idee für Nadia Fares' Anti-Vergewaltigungs-Vorrichtung mit der Flasche kam von meiner Frau Chris. Al sich das Skript in den 80er Jahren schrieb, hatten wir noch Babys im Haus und die Idee zu dieser Falle kam von einem Produkt, mit dem man Babys pudert. Es sah aus wie ein chinesisches Puzzle, in das man einen Finger steckt und ihn nicht mehr herausbekommt. Chris meinte dann, wie viel effektiver es doch wäre, wenn die Spitze aus scharfem Metall bestehen und man einen Penis statt eines Fingers hineinstecken würde. Ich bin nicht der einzige „kranke Bastard" in dieser Familie!

30 Jahre nach dem Original wurde das Remake von LONG WEEKEND produziert. Jamie Blanks wollte das

Originalskript benutzen, aber Sie haben ein paar Veränderungen vorgenommen. Welche?

Sehr, sehr wenige. Hier hatten wir den einzigartigen Fall, dass der Autor etwas verändern und der Regisseur alles beim Alten lassen wollte. Ich hab ein paar neue Sequenzen eingebracht, da wir ein bisschen mehr Geld hatten und so Dinge tun konnten, die wir uns beim Original nicht leisten konnten.

Die Frage drängt sich auf: Ziehen Sie das Original oder das Remake vor?

Ich hatte schon befürchtet, dass Sie das fragen würden. Das ist, als würde man mich fragen, welches meiner Kinder ich lieber mag. Zuerst muss ich mal sagen, dass es eine merkwürdige Erfahrung war, das Projekt nach 30 Jahren erneut anzugehen. Ich denke, Colin Eggleston hat damals einen guten Job abgeliefert, wenn man den engen Zeitplan und das niedrige Budget bedenkt. Jedoch finde ich, dass Claudia Karvan und Jim Caviezel mehr Tiefe in ihre Rollen eingebracht haben. Die gab es weder im Skript noch im Originalfilm.
Die Location, die im Originalfilm benutzt wurde, ist auch viel zu schön und das Wetter war damals auch zu sonnig. Das Remake drehten wir in Wilson's Promontory, das sehr viel mehr Atmosphäre zu bieten hat.
Lustig ist, dass Caviezel uns erzählte, dass Mel Gibson ihn während der Lunchpause der Dreharbeiten von DIE PASSION CHRISTI am Kreuz hängen ließ. Und am letzten Drehtag wäre Jim beinahe von einem Blitz getroffen

worden. Als der letzte Drehtag von LONG WEEKEND kam, gab es auch ein Gewitter und keiner aus der Crew wollte neben Jim stehen.

Während der Dreharbeiten war auch toll, dass der australische Stuntman Grant Page hinzustieß und die Stunt-Koordination übernahm. Das ist derselbe Grant Page, der den Schurken in TRUCK DRIVER spielte. Jamie war richtig enthusiastisch, den berühmten Grant an Bord zu haben.

Finden Sie, dass die Ideen, die hinter LONG WEEKEND stecken heute noch wichtiger sind als damals?

Ich bin nicht sicher, ob irgendjemand schon hinter meine Botschaft mit dem Immunsystem der Erde gekommen ist. Während der Dreharbeiten wachte ich eines Nachts auf und nach 30 Jahren wusste ich, worum es bei LONG WEEKEND wirklich geht. Das hier ist Adam und Evas Vertreibung aus dem Paradies. Am nächsten Tag erzählte ich Claudia und Jim von meiner Eingebung und Claudia meinte nur: „Ja, mit der Idee arbeiten wir schon zwei Wochen."

Was waren die Unterschiede, wenn man mit Leuten wie Richard Franklin, Simon Wincer und Brian Trenchard-Smith zusammenarbeitet?

Es hängt immer vom Regisseur ab, ob ich bei den Dreharbeiten dabei bin. Manche Schauspieler mögen es auch nicht, wenn der Autor am Set ist. Die Arbeit mit Brian Trenchard-Smith hat sehr viel Spaß gemacht. FROG

DREAMING war für mich etwas ganz Besonderes, weil der Film in Mt. Eliza gedreht wurde. Ich war zusammen mit Barby Taylor Ko-Produzent und habe das meiste Material der 2nd Unit als Regisseur betreut. Wenn die Kamera unter Wasser ist, dann ist das direkt meine Arbeit. Das haben wir im Swimming Pool eines Nachbarn gefilmt. Die Arbeit mit Henry Thomas war sehr angenehm. Er war ein kleiner Soldat, der vor nichts zurückschreckte.

Sie haben noch jede Menge unverfilmter Drehbücher, oder?

Auf jeden Fall! Am liebsten würde ich sehen, dass noch etwas aus LOCUSTS AND WILD HONEY gemacht wird. Ich habe aber auch noch das Skript für einen gruseligen Kurzfilm, den ich gerne selbst inszenieren möchte. Der Titel lautet JOSIE.

Sie haben auch das Skript für NINE MILES DOWN geschrieben.

Ja, die Idee dazu kam von einer meiner Töchter. Ich finde immer noch, dass es mein gruseligstes Drehbuch ist. Das Projekt wurde in Hollywood immer mal wieder angegangen. Zeitweise sollte William Friedkin Regie führen, dann wieder John Carpenter. Schließlich erwarb Anthony Waller die Rechte am Drehbuch, womit meine Beteiligung auch endete. Anthony hat das Skript umgeschrieben, da er am Ende eine eher logische, denn übernatürliche Erklärung haben wollte. Ich selbst habe den Film noch gar nicht gesehen.

Sie haben danach auch ein Drehbuch zum Comic WITCHBLADE geschrieben?

Ja, ich verfasste eine erste Fassung für Darclight, habe aber nichts mehr mit dem Projekt zu tun. Ich kannte mich mit den Comics nicht wirklich aus und bin auch kein Fan. Die Produktionsfirma wollte aber ohnehin etwas Neues. Ich sollte mit einer neuen Figur und einer ganz neuen Geschichte aufkommen. Dabei bin ich nicht sicher, ob es mir gelungen ist.

Von all Ihren Filmen, welchen mögen Sie da am liebsten?

STORM WARNING und FROG DREAMING. STORM WARNING, weil es meinem Urkonzept am ähnlichsten ist, und FROG DREAMING, weil es eine starke und charmante Geschichte ist.

Jamie Blanks

Mit dem Slasher-Film DÜSTERE LEGENDEN machte der Australier Jamie Blanks auf sich aufmerksam. Drei weitere Filme – SCHREI, WENN DU KANNST, STORM WARNING und LONG WEEKEND – hat er seitdem inszeniert. Dieses Interview entstand anlässlich der DVD-Premiere von LONG WEEKEND im Jahr 2009.

Bevor Sie ihren großen Durchbruch mit DÜSTERE LEGENDEN hatten, haben Sie bereits einen Kurzfilm namens SILENT NUMBER gedreht. Es ist klar, dass dieser rare Streifen von WHEN A STRANGER CALLS inspiriert wurde. Hat der Film eine wichtige Bedeutung für Sie?

Zuerst hatte ich nicht im Sinn, eine Hommage zu WHEN A STRANGER CALLS zu drehen. Auf der Filmschule hatten wir nur sehr begrenzte Möglichkeiten und ich habe andere Studenten beobachtet, die ihre Drehzeit damit vergeudeten, Geschichten zu erzählen, die viele verschiedene Drehorte voraussetzten. Ich war darauf bedacht, die Anzahl meiner Drehorte zu begrenzen und deswegen ergab es Sinn, die Story in einem Haus stattfinden zu lassen. Ich liebte den Fred Walton Film, als ich ihn das erste Mal sah, aber ich hatte ihn nicht im Hinterkopf als ich an SILENT NUMBER gearbeitet habe. Ich habe später erfahren, dass eine ähnliche Story vor ein paar Jahren in der Serie TWILIGHT ZONE erzählt wurde. In Australien war die Serie kein großer TV-Erfolg und selbst wenn, ich selbst habe nur ein paar Folgen gesehen. Bis heute kenne ich die besagte Episode nicht. Ich kann ihnen also versichern, dass ich davon nichts wusste, als ich das Buch zu SILENT NUMBER geschrieben habe.

Wirft man einen Blick auf ihre Filmographie, ist nicht zu übersehen, dass sie eine Vorliebe für Horrorfilme haben. Was waren ihre ersten Erfahrungen mit cineastischem Horror?

Im Alter von zehn Jahren habe ich eine Vorstellung von THE FOG besucht. Diese fand in einem Clubhaus direkt am Strand statt. Es war kalt und gruselig, genau der richtige Platz, um diesen Film anzusehen. Nachdem der Film vorbei war, hatte ich große Angst. Als wir das Gebäude verließen, zog ein dicker Nebel über dem Strand auf, genau wie in THE FOG. In dieser Nacht hatte ich wirklich Panik. Eine Woche später lief HALLOWEEN im Fernsehen und der machte mir noch mehr Angst. Ich hatte zu dieser Zeit das Gefühl, dass alle Horrorfilme aus der Feder von John Carpenter stammen mussten und dass Debra Hill sie alle produzierte und dass Jamie Lee Curtis in allen der Star war. Ich wurde süchtig nach Horrorfilmen und VHS-Rekorder waren gerade auf den Markt gekommen. Ich hatte also eine große Auswahl. Ich überlegte mir viele Tricks um an Erwachsenenfilme heran zu kommen und es hat funktioniert. Ich habe sie alle gesehen.

Welches ist ihr liebstes Subgenre im Horror-Bereich?

Ich habe nicht viel übrig für Vampirfilme und bis auf die Filme von Landis und Dante kenne ich keinen Werwolffilm, der es wert wäre, gesehen zu werden. Ich liebe Serienkiller, Monster und Zombies. Am liebsten sehe ich es allerdings, wenn die Natur verrückt spielt. DER WEISSE HAI ist für mich davon der Beste. Ich finde aber immer einen Film aus den besagten Kategorien, der mich köstlich unterhalten. Die meisten davon sind zwar Schund, aber es gibt Perlen wie z.B. SQUIRM.

Wie ich hörte wurden Sie für DÜSTERE LEGENDEN engagiert nachdem sie einen Trailer zu I KNOW WHAT YOU DID LAST SUMMER produziert und gedreht hatten. Für den Film selbst hatte Sony aber schon einen Regisseur verpflichtet. Warum haben Sie sich dazu entschlossen einen Trailer und dazu noch für I KNOW zu machen? Hatten Sie zuvor den Roman von Lois Duncan gelesen?

„Entdeckt" wurde ich durch einen Manager von Propaganda Films. Er schickte mir zwei Drehbücher von Kevin Williamson zu. Eines davon war SCARY MOVIE, der später in SCREAM umbenannt wurde. Die Weinsteins hatten mich wohl auf ihrem Radar. Sie wollten mich, da SILENT NUMBER sehr viel Ähnlichkeit mit der Eröffnungsszene von SCREAM hatte. Das Buch war großartig, aber ich hatte nichts vorzuweisen außer meinen Film aus der Studentenzeit. Als ich dann erfahren hatte, dass Wes Craven dabei ist, wusste ich, dass es das für mich war. Also konzentrierte ich mich voll und ganz auf das andere Drehbuch. Ich war übermotiviert, da ich gerade das Buch „Rebel without a Crew" von Robert Rodriguez gelesen hatte und ich wollte den Produzenten beweisen, dass ich der Richtige für den Job bin. Meine Mittel waren begrenzt, also hielt ich es für das Beste einen Trailer für I KNOW zu drehen. Das Ergebnis war gut, doch leider kam ich zu spät, denn sie hatten schon einen Regisseur für den Film gefunden. Doch die Reaktionen, die ich auf den Trailer bekommen habe, waren großartig. Rodriguez' Agent von ICM nahm mich unter Vertrag und ich lenkte die Aufmerksamkeit von Produzenten auf mich. Außerdem lernte ich dadurch Kevin Williamson und Debra Hill kennen. Sie alle haben mir Briefe geschrieben und wollten dass ich in die USA übersiedle und Mitglied der DGA werde. Das ist schon beachtlich für einen kleinen Filmemacher aus Australien, von dem noch niemand etwas gehört hatte.

Was haben Sie gedacht, als Sony Ihnen DÜSTERE LEGENDEN angeboten hat? Waren sie froh, als Debüt einen Slasher-Film zu drehen oder hätten Sie lieber etwas anderes gemacht?

Ich war hin und weg, als ich erfahren habe, dass ich einen Slasher drehen würde. Ich glaube, ich war nie glücklicher. Ich meine, ich durfte wirklich einen Hollywood-Film drehen. Ich werde diese Erfahrung niemals vergessen und ich würde jederzeit wieder mit all den Leuten zusammen arbeiten, falls sich die Möglichkeit dazu anbietet. Das war wirklich eine der besten Zeiten meines Lebens. Ich habe jeden Tag genossen, denn für mich ging ein Traum in Erfüllung.

Diesen Traum verfolgte ich schon seit meinem zehnten Lebensjahr.

Welchen Status hatte das Projekt DÜSTERE LEGENDEN erreicht, als Sie dazu gestoßen sind? Bzw. war das Drehbuch von Silvio Horta schon fertig?

Silvio hatte das Skript mit Hilfe von Gina Metthews geschrieben, die zu dieser Zeit noch seine Managerin war. Sie hatten es an Phoenix verkauft und diese hatten wiederum Neal Moritz als Produzenten verpflichtet. Silvio und ich haben noch etwas an der Story gefeilt und fanden einen Weg die urbanen Legenden in die Story einzubauen. Es waren zwar schon viele coole Ideen im Skript vorhanden, aber ich habe das Ende mit Rebecca ergänzt, die die „wahre" Geschichte erzählt.

Das Casting ist sehr interessant. Es spielen ja einige Genre-Stars wie Robert Englund, Danielle Harris oder Brad Dourif mit. Wieso haben Sie sich ausgerechnet für diese Schauspieler entschieden?

Weil sie verdammt coole Schauspieler sind und ich schon immer mit ihnen arbeiten wollte. Ich war ein Fan von Englund seit den V- und DEAD AND BURIED-Tagen. Das war kurz bevor er zu FREDDY wurde. Die Zusammenarbeit mit ihm war sicherlich hilfreich, war sie doch eine der besten Erfahrungen meines Lebens. Dasselbe gilt für Brad Dourif. Ich habe schon an ihn gedacht, als ich das erste Mal das Drehbuch las. Die Art wie seine Figur beschrieben war, passte wie die Faust aufs Auge. Zuvor hatte ich eigentlich nicht an ihn gedacht. Danielle Harris war eine wirkliche Überraschung. Sie kam zu einem der Casting-Termine und die Chemie hat gestimmt. Durch sie konnte man aus der Figur etwas Großes machen. Da ich schon Repräsentanten von NIGHTMARE und CHUCKY im Film hatte, war es nur recht und billig, dass wir das HALLOWEEN-Girl an Bord hatten. Sie ist eine fantastische Schauspielerin und es war eine Wohltat, mit ihr zu arbeiten. Ich vermisse sie, genauso wie den Rest der Schauspieler.

Was war es für ein Gefühl an dem ersten großen Film mit Schauspielern wie Joshua Jackson, Alicia Witt oder Michael Rosenbaum, die inzwischen zu Stars geworden sind, zu arbeiten?

Das war so lustig, dass man es verbieten sollte. Es hat Spaß gemacht, mit ihnen zusammen zuarbeiten und jeder einzelne war glücklich bei dem Film dabei zu sein. Dementsprechend haben sie mich auch unterstützt. Josh, Alicia, Michael und Tara haben sehr hart gearbeitet, damit wir ein gutes Ergebnis abliefern konnten. Josh ist einer der süßesten und galantesten Männer, die ich je getroffen habe. Von dem Geld das er an diesem Film verdiente, kaufte er seiner Mutter ein Haus. Ein toller Kerl.

Der Film war auch einigermaßen erfolgreich. Wurde Ihnen angeboten, eine Fortsetzung zu drehen?

Das wurde es in der Tat, aber meiner Meinung nach gab es nicht mehr genügend urbane Legenden, die es Wert gewesen wären, verfilmt zu werden. Silvio und ich hatten zwar ein paar Ideen für eine Fortsetzung, aber sie wollten damit in eine andere Richtung gehen und ich war zu dieser Zeit in andere Projekte involviert. Außerdem kenne ich nicht viele Regisseure, die als zweiten Film eine Fortsetzung zu ihrem Debüt gemacht haben. Ich bin eigentlich kein Fan von Fortsetzungen und bisher habe ich alle Angebote in diese Richtung abgelehnt.

DÜSTERE LEGENDEN wurde 1998 veröffentlicht. Ihr nächstes Filmprojekt war SCHREI, WENN DU KANNST im Jahr 2001. Drei Jahre sind schon eine lange Pause zwischen zwei Filmen. Haben Sie in der Zwischenzeit etwa an anderen Projekten gearbeitet, die nicht produziert worden sind?

Ich habe bei vielen Projekten für viele verschiedene Studios mitgearbeitet, aber entweder haben die sich aus den Projekten zurückgezogen oder sie haben sie eingefroren. Ich habe dann beschlossen, mich mit anderen Dingen zu beschäftigen. Ich bin aber nicht die erste Person, der das widerfahren ist und ich werde auch bestimmt nicht die letzte gewesen sein.

SCHREI, WENN DU KANNST ist ebenfalls ein Slasher. Hatten Sie keine Angst in eine bestimmte Schublade gesteckt zu werden als Sie das Projekt übernommen haben?

Das hat mich nie interessiert, aber ich habe das Projekt ein paar Mal fallengelassen, bis ich mich endgültig dazu entschlossen habe, den Versuch mit SCHREI, WENN DU KANNST zu wagen. Ich liebe Slasher-Filme, also hätte ich auch niemals ein Problem damit einen solchen Film zu drehen. Ich würde auch keinen Gedanken daran verschwenden, was die Leute über mich denken.

Der Film war ursprünglich ein Projekt von Artisan. Diese hatten schon einen anderen Regisseur und einen anderen Cast. Können Sie kurz erklären wie es zum Wechsel von Artisan zu Warner Bros Gekommen ist?

Das ist eine lange Geschichte. Ich stieß dazu, als das Projekt schon bei Warner war. Ich wollte Rick Bota als Kameramann bei DÜSTERE LEGENDEN. Da das nicht geklappt hatte, holte ich ihn für SCHREI, WENN DU KANNST. Was ich nicht wusste war, dass er selbst schon Gespräche führte, um bei SCHREI, WENN DU KANNST Regie zu führen. Es war also Zufall, dass ich an ihn dachte, er aber schon längst mit dem Projekt vertraut war. Dylan Sellers, Kevin McCormick und ich hielten eine Telefonkonferenz ab und ich habe den Job erhalten. Ich hatte einige Vorbehalte gegenüber dem Drehbuch, denn es wurde schon ein paar Mal umgeschrieben. Eine Verbindung zum Roman von Tom Savage, auf dem SCHREI, WENN DU KANNST basiert, war fast nicht mehr vorhanden.

Zusammen mit Gretchen und Aaron erarbeitete ich ein paar neue Drehbuchentwürfe, aber letztendlich wurden zwei neue Schreiber angeheuert, während ich schon mit dem Drehen beschäftigt war. Es war eine Frechheit und es war sehr schwer, den Film zu drehen, denn während der Produktion gab es plötzlich enorme Änderungen in der Geschichte. Ich habe die Schauspieler und die Crew wirklich gern gehabt, aber ich hätte meinen Instinkten folgen sollen und mich von der Geschichte, die eigentlich nie existent war, fernhalten sollen. Vor der Veröffentlichung wurde der Film vom Studio auch noch erheblich geschnitten, damit der fertige Film nicht soviel Gewalt enthalten würde. Die MPAA hatte meiner Version schon längst die Erwachsenenfreigabe erteilt. Das war auch immer meine Vorstellung, weswegen mir die Kürzungen des Studios noch saurer aufgestoßen sind. Letztendlich hat der Film den Horrorfans nicht gefallen und er war einer der letzten Ableger der Teen-Slasher-Welle.

Das Ende ist auch etwas vage. Es deutet an, dass Adam möglicherweise der Killer ist, doch zuvor sehen wir Dorothy im Kostüm des Killers. Stand das so im Drehbuch oder wurde das während der Produktion hinzugefügt?

Ich wusste nicht, wie ich das Ende klarer hätte gestalten können. Seine Nase blutet, genau wie die von Jeremy Melton während der Morde. Natürlich ist es Boreanaz. Dorothy war sein Sündenbock und er hat die ganze Sache geplant. Auch das mit der Maske über ihrem Kopf und dass er sie die Treppe hinunter gestoßen hat. Ich bin erstaunt, dass vielen Leuten das Ende so unklar ist.

Zwischen SCHREI, WENN DU KANNST und ihrem nächsten Film STORM WARNING vergingen wieder sechs Jahre. Was haben Sie in dieser Zeit gemacht? Wieder an Projekten gearbeitet, die nie veröffentlicht wurden oder gab es andere Gründe?

Ich habe mich entschlossen zurück nach Australien zugehen um meinen neugeborenen Sohn Oliver großzuziehen. Ich wollte nicht, dass er in Amerika aufwächst. So weit weg von seiner Familie, hauptsächlich von seinen Großeltern. Er ist so glücklich in Australien, dass ich es nicht übers Herz bringe ihn nach Amerika mitzunehmen, also geht die Arbeit erst einmal nach. Diesen Preis war ich gerne bereit zu zahlen. Ich wollte mich selbst als Regisseur und Komponist etablieren und dies gelang mir leichter durch einen kleinen australischen Film als mit einem weiteren amerikanischen Streifen.

Die Geschichte zu STORM WARNING stammt von Everett De Roche. Wie sind Sie Teil dieses Projekts geworden? Haben Sie Everett schon vorher gekannt oder passierte dies erst als Sie bei STORM WARNING mitwirkten?

Natürlich hatte ich schon von Everett gehört, aber ich habe ihn nie getroffen bis ich das Angebot mit STORM WARNING annahm. Wäre sein Name nicht auf dem Deckblatt gestanden, hätte ich das Drehbuch zu STORM WARNING wahrscheinlich niemals gelesen. Ich hatte kein Interesse an anderen Projekten während ich mit anderen

Dingen beschäftigt war. Ich las das Buch und ich habe mich entschlossen, das Angebot abzulehnen. Die Penis-Szene war dafür der Hauptgrund. Ich wusste nicht, wie ich das auf Film bannen und damit durchkommen sollte. Meiner Frau hat das Skript gefallen und sie hat immer wieder versucht mich zu überreden. Eines Tages habe ich mich mit Everett getroffen und anschließend war ich so begeistert, dass ich den Film machen wollte. Außerdem war ich der Meinung, dass ich es versäumt hätte einen Low-Budget-Film zu drehen. Ein großer Teil der besten Horrorfilme sind Independent-Produktionen und das nicht durch Zufall. Man kann dunklere Wege beleuchten und man kann Ideen ausprobieren ohne dabei ein Studio im Nacken zu haben. Ich will mich nicht über die Studios beschweren, aber die Regeln sind eben andere, wenn man mit einem Studio arbeitet. Ich mochte Everett auf Anhieb und die Zusammenarbeit war pures Vergnügen. Er war sehr glücklich über das Resultat von STORM WARNING und er war bei den meisten Drehs dabei. Wir waren beide schon viele Jahre mit dem Regisseur Richard Franklin befreundet, aber wir sind uns bis 2007 nie über den Weg gelaufen.

STORM WARNING ist alter Wein in neuen Schläuchen, wie man so schön sagt. Es gibt die typische Hinterwald-Atmosphäre, aber Australien als Schauplatz ist etwas Neues. Was hat Sie besonders an STORM WARNING gereizt?

Ich wusste, dass ich das Rad nicht neu erfinden würde, aber das war mir egal. Ich liebe solche Filme, wenn sie denn gut gemacht sind und hier hatte ich die Chance, um selbst einen derartigen Film zu machen. Everett und ich wollten, dass der Film diesen speziellen australischen Gothic-Look hat. Es sollte eine unheimliche Scheune geben mit vielen rostenden Autowracks davor, aber es sollte dennoch stilvoll aussehen und eine bestimmte Gastlichkeit aufweisen, die man sonst in derartigen Geschichten vermisst. Wir haben den Film binnen 24 Tagen im Akkord gedreht und wir mussten einen klaren Geist bewahren um das Maximale aus der Situation herauszuholen. Wir mussten sicher gehen, dass die Kamera jede Einstellung eingefangen hat, die in der kurzen Drehzeit möglich war. Für DÜSTERE LEGENDEN hatte ich mehr Drehtage zur Verfügung als bei STORM WARNING und LONG WEEKEND zusammen.

De Roche hat erzählt, dass STORM WARNING mehr als eine Art übertriebene und abartige Komödie verstanden werden sollte. Sehen Sie das ähnlich?

Everett hat einen sehr schwarzen Humor. Man kann es gerne als Komödie bezeichnen, wenn man es lustig findet, dass ein Mann seinen Rottweiler abrichtet, ihn mit blutigem Fleisch füttert und das dieser ihm letztendlich die Eier abbeißt. Natürlich nachdem sein Penis von einem Olivenbehälter zerfetzt wurde. Es findet sich sicherlich Humor in diesem Film, wie den Tierporno, den sich Poppy ansieht. Der Humor ist versteckt, unmoralisch und subversiv. Ich betrachte den Film als einen Rache-Horror-Film und ich habe Wert darauf gelegt, dass eine gewisse Realitätsnähe in der

Erzählweise erhalten bleibt. Die Botschaft der Geschichte ist einfach zu verstehen. Kämpfe oder stirb. Wir wussten beide genau wo der Weg hingeht und wir wollten, dass sich das Publikum darauf konzentriert, was Pia den widerlichen Schwachköpfen antut. Ich wollte, dass die bösen Jungs so abartig sind, dass keine Pein hart genug für sie ist. Um die extremen Bestrafungen zu rechtfertigen, die ihnen widerfahren, mussten sie wirkliche Schweine sein, die es verdient haben auf eine schmerzvolle Art zu sterben. Natürlich ist das nicht tiefgründig oder hinterfragend, aber manchmal braucht es einfach einen guten alten Rachefilm, der Gerechtigkeit walten lässt und bei dem die Bösen das bekommen, was sie verdient haben.

Ist Ihnen bekannt, dass STORM WARNING in Deutschland verboten wurde?

Nein, aber es macht mich traurig zu hören, dass die Deutschen die Opfer von Zensur sind. Das ist sehr bedenklich.

Haben Sie schon über eine Fortsetzung gesprochen, als Sie und DeRoche an STORM WARNING arbeiteten?

Ich habe viele Male während der Produktion von STORM WARNING mit Everett gesprochen und ihm gesagt, dass ich gerne ein Remake zu LONG WEEKEND machen würde. Es machte auf mich einfach den Eindruck, dass es für mich die perfekte Sache nach STORM WARNING gewesen wäre, da sie doch viel gemeinsam haben. Beide

Drehbücher hat Everett vor über 30 Jahren geschrieben. Es ist so, als ob man für zwei Filme der 70er Jahre ewig gebraucht hätte um diese fertig zustellen.

Gab es irgendwelche Gespräche über eine Fortsetzung zu STORM WARNING?

Ja, aber das war alles sehr vage. Was könnten wir denn auch tun? Pia und Rob geraten an eine noch grässlichere Familie auf der Insel? Ich wüsste nicht, wie ich die Charaktere noch verrückter machen sollte als im ersten Film. Wie weit müssten wir gehen, um das zu verwirklichen? Die zweite Möglichkeit wäre ein Prequel, doch wenn Poppy am Ende des Films nicht sterben könnte, dann wird doch der Sinn in Frage gestellt. Eine Fortsetzung wäre einfach keine gute Idee und diese Sichtweise hat sich bis heute nicht geändert.

Was war der ausschlaggebende Punkt ein Remake von LONG WEEKEND zu machen?

Ich habe diesen Film seit jeher geliebt. Und mir fiel auf, dass er zu seinem 30-jährigen Jubiläum relevanter denn je ist. Angesichts des Schadens, den wir bis heute an diesem Planeten angerichtet haben, erscheint eine Geschichte, in der sich Mutter Natur für dessen Übergriffe am Menschen rächt, perfekt. Dies ist eines meiner liebsten Subgenres. Außerdem ist der Originalfilm relativ obskur. Ich kenne sehr viele Filmfans in Australien und nur einer von ihnen hat je das Original gesehen. Die meisten Australier kennen ihn nicht, aber international genießt er kleinen Kultstatus. Von allen von Everetts früheren Drehbüchern war dies der beste Kandidat für ein Remake. Mir war klar, dass ich mit diesem Material exzellente Schauspieler ansprechen konnte. Auf der Beerdigung von Richard Franklin traf ich Vincent Monton, den Chefkameramann des originalen LONG WEEKEND. Zu der Zeit schnitt ich gerade die Dokumentation NOT QUITE HOLLYWOOD, für die Vincent ausgiebig interviewt worden ist. Da kam mir die Idee, dass ich Vincent für die Kamera und als Regisseur der zweiten Unit für das Remake heranziehen könnte, da er die Geschichte so gut kannte und beim Original brillante Arbeit abgeliefert hat. Everett und er fanden es wunderbar wieder zusammen zu arbeiten, exakt 30 Jahre später, mit derselben Geschichte, aber einer anderen Herangehensweise und einem anderen Drehort.

Autor Everett De Roche erklärte, dass Sie das bereits existierende Drehbuch verwenden wollten. Wieso entschieden Sie sich für diesen Ansatz, anstatt einer gänzlich anderen Version der Geschichte den Vorzug zu geben?

Wie man so schön sagt: „Wenn etwas nicht kaputt ist, muss man es auch nicht reparieren". Ich fand nicht, dass es notwendig gewesen wäre die Dialoge und die Ereignisse großartig zu verändern. Ich wollte nicht das zerstören, was am Originalfilm so gut funktioniert hat. Ich hatte nicht die Intention den Film Einstellung für Einstellung zu kopieren. Ich wollte meinen eigenen Stil einbringen und meine Interpretation der Geschichte innerhalb des Rahmens von Everetts komplettem Originaldrehbuchs abliefern

Waren Jim Caviezel und Claudia Karvan ihre erste Wahl für den Film?

Ja das waren sie. Sie an Bord zu wissen, war toll, da ich ein großer Fan der Beiden bin. Sie fielen mir als erstes ein, als ich über das Remake nachdachte. Mit ihnen zusammenzuarbeiten ist eines der Highlights meines filmischen Lebens. Jim ist einer der hingebungsvollsten Schauspieler, mit denen ich je zusammengearbeitet habe. Sein Fokus und seine Hingabe vor und während der Produktion waren atemberaubend. Claudia ist eine der wunderbarsten Schauspielerinnen der Welt. Bei allem was sie tut, strahlt sie Wahrhaftigkeit aus. Bei ihr fühlt sich alles so natürlich an. Mit ihrer Interpretation der Rolle überraschte sie mich stets aufs Neue. Jim und Claudia arbeiteten sehr gut zusammen. Beide sagten dass die Arbeit an diesem Film zu den besten Erfahrungen ihrer Schauspielkariere gehört. Die gemeinsame Zeit bei diesem Film bleibt mir unvergesslich.

Glauben sie, dass die Geschichte des Films heute mehr Aussagekraft besitzt als damals?

Ja, das denke ich schon. Wir zerstören den Planeten rasend schnell und berauben zukünftige Generationen seiner Schönheit. Auf unsere Aktionen folgen immer Konsequenzen und ein Preis muss bezahlt werden. Die

Geschichte beschäftigt sich mit dieser Thematik auf eine esoterische und unheimliche Art, ohne die Botschaft mit dem Holzhammer darzubieten. Ebenso wie im Original wird viel der eigenen Interpretation überlassen. Man ist sich niemals sicher, ob die Natur ins Leben dieser Menschen eingreift oder ob ihr Schicksal vollständig selbst verschuldet ist. Vielleicht ist es nicht die Natur, die sich seltsam gebärdet, sondern nur ihre Wahrnehmung der Natur oder die kaputte und toxische Beziehung, der sie nicht entfliehen können.

Ich war sehr überrascht, als ich gesehen habe, dass Sie auch die Musik zu LONG WEEKEND komponiert haben. Ich wusste zwar, dass Sie schon ein paar Soundtracks komponiert hatten, aber dieser hier wirkt wie eine Art weiterer Schauspieler. Er ist wirklich grandios und verleiht dem Film Ecken und Kanten. Wie wichtig ist Musik für Sie?

Vielleicht sogar etwas wichtiger als das Filmemachen. Ich liebe Musik seit meinen sehr jungen Jahren und ich spiele selbst sehr gut Piano. Ich bin froh, dass ich ein Ohr für Musik habe und ich sehr leicht Melodien nachspielen kann, wenn ich diese kurz gehört habe. Zuerst lernte ich ein paar Weihnachtslieder und Standardwerke. Nachdem ich im Alter von elf Jahren HALLOWEEN gesehen hatte, setzte ich mich ans Klavier und musste einfach die Titelmelodie üben. Innerhalb von 15 Minuten konnte ich sie spielen. Ich habe es mir dann zur Aufgabe gemacht, die Titelmelodien meiner Lieblings-Horrorfilme nachzuspielen. Ich versuchte es mit CREEPSHOW, THE FOG, Der EXORZIST, FREITAG DER 13. und vielen mehr.

Ich habe früh gemerkt, dass mein Held John Carpenter selbst die Musik für seine Filme komponierte und ich wusste, dass ich das auch eines Tages tun würde. Ich war überrascht, dass er der einzige war, der dies so zu dieser Zeit praktizierte. Es war aber der einzige Weg, um seinen Filmen, diese einzigartige Stimmung zu verleihen. Wenn man einen Carpenter Film gesehen hat, dann erkennt man ihn sofort an der Art wie er gedreht ist, aber noch mehr an der Art wie der Film klingt. Ich fand immer, dass es das minimalistische Sounddesign war, das so effektiv war und eine Stimmung erzeugte, die man so in anderen Filmen nicht fand. Ich habe seine Kompositionen geliebt.

Ich habe Jahre lang Musik für TV-Spots, Dokumentationen, Kurzfilme, etc. geschrieben. Es war mehr ein Hobby für mich, da ich mich immer als Filmemacher berufen fühlte. Aber ich habe es geliebt Musik zu schreiben, genauso wie ich es genossen habe Filme zu drehen. Ich wusste immer, dass ich irgendwann die Chance bekomme, beides zu kombinieren. Mit STORM WARNING sollte ich dann meine Chance bekommen und es gab mir die Möglichkeit all die digitalen Musikspielereien zu verwenden, nach denen es mich seit einiger Zeit gelüstet hat. Ich habe zwar schon immer Synthies verwendet, doch ich habe viele Tausende Dollar ausgegeben, um mir ein digitales Musikstudio einzurichten, das für viele hochqualitative Produktionen unabhängig eines bestimmten Genres geeignet ist. Dort habe ich Orchester und Chöre und alle möglichen verrückten und wundervollen Klänge. Die

Möglichkeiten, die mir dort zur Verfügung stehen, sind einfach unbegrenzt. Ich habe damit schon viel Zeit verplempert. Ich liebe einfach die Möglichkeit, die Musik zu meinen Filmen zu schreiben und ich wiederhole das vier oder fünf Mal bevor ich mich für die passende Szene zu dem Stück entscheide. Das hat nichts damit zu tun, dass ich meine ersten Versuche nicht toll finde, aber es gibt so viele Möglichkeiten eine Sequenz musikalisch in Szene zu setzen, dass ich immer das Gefühl habe, ich würde mich selbst betrügen, sollte ich nicht alle Möglichkeiten ausprobieren. Ein paar der besten Stücke, die ich je geschrieben habe, sollten bei LONG WEEKEND zum Einsatz kommen, doch ich habe sie entfernt, da sie die Action auf der Leinwand nicht richtig unterstützt haben.

Sie waren ebenfalls für den Schnitt von LONG WEEKEND verantwortlich. Meiner Meinung nach ist das ihr bisher bester Film. Ich habe mich stets an die Filme von John Carpenter erinnert gefühlt. Sie haben ja auch viel gemeinsam, Sie sind beide Regisseur, Musiker und Cutter in einer Person.

Das ist wirklich ein großes Kompliment. Vielen Dank. John Carpenter ist, wie ich bereits erwähnte, mein ganz persönlicher Held. Alles das, was ich heute professionell betreibe, ist auf den massiven Einfluss dieses Mannes und dessen frühe Filme zurück zuführen. Genau wie Neil Marshall verwende ich die Schriftart, die er in seinen Filmen von DIE KLAPPERSCHLANGE bis SIE LEBEN verwendet hatte, in den Credits meiner Filme. Das ist eine kleine Verneigung vor dem Mann, der mich dazu inspiriert hat ein Filmemacher zu werden. Er hat auch selbst die Musik für seine Filme geschrieben, was ich sehr cool und bestrebenswert fand. Er hat bewiesen, dass man es schaffen kann. Das war wichtig für meine Entscheidung ein Filmemacher zu werden.

Ich habe sogar meine Frau kennen gelernt, als es eine Diskussion über DIE KLAPPERSCHLANGE gab. Wir haben uns auf Anhieb verstanden. Sicherlich hat Carpenter mein Leben auf vielen Wegen beeinflusst. Das hab ich ihm auch persönlich gesagt, als ich ihn getroffen habe. Er war sehr nett zu mir und meiner Frau und hat mich auf die Premiere zu VAMPIRE eingeladen. Ich durfte ebenfalls die After-Show-Party besuchen und konnte ihm zusehen, wie er live mit seiner Band Coupe de Ville auftrat. Ich bin mir vorgekommen wie im Himmel und ich war so nervös, dass ich mich fast nicht getraut hatte ihn anzusprechen. Er war aber wirklich sehr nett und er gratulierte mir zu dem Erfolg von DÜSTERE LEGENDEN. Das war ein kurzer aber monumentaler Moment in meinem bisherigen Leben.

Würden sie LONG WEEKEND selbst als Horrorfilm klassifizieren?

Das hängt davon ab, wie man einen Horrorfilm definiert. Er hat sicherlich Genre-Elemente, ist aber mehr Thriller als Horror, auch wenn Diskussionen über die Unterschiede beider Filmgattungen müßig sind. Ich finde, dass die unerklärlichen Ereignisse wie die tote Familie schon allesamt kleine gruselige Elemente sind, die für eine ganz eigene Stimmung sorgen. Es laufen natürlich keine Psychopathen wie in meinen früheren Filmen herum, so dass LONG WEEKEND definitiv eine andere Art von Horror ist, aber dem Genre durchaus zugehörig ist.

Wirft man einen Blick auf ihre Filmografie, dann stellt man fest, dass LONG WEEKEND etwas ganz anderes als DÜSTERE LEGENDEN, SCHREI, WENN DU KANNST oder STORM WARNING ist. Er ist ernsthafter. Sehen sie diesen Film als eine Art Fahrkarte aus dem Horror-Genre? Oder wollten Sie mit dem Film verdeutlichen, dass sie nicht nur der „Horror-Typ" sind?

Ich hatte nie Probleme damit, der „Horror-Typ" zu sein. Das stimmt ja auch. Aber es gibt noch viele andere Geschichten, die ich erzählen möchte, und es gibt andere Genres in denen ich gerne arbeiten würde. Ich hoffe also, dass ich mit LONG WEEKEND meine Bandbreite als Regisseur demonstrieren konnte und nicht nur auf meine ersten drei Filme beschränkt werde. Es ist aber mit Sicherheit nicht meine Absicht, ein Ticket aus dem Horror-Genre zu ergattern. Ich werde es immer genießen derartige Filme zu drehen und anzusehen. Da gibt es eine Entschuldigung.

Was machen Sie als Nächstes?

Wir arbeiten an FLIES 3D, ein sehr ambitioniertes Projekt, aber die Finanzierung steht noch nicht, da der Film wegen der 3D-Technik etwas teurer werden wird.

Außerdem bastle ich an anderen Projekten, über die ich momentan aber noch nichts sagen kann.

FLIES 3D ist wieder ein Genre-Projekt. Haben sie sich schon Mal Gedanken darüber gemacht, einen Film außerhalb des Horror-Genres zu drehen? Vorausgesetzt wir zählen LONG WEEKEND zum Genre.

Ja, ich habe mir vorgenommen das eines Tages zu tun.

Was ist für Sie der Reiz am Horror?

Ich liebe es, wenn mir ein guter Film Angst einjagt. Das passiert leider nicht sehr oft. Zuletzt schaffte das THE DESCENT, ein kleiner, furchterregender Horrorfilm. Es macht sehr viel Spaß in diesem Genre tätig zu sein, denn man hat große Interpretationsmöglichkeiten bei der Geschichte, die man erzählt. Eigentlich bin ich nur glücklich, wenn ich einen Horrorfilm drehe.

Das sogenannte Torture-Porn-Genre liegt immer noch voll im Trend. Was denken Sie über Filme wie HOSTEL oder SAW?

SAW finde ich gut, die Jungs kommen aus meiner Heimatstadt und deswegen bin ich ein wenig befangen. Ich halte aber nicht viel von den Torture-Porn-Filmen. Hauptsächlich deshalb, weil ich es nicht unterhaltend finde, zusehen zu müssen, wie unschuldige Menschen gefoltert und verstümmelt werden, bevor sie einen grausamen Tod sterben. Und das alles auch noch sehr detailliert. Nichts gegen extreme Gewaltdarstellungen, doch der Zusammenhang, in dem sie dargestellt werden, ist ausschlaggebend.

STORM WARNING wollte ich dreckig und gewalttätig machen, aber Sie werden feststellen, dass die Gewalt nur denen widerfährt, die sie auch verdient haben. Es macht mir einfach mehr Spaß zu sehen, wie ein übler Kerl das kriegt, was er verdient, als dass eine unschuldige Frau von einem europäischen Geschäftsmann aufgeschlitzt wird. Ich sehe es gerne wenn ein Horrorfilm ein finanzieller Erfolg wird und ich bin traurig, wenn hochwertige Produktionen wie GRINDHOUSE oder HOSTEL 2 an den Kinokassen floppen. Das hilft keinem von uns. Ich bevorzuge Wes Cravens Version von THE HILLS HAVE EYES und ich finde die Fortsetzungen von SAW wirklich schlecht. Der erste war furchterregend, sehr durchdacht und gut umgesetzt. Ich würde mir wünschen, dass James Wan einen weiteren SAW-Teil dreht, denn ich denke das Franchise ist von der Spur abgekommen und er könnte den Karren wieder aus dem Mist ziehen. Die Leute gehen dennoch in die Kinos, um sich die lausigen Fortsetzungen anzusehen, also denke ich denen ist es egal, wie schlecht die Story in dieser Serie noch werden wird.

Sie haben ja nun selbst ein Remake gedreht. Was halten Sie von modernen Remakes wie HALLOWEEN, TEXAS CHAINSAW MASSACRE oder FREITAG, DER 13.?

Ich habe sowohl DAWN OF THE DEAD als auch TCM geliebt, der Rest war fürchterlich. Obwohl FREITAG auch noch sehr gut war. Ich denke, dass Nispel sehr respektvoll mit dem Stoff umgegangen ist. In meinen Augen ist er ein wunderbarer Regisseur und ich liebe die Art wie er seine Filme dreht. Ich wünsche ich hätte seine Ressourcen bei meinen Filmen. Meistens habe ich aber zu wenig Zeit, um mir alle Remakes anzusehen die stets erscheinen. Das hat aber nichts damit zu tun, dass ich grundsätzlich dagegen wäre, nur die Resultate waren oft eben enttäuschend. Zumindest waren die 3-D-Effekte in MY BLOODY VALENTINE sehr unterhaltend. Und Tom Atkins war dabei. Bei LONG WEEKEND habe ich sehr darauf geachtet, den Geist des Originals zu wahren um nichts selbst Opfer des Fluchs zu werden und ein zweitklassiges Remake zu drehen. Ich denke, dass es mir geglückt ist, aber das muss letztendlich das Publikum entscheiden. Ich kann aber schon jetzt sagen, dass Everett begeistert von dem Remake ist.

Interessant ist, dass LONG WEEKEND auf demselben Drehbuch basiert, das schon in den 70er Jahren verwendet wurde. Das ist wirklich eine Seltenheit. Diesen Versuch dürfte man bisher nur bei der Gus van Sants Neuverfilmung zu PSYCHO unternommen haben und man ist gescheitert. Der Film ist zweifelsfrei gut gemacht, verfehlt aber seine Wirkung. Hatten Sie Angst, dass es bei LONG WEEKEND ähnlich laufen könnte?

Nicht wirklich, denn LONG WEKKEND ist um einiges unbekannter als PSYCHO. Es war ungefähr so viel Stress, wie ihn Richard Franklin hatte, als er eine Fortsetzung zu einem der bekanntesten Horrorfilme aller Zeiten drehen musste. Ich hätte das Projekt niemals angenommen, wenn ich mir nicht sicher gewesen wäre, dass ich das schaffe und ich war eher damit beschäftigt, wie ich an die Arbeit heran gehe als dass ich mir Gedanken darüber gemacht hätte, wie der Film wohl ankommen wird. Es bringt einfach nichts, während der Produktion darüber nachzudenken. Das kostet nur Zeit, die man lieber in die Planung und Durchführung des Filmprojekts stecken sollte.

Sie leben in Australien. Ist es nicht leichter, Filme in den USA zu produzieren?

Es ist einfacher einen Film zu realisieren, der einen weltweiten Kinostart erfährt, das ist klar. Aber eine Garantie dafür hat man heutzutage nicht mehr. Viele große Produktionen, bei denen bekannte Schauspieler mitwirken, werden nur auf DVD veröffentlicht, da sich die Gewohnheiten der Zuschauer ändern. Ich schaue mir ja selbst immer mehr Filme zu Hause an. Ich lebe immer noch in Australien und bin glücklich damit, denn meine Familie und meine Freunde leben hier und ich mag es nicht längere Zeit von ihnen getrennt zu sein. Der Hauptgrund für mich hier in Australien zu bleiben ist mein Sohn Oliver. Er wurde zwar in den Staaten geboren, aber ich wollte, dass er in Australien mit seinen Großeltern und seinen Onkels und Tanten aufwächst. Ich möchte nicht in die USA ziehen und das Leben meines Sohns durcheinander bringen, ich hätte es gehasst, wenn es mir in diesem jungen Alter widerfahren wäre. Ich werde es langsam angehen lassen. Ich bin mir sicher, dass ich irgendwann dorthin zurückkehren werde, um einen weiteren Film zu machen, vielleicht wenn mein Sohn etwas älter ist. Ich habe schon immer in Australien gelebt und mich selbst nur als Gast in den USA betrachtet. Ich habe viele wunderbare Freunde dort, die ich jedes Mal besuche, wenn ich dort bin und ich wünschte ich könnte sie öfters sehen, doch momentan geht mein Sohn ganz klar vor und sein Wohl steht ganz klar vor meinem. Ich bin sehr glücklich darüber, dass ich über die Jahre so viel Zeit dort verbringen durfte und so viele Erfahrungen gesammelt habe, die ich nie mehr vergessen werde.

Gibt es etwas, das wir über Sie wissen sollten?

Ich bin zu einem Viertel Deutscher von der mütterlichen Seite aus gesehen. Ich würde gerne einmal nach Deutschland reisen um zu sehen, wo meine Großmutter herkommt. Ich wollte eigentlich schon immer gerne Deutschland sehen.

Jeff Burr

Der 1963 geborene Jeff Burr hat über 20 Filme inszeniert. Er arbeitete für Full Moon und ließ den PUPPET MASTER Abenteuer erleben, bekam es mit dem PUMPKINHEAD zu tun, traf den STEPFATHER und bekam es in LEATHERFACE: TEXAS CHAINSAW MASSACRE mit der Saw Family zu tun. Das sehr ausführliche Interview zu Jeff Burrs vielseitiger Karriere wurde im Jahr 2009 geführt.

Erzählt uns bitte ein bisschen über Dich und Deinen Werdegang.

Ich wurde in Cincinatti, Ohio (derselben Stadt, in der Steven Spielberg geboren wurde ... nutzloses Trivia), geboren und zog mit meinen Eltern nach Aurora nahe Cleveland, als ich klein war. Ich hab aber nur noch wenige Erinnerungen daran, da wir Mitte der 60er Jahre nach Dalton in Georgia gezogen sind und ich dort aufwuchs. Dalton war zu der Zeit eine Kleinstadt mit ca. 20.000 Einwohnern und lag nahe Chattanooga, Tennessee. Hauptsächlich war die Stadt für ihre Fabrikproduktion von Teppichen und artverwandten Produkten bekannt. Mein Vater war Verkäufer in der Teppich-Industrie und meine Mutter arbeitete beim Radio. Sie hatte eine Frühstückssendung, die von einem lokalen Drugstore aus gesendet wurde und „Coffeetime" hieß. Sowohl mein Vater als auch meine Mutter engagierten sich am Theater und ich bin sicher, dass das für mich große Inspiration war, Filmemacher zu werden.

Es hatte für mich als Kind etwas Magisches, erst ein Stück zu sehen, dann hinter die Bühne zu gehen und in mich aufzunehmen, wie es umgesetzt worden ist. Ich liebte es auch, ins Kino zu gehen. Dalton hatte ein ganz tolles Art-Deco-Lichtspielhaus, das „The Wink" hieß. Ich erinnere mich noch, dass ich dort auch ein Double-Feature bestehend aus FRANKENSTEIN CONQUERS THE WORLD und TARZAN AND THE VALLEY OF GOLD gesehen habe. Zu der Zeit, ich war in der fünften Klasse, bekam ich auch eine 8mm-Kamera, die mein Großvater nicht länger benutzte. Damit begann ich, kleine Filme zu drehen. Ich liebte das Geräusch, das der Film machte, als er durch den Projektor lief, liebte es, dass man den Film in Händen halten und gegen das Licht die einzelnen Bilder ansehen konnte.

In den 60er und 70er Jahren konnte man auch kleine kondensierte Super-8-Versionen von Filmen bekommen. Manche konnte man sich auch in der örtlichen Bücherei ausleihen. So konnte man Filme zu Hause sehen, und das lange, bevor es VHS gab. Sehr wichtig für mich war auch mein Bruder William, der technisch sehr viel versierter war als ich und mir mit der Kamera half. Er spielte auch in den meisten meiner Filme mit.

Filme zu machen, war damals auch eine Entschuldigung, Sachen kaputt zu machen, oder Mädchen zu bitten, Zeit mit einem zu verbringen. Man konnte so viel machen, wenn man vorgab, einen Film zu drehen. Damals war es für Kids noch sehr ungewöhnlich, dass sie Filme drehen, darum hatte die Phrase „Keine Sorge, wir drehen einen Film" noch etwas Gewicht. Die meisten Kids wollten sehen, wie man ein Modelschiff in Brand setzt, aber wenn man es filmte, dann war es nicht nur pure Zerstörungswut, sondern Kunst!

Ich habe eine ganze Reihe von Filmen gemacht. TEENAGE FRIGHT war eine Jekyll-und-Hyde-Parodie, AGENT 005 eine Parodie von James Bond, LIFE IS SEMI-PRECIOUS ein „Statement"-Film über den Geist der zynischen Post-Watergate-Ära, LET US PREY ein Science-Fiction-Film mit zwei gestrandeten Space-Shuttle-Astronauten, und HOW I SPENT MY SUMMER VACATION ein Abenteuerfilm mit Schatzjagd. Meine Freunde Charles Bryant, Frank Shaheen und Bobby Pike spielten in den meisten dieser Filme mit, ebenso wie mein Bruder. Das Schräge ist, dass sich für mich jeder dieser Filme so „real" anfühlt wie meine anderen, „echten" Filme. Für mich sind sie Teil meiner Filmographie und Teil meiner Lernerfahrung. Manchmal hab ich das Gefühl, je näher ich dem Geist komme, mit dem diese Filme entstanden, desto besser werden meine neuen Filme.

In der Schule spielte ich Football. Ich mag das Spiel auch heute noch und werfe in Drehpausen gerne ein paar Bälle. Es hilft mir, mich zu fokussieren und Stress abzubauen. Das war auch der einzige Sport, den ich machte. In der High School war ich auch in ein paar Schulaufführungen dabei und hatte einen ganz guten Comedy-Act drauf. Ich war ein guter Schüler, aber ich war immer von Filmen besessen. Damals war es noch schwer, in einer Kleinstadt Informationen über Filmen zu finden, aber es gab ein paar Magazine wie „Monster Times" oder „Castle of Frankenstein", die mich auf den Weg brachten. Und in der Bücherei fand ich Jerry Lewis'

Buch „The Total Filmmaker", das auch einige Drehbuchseiten aus seinen Filmen enthielt. Es war toll, dieses Buch zu lesen und ich finde auch heute noch, dass es eines der besten Bücher ist, die je über den Prozess des Filmemachens geschrieben wurden. Ich wusste also schon in jungen Jahren, was ich einmal machen wollte. Und meine Passion für Film ist niemals schwächer geworden. Im Gegenteil, sie hat sich intensiviert. Ich wusste auch schon immer, dass ich nach der High School nach Kalifornien gehen würde, denn ich wollte in Hollywood Filme machen.

Zwei Dinge geschahen in meinem Abschlussjahr an der High School. Erstens: Ich sah CITIZEN KANE, der mich unglaublich inspiriert hat. Zweitens: Ich traf Cindy Tillis, die Tochter des Countrysängers Mel Tillis. Sie lud mich ein, mir mit ihr die Dreharbeiten zu einer Folge von EIN DUKE KOMMT SELTEN ALLEIN anzusehen. Ich war das erste Mal in Los Angeles und es war das erste Filmset, das ich jemals besucht habe. Ich war zwei Tage dort und habe beobachtet, wie diese Episode entstand. Der assistierende Kameramann John Leonetti war sehr nett zu mir und hat mir eine Menge erklärt. Am letzten Drehtag herrschte recht starker Wind, der die Scheinwerfer immer umstieß. Da nicht genügend Crew vorhanden war, bat man mich, einen der Scheinwerfer zu halten. Und als ich da so stand, sagte einer der anderen zu mir: „Willkommen in der Familie." In jenem Moment fühlte ich mich wie ein Gigant. Ich weiß, das ist vielleicht die albernste Hollywood-Geschichte überhaupt, aber sie ist wahr, und bis zum heutigen Tag hab ich Schmetterlinge im Bauch, wenn ich ein Set betrete, ganz gleich, ob es meines oder das eines anderen ist.

Soviel dazu, wer ich war, als ich damals nach Los Angeles kam. Ich besuchte die USC und begann 1979 meine Ausbildung. Plötzlich war ich mittendrin im Thema Film und traf viele Leute, mit denen ich heute noch zusammenarbeite.

Auf der USC hast du Kevin Meyer kennen gelernt. Ihr habt dann auch gemeinsam die Filmschule verlassen. Eine schwere Entscheidung?

Ich traf Kevin Meyer in meinem ersten Jahr an der USC. Wir waren in einer Klasse, in der jeder fünf Super-8-Filme ohne Dialog drehen musste, und diese dann von der Klasse und den Professoren kritisiert werden sollten. Es war ein recht intensiver Unterricht, was auch mit dem zeitlichen Rahmen zusammenhing. Man fing in Klasse 290 an, kam dann zu 310 (in der schwarzweiße 16mm-Filme mit Dialog gedreht werden mussten) und endete in 480 (wo dann 16mm-Farbfilme entstanden, THX-1138 oder PROOF waren solche 480er).

Ich habe dort auch einige Filme gedreht: WIPEOUT ist eine Komödie über einen Freshman, der nach L.A. kommt und die Universität besucht (also irgendwie das Äquivalent eines Filmdebütanten, der über Filmemachen einen Film produziert), THE SPOILS eine Actionkomödie über zwei Freunde, die einen Schatz finden und sich darüber in die Haare kommen (eine Art Komödienvariante von DER SCHATZ DER SIERRA MADRE), TURNAROUND, ein Beziehungsfilm, CHILD'S

PLAY über einen alten Mann und seine Kinder (der Film ist auf der amerikanischen STRAIGHT INTO DARKNESS-DVD enthalten) und schließlich DUMPED, eine Komödie über einen Kerl, der – was sonst? – von seiner Freundin abserviert wird. In dem Film spielte Darin Scott mit, der später meinen ersten richtigen Film produzierte. Und auch hier gilt: Für mich sind diese Filme so real wie alles, was ich später gemacht habe.

Kevins 290er-Filme waren hochgradig visuell und sehr interessant. Ich kann mich immer noch an einige der Bilder erinnern, die ich nicht mehr vergessen habe. Und in einem der Filme spielte ich auch mit. Als wir in die Klasse 310 kamen, beschlossen wir also, uns zusammenzuschließen. Wir entschieden uns, nicht mehrere Kurzfilme, sondern gleich einen richtigen Film zu drehen. Etwas, das groß und visuell beeindruckend sein sollte.

Wir dachten wohl, dass unsere Fertigkeiten dafür schon ausreichten und wir so etwas Ambitionierteres angehen könnten. Und da wir beide Western-Fans waren, wollten wir einen Western in der Bürgerkriegs-Ära machen. Wir schrieben das Skript und merkten schnell, dass die Fakultät in hohem Maße gegen das Projekt war, weil es ihnen zu ambitioniert erschien. Sie hatten natürlich auch Recht. Aber das war der eine Film (und ich glaube, dass die Filmgötter einem nur einen solchen Film im Leben zugestehen), bei dem alles richtig ablief, was heißt: Wenn wir etwas brauchten, dann fiel uns das praktisch in den Schoss. Das soll nicht heißen, dass es nicht schwer gewesen wäre, den Film zu machen. Denn das war es.

Wir hatten zwar wenig Geld, aber viel jugendliche Naivität.

Als Beispiel: Wir brauchten eine Location und fanden einen tollen Ort in Thousand Oaks. Wir gingen dort also hin und sprachen mit dem Verwalter der Ranch. Er mochte uns und erlaubte uns, in den nächsten vier Monaten jedes Wochenende dort zu drehen, solange wir jedes Mal einen Kasten Bier mitbrachten.

Für den Film brauchten wir auch Pferde. Als wir zu der Ranch fuhren, sahen wir ein kleines Haus, vor dem zwei wunderschöne Pferde standen. Wir gingen also hin, klopften an, stellten uns vor und baten darum, dass wir uns die Pferde ausleihen dürften. Es stellte sich heraus, dass der Mann ein Zahnarzt war, der auch die USC besucht hatte und dass die Pferde hoffnungslos unterfordert sind. Er fand es toll, dass sie endlich mal jemand reiten wollte und zeigte uns gleich, wo das Zaumzeug war. Diese Art von Glück hatten wir während des gesamten Films. Wir erhielten die Kostüme von den Burbank Studios, indem wir einfach danach fragten, und konnten uns von einer Gruppe von Menschen, die Szenen aus dem Bürgerkrieg nachstellen, jede Menge Material für die große Schlacht, darunter auch Kanonen, ausleihen. Und inmitten all dieses Glücks erhielten wir noch einen Crash-Kurs darin, wie man Filme im Guerilla-Stil dreht.

Auch beim Casting des Films hatten wir Glück. Wir hatten eine Anzeige im Branchemagazin „Dramalogue" geschaltet und suchten nach Leuten, die reiten konnten, Pferde besaßen, Western liebten. Wir sahen und eine ganze Menge Leute an, als plötzlich eine ganze Gruppe hereinkam. Der größte von ihnen sagte: „Hört mit dem Casting auf, hier ist euer Platoon!". Das war David Cloud, der dann auch die Hauptrolle spielte. Er brachte Michael Shamus Wiles und R.A. Mihailoff mit, die verschiedene Rollen spielten. Außerdem waren noch Tom Yates und John Matthews dabei. Sie hatten alle schon Theatererfahrung gesammelt und waren enge Freunde. Dazu besetzten wir noch Jim Cash, Ray Lynch und Willard Pugh. Sie alle blieben uns über die komplette Drehzeit treu, was bei Studentenfilmen nur selten der Fall ist.

Ich wollte auch noch einen Schauspieler mit einem Namen in dem Film dabei haben. Courtney Joyner, ein Freund von mir, den ich an der USC kennen gelernt hatte, hatte die Privatadresse von John Agar, da er ihn für ein Projekt ein paar Monate zuvor interviewt hatte. Ich dachte mir, dass er perfekt für die Rolle des Captains geeignet wäre. Darum fuhr ich mit dem Skript in der Hand zu ihm und klopfte an die Tür (eine Technik der Kontaktaufnahme, die ich später noch einmal anwenden sollte). Er bat mich herein, nahm das Skript und begann zu lesen. Danach sagte er zu, in dem Film mitzuspielen. Es war so cool, mit ihm zu arbeiten. Er war eine große Hilfe, den wir baten ihn mehrmals, noch einen Drehtag ranzuhängen, als er schon dachte, dass er fertig sei. Er hat sich darüber niemals beschwert und war immer ein totaler Profi.

In dem Film hatten wir auch Nick Guest dabei, der ein Freund von Jim Cashs Frau war. Nick hatte zu jener Zeit in THE LONG RIDERS und STAR TREK II mitgespielt und wir waren überglücklich, ihn an Bord zu haben.

Aber DIVIDED WE FALL begann als ein Kurzfilm?

DIVIDED WE FALL war ein 30-minütiger Film, der auf 16mm in Schwarzweiß gedreht wurde. Kevin Meyer und ich haben fast alles selbst bei dem Film gemacht: Drehbuch, Produktion, Regie, Kamera, Schnitt, Tonschnitt. Es geht um zwei Brüder, die sehr unterschiedlich sind und auch ein unterschiedliches Verhältnis zu ihrem Vater haben. Sie leben im Jahr 1863 auf einer Farm. Der von David Cloud gespielte William freundet sich mit einem Sklaven an, was ernsthafte Konsequenzen mit sich bringt. Er läuft davon und schließt sich der Unionsarmee an. Eines Tages trifft er auf dem Schlachtfeld seinen Bruder wieder, der für den Süden kämpft.

Der Film ist sehr ernsthaft und gefühlvoll, vielleicht auch naiv, aber in vielerlei Hinsicht ist er mir von meinen Filmen der Liebste, auch wenn Nostalgie hier sicherlich ein großer Faktor ist. Kevin und ich ergänzten uns bei der Filmarbeit sehr gut.

Während wir ihn machten, wuchs der Film immer mehr an und wir umarmten das auch. Aber das hieß wiederum, dass wir gegen einige Mitglieder der Fakultät ankämpfen mussten, was hieß, dass dies wohl auch der letzte Film war, den wir an der Schule machen konnten. Natürlich sagte man uns das nicht, aber man deutete es zwischen den Zeilen an. Und so entschieden wir uns, im Herbst nicht zur Filmschule zurückzukehren.

Von Januar bis Juli 1982 produzierten wir den Film, wobei an Wochenenden gedreht wurde. Danach gingen wir nach Boulder, Colorado, wo Kevins Vater lebte, der ein Dokumentarfilmer war und uns sein Schnitt-Equipment benutzen ließ. Kevin und ich arbeiteten in zwei Schichten und schlossen die Postproduktion im September 1982 ab.

Während der Print erstellt wurde, schrieben wir ein neues Skript und kamen im Oktober 1982 zurück nach L.A. Im November des Jahres hatten wir dann im Norris Theater an der USC die große Premiere. Mariette Hartley, die mit der Frau eines der Darsteller befreundet war, stellte den Film vor. Er kam gut an und die USC reichte ihn bei einigen Festivals ein, wo er auch verschiedene Preise gewann.

Dieser Film war ausschlaggebend dafür, dass ich die Finanzierung für meinen ersten Film sichern konnte. Und er brachte mir einen guten Manager ein. Ich habe mich immer gefragt, ob Steven Spielberg den Film mal gesehen hat, denn er hat Willard Pugh 1984 in DIE FARBE LILA besetzt (was nicht heißen soll, dass ihm mein Film den Job eingebracht hat; er hatte zu der Zeit auch schon einige andere Sachen gemacht).

Kevin inszenierte Filme für Rysher Entertainment und schrieb für Greg Kinnear A SMILE LIKE YOURS. Er arbeitet an einem Reality-Projekt und schreibt viel. Ich wette, wenn Du ihn fragen würdest, würde er auch sagen, dass DIVIDED WE FALL seine beste Arbeit war. Alle paar Jahre sehen wir uns mal, schimpfen dann gemeinsam über Hollywood-Executives und schwelgen dann in DIVIDED WE FALL-Erinnerungen.

2002 hab ich den Film in einem Kino vorgeführt. Das war das erste Mal, dass ich ihn seit der Premiere auf der großen Leinwand gesehen habe. Danach hab ich ihn wieder weggepackt.

Ein paar Jahre vergingen, bevor Du wieder einen Film gedreht hast. Du warst derweil in Roger Cormans Firma New World tätig. Was hast Du da gemacht?

Ich fing dort als Praktikant an. Das war im Sommer 1982. Danach wurde ich Jim Wynorskis Assistent und half bei den Werbekampagnen für obskure ausländische Filme wie CHRISTIANE F., Francesco Rosis BATTLETRUCK, eine Reihe weiterer Arthaus-Filme und schließlich Corman-Produktionen wie MUTANT und SLUMBER PARTY MASSACRE. Besonders stolz war ich auf die Taglines, die mir für SLUMBER PARTY MASSACRE einfielen: „He's dressed to drill" und „To get the girl, you need a big tool".

Es war irgendwie eine seltsame Zeit bei New World, da Roger damals darüber nachdachte, die Firma zu verkaufen. Ich glaube, 1982 war das erste Jahr, in dem er mit seinen Kinoauswertungen Geld verloren hatte. Ich half Wynorski bei der Besetzung von SCREWBALLS, der in L.A. gedreht werden sollte. Wir hatten richtig große Casting Sessions, bei denen ich einige der Parts gelesen habe. Unter anderem traf ich da auch auf Eric Stoltz und Anthony Edwards. Das weiß ich noch so gut, weil ich damals ICH GLAUB, ICH STEH IM WALD gesehen hatte und mir die beiden in dem Film gut gefielen. Gedreht wurde der Film schließlich in Kanada. In der Zeit hab ich an vielen Filmen gearbeitet und noch mehr Leute kennen gelernt, darunter auch Brian Muir, mit dem ich an weiteren Projekten zusammenarbeitete.

1983 und 1984 hab ich dann in den unterschiedlichsten Positionen gearbeitet und u.a. die Synchronisation von Musikvideos überwacht. Eli Johnson, mittlerweile heißt sie Selden, nahm mich als Managerin unter ihre Fittiche, weil ihr DIVIDED WE FALL gefallen hatte. Courtney Joyner und ich hatten ein Projekt namens NIGHTCRAWLERS, das wir machen wollten, und sie versuchte, Interessenten dafür zu finden, aber trotz mehreren Meetings wurde nichts daraus.

1984 zog mein Bruder nach Los Angeles und half mir später bei der Produktion von FROM A WHISPER TO A SCREAM sehr. Er unterstützte mich, hatte aber auch eigene Ambitionen und arbeitete mit Darin Scott an eine paar eigenen Projekten. Es trug sich zu, dass wir irgendwann alle im selben Haus wohnten, wobei dann noch Mike Malone, Courtney Joyner und Will Huston dazu stießen. Mit dieser Gruppe entstand auch mein erster Film. Darin Scott, William Burr, Mike Malone und ich gründeten Conquest Entertainment. Mein total arrogantes Motto für die Firma war: "Surely but not solely entertainment!" Ohne diese Gruppe wäre FROM A WHISPER TO A SCREAM nie entstanden.

Wie kamt ihr dann auf FROM A WHISPER TO A SCREAM?

Ich war verzweifelt und ich wollte einen Film machen. Zusammen mit Mike Malone und Courtney Joyner hatte ich ein ambitioniertes Drehbuch namens LAST STAND OF

THE SHAFFNER SISTERS geschrieben, ein Roadmovie mit zwei jungen Protagonistinnen. Wir wollten dafür die Finanzierung auftreiben, aber wir erkannten, dass er Film für uns zu ambitioniert und zu teuer gewesen wäre. Darum beschlossen wir, einen Horrorfilm zu machen, da man die recht günstig umsetzen kann und ein Markt dafür vorhanden ist. Ich hatte den Titel parat und die Idee, dass eine Stadt auf dem Bösen aufgebaut ist. Es sollten mehrere Geschichte sein, die in derselben Stadt, aber in unterschiedlichen Zeitperioden spielen.

Mike Malone und mein Bruder halfen bei der Entwicklung der Geschichten mit und Courtney Joyner, Darin Scott und ich schrieben das Skript. Courtney schrieb die Geschichten 1 und 3, Darin die 2 und ich die 4. Wir haben aber auch immer an den Geschichten der anderen mitgeschrieben. Zudem kam man überein, dass ich das letzte Wort in Hinblick auf den Final Cut des Films hatte. Das verhinderte aber auch nicht, dass es Kämpfe, Diskussionen und Streitigkeiten darüber gab, wie Skript und Film schließlich aussehen sollten. Wie waren alle jung, enthusiastisch, ignorant und voller Leidenschaft.

Als wir das Skript hatten, fuhren William und ich zurück nach Dalton. Wir waren von Sam Raimi inspiriert, der seine Finanzierung auch außerhalb Hollywoods zusammenbekam. Wir wollten uns an die große und florierende Teppich-Industrie wenden. Als Budget schwebten uns 255.000 Dollar vor.

Das Geld konnten wir auch auftreiben. Dabei half vielleicht, dass in George schon ewig kein Film mehr gedreht worden war und uns die Stadt Dalton auch sehr entgegenkam. Was auch immer der Film an

Produktionswerten hat, ist der Freundlichkeit und Loyalität einer Kleinstadt geschuldet.

Mein Bruder war ein guter Verkäufer. So konnte er die Finanzierung sicherstellen und wir hatten ja auch DIVIDED WE FALL, den wir vorzeigen konnten. Außerdem konnten wir schon ein paar Schauspieler nennen, die vielleicht mitspielen würden.

Es war meine Idee, so viele Altstars wie möglich in den Film zu packen. Das Anthologie-Format ermöglichte das, weil die Schauspieler nur weniger als eine Woche arbeiten mussten, aber dennoch die Stars ihrer Geschichte waren.

Das Format einer Anthologie war damals aber nicht besonders populär.

Das stimmt, aber ich mochte das Format und fand auch einige der Amicus-Filme, und hier besonders ASYLUM, toll. Mit der Idee einer Stadt, die böse ist, dachten wir, dass wir in der Zeit zurückkehren und zeigen konnten, wie alles anfing. Das war ein interessanter Rahmen für die Geschichten.

Die ursprüngliche Idee war, dass es in jeder Episode eine Szene gibt, die am selben Ort gedreht wird, so dass man die Entwicklung der Stadt miterleben kann, während die Geschichten erzählt werden. An die Popularität – oder das Fehlen derselbigen – dieses Formats dachte ich wirklich nicht. Es schien einfach die richtige Idee zu sein, zumal uns das Format erlaubte, unterschiedliche Techniken und Locations einzusetzen. Ich werde aber auch nie vergessen, als ich den Film in einem Kino in

Chattanooga sah und die erste Geschichte endete, woraufhin eine Szene mit Vincent Price in der Bibliothek kam. Ein Zuschauer fing an zu rufen: „Das kann nicht euer Ernst sein. Es ist so ein Film? Das ist scheiße!"

Das bewies zweifelsfrei, dass das Anthologie-Format nichts für jeden ist. Der Verleih wusste das auch und traf die Entscheidung, bei der Werbung zu verschweigen, dass es ein Anthologie-Film ist.

Wie schwer war es, Vincent Price zu engagieren?

Darin Scott und ich fuhren zu Vincent Price, dessen Adresse wir kurzfristig herausgefunden hatten, und klopften mit dem Skript in der Hand an die Tür. Er öffnete und bat uns rein. Danach unterhielten wir uns 20 Minuten lang. Er stellte uns Fragen zu unserem Background und war ein sehr charmanter und freundlicher Mensch. Wir ließen ihm dann das Skript da, gaben ihm unsere Telefonnummer und gingen, während wir noch auf Wolke 9 waren. Am nächsten Tag hatten wir ein paar Meetings und als wir nach Hause kamen, wartete eine Nachricht von Vincent Price auf dem Anrufbeantworter (nebenbei: Ich könnte mich heute noch ohrfeigen, dass ich die Aufnahme nicht gesichert habe).

Er sagte, dass er das Skript gelesen habe und es gut fand, er aber an diesem Punkt seiner Karriere von Horrorfilmen Abstand nehmen wollte. Er sagte nicht wirklich „nein", sondern deutete es an. Ich glaube, er wollte unseren Enthusiasmus für das Projekt nicht dämpfen und freundlich sein.

Wir drehten also im Sommer 1985 in und um Dalton die vier Geschichten. Eine Rahmenhandlung wollten wir dann in Los Angeles drehen und uns noch nach einem namhaften Schauspieler für den Part von Julian White umsehen. Anfang 1986 schnitten wir den Film und ich kam auf die Idee, dass Max von Sydow für die Rolle perfekt wäre. Ich kontaktierte also seinen Agenten, einen Mann namens Walter Kohner, und sandte ihm das Skript. Am nächsten Tag rief er mich an und sagte mit einem schweren österreichischem Akzent: „Mr. Burr, Max von Sydow wird diesen Film nicht machen. Aber ich habe den perfekten Klienten für Sie … Vincent Price! Was halten Sie von ihm?"

Ich erwähnte nicht, dass wir Vincent schon mal Monate zuvor kontaktiert hatten und so arrangierte Walter ein Screening des Films für Vincent. Ich beschloss, ihm die zweite Geschichte zu zeigen, da sie die unblutigste ist und am besten aussieht.

Vincent sah sich diese Episode also an und später erhielt ich einen Anruf von Walter, der mir sagte, dass Price beeindruckt sei. Wir machten also ein Angebot, das Walter an Vincent weiterreichte und wenig später erhielten wir einen Anruf, bei dem Walter uns sagte, dass Vincent das Angebot abgelehnt hatte. Wir waren enttäuscht, aber mein Bruder hatte eine Idee. Er rief Walter an und machte ein letztes Angebot, verbunden mit einer Klausel im Vertrag, dass Vincent die doppelte Gage erhält, wenn der Film Geld einspielt. Das schien auszureichen oder vielleicht war Vincent auch nur genervt, dass sein Agent ständig FROM A WHISPER TO A

SCREAM sagte. Auf jeden Fall erklärte er sich bereit, in dem Film mitzuspielen.

Wir schrieben die Rahmenhandlung noch einmal um, um auch ein paar Hommagen an Vincents Vergangenheit zu haben (sozusagen mehr PHIBES; weniger MONSTER CLUB), was auch von Walter Kohner unterstützt wurde. Er glaubte sogar, dass Vincent es lieben würde. Vincent war zu jener Zeit auf einer Kreuzfahrt in der Karibik und so verließen wir uns auf seinen Agenten, der uns erzählte, wie toll alles ist, während Vincent keine Zeile der Neufassung zu Gesicht bekommen hatte. Irgendwann faxte Walter die Neufassung dann an Vincent Price, der wenig erfreut war. Wenig später erhielt ich einen Anruf von Walter, dass Vincent nicht mehr in dem Film mitspielen wollte. Er hasst die Neufassung und wollte nichts mehr von dem Film wissen.

Ich flehte also Walter an, dass ich mit Vincent selbst sprechen könnte und er arrangierte dies. Es war eine wenig angenehme Erfahrung, von einem Star wie Vincent Price zu hören, dass er die Neufassung hasst und dass er beide Versionen anderen Leuten gezeigt hatte und jeder die erste für besser hält. Ich musste ihn also davon überzeugen, dass wir die alte Version benutzen würden und brachte ihn dazu, seine Meinung noch mal zu überdenken, musste aber auch versprechen, einen Teleprompter am Set zu haben.

Ungefähr zehn Tage später kam Vincent für einen Probedurchlauf. Wir hatten die Sets in Roger Cormans Soundstages in Venice gebaut und Roger eingeladen, dazuzukommen und Vincent zu begrüßen. Ich wurde natürlich immer nervöser, je näher der Moment kam, dass Vincent Price zu uns stieß.

Er kam ganz pünktlich, zeigte sich von den Sets beeindruckt und begrüßte dann Clu Gulager, Rosalind Cash und Martine Beswicke und sah schließlich den Teleprompter, woraufhin er mich ansah und fragte: „Wozu ist das Ding hier?"

Ich erklärte, dass wir es wie gewünscht für ihn besorgt hätten, woraufhin er mich mitten im Wort abschnitt, mit der Hand fuchtelte und erklärte: „Ich benutze nie so ein Ding."

Danach gab er die erste Szene zum Besten – und das ohne jeden Makel. Von dem Moment an, war Vincent Price ein sehr charmanter, absoluter Profi und es war eine Freude, mit ihm zu arbeiten. Er war in jedem Moment voller Enthusiasmus.

Erinnerst Du Dich an irgendwelche Anekdoten?

Das sind zu viele, um sie hier aufzuzählen. Ich erinnere mich aber am meisten an die tollen Schauspieler, die wir hatten und in deren Schuld ich stehe, da sie mit einem unbekannten Regisseur ein Risiko eingegangen sind. Ich habe von jedem von ihnen viel gelernt. Und je mehr Filme ich machte, desto mehr habe ich erkannt, wie besonders die Dreharbeiten von FROM A WHISPER TO A SCREAM waren.

Sogar Leute, die den Film nicht mögen, erwähnen den Cast wohlwollend. Rosalind Cash war eine unglaublich tolle Schauspielerin, die eigentlich weit mehr in Hollywood hätte machen müssen, zumal sie im Alter sogar noch besser und interessanter wurde. Sie hat mir als Regisseur viel beigebracht, als sie mir zeigte, dass sie für einige ihrer emotionaleren Szenen ein deutlich größeres Maß an Vorbereitung brauchte.

Cameron Mitchell war toll und sowohl am und jenseits des Sets größer als das Leben selbst. Ein faszinierender Kerl, dessen Aufmunterungen mir viel bedeutet haben. Clu Gulager ist so etwas wie mein inoffizieller Mentor. Ich habe mal Schauspielunterricht bei ihm genommen und er hat mir über die Jahre viel beigebracht. Terry Kiser und Harry Caesar waren die ersten, die ich für den Film besetzte. Um sie in die richtige Stimmung zu versetzen, spielte ich ihnen ein paar Musikstücke vor. Ich weiß sogar noch, welche: Mike Oldfields „Woodhenge" und „3AM in the Okefenokee" von Tangerine Dream.

Von Martine Beswicke war ich schon durch ihre Rolle in FEUERBALL und mehreren Hammer-Filmen ein Fan. Es ist eine Schande, dass sie in Hollywood keinen größeren Erfolg hatte. Ein paar Jahre später holte ich sie für NIGHT OF THE SCARECROW. Und bis heute bin ich ein Fan von ihr. Auch die Newcomer in diesem Film gaben ihr Bestes. Und wir hatten Susan Tyrell. Ich hatte erst Linda Haynes für die Rolle ins Auge gefasst, aber Clu stellte mir Susan vor. Ihre Performance im Film ist wahrscheinlich die Schwächste von den Stars, aber das lag nicht an ihrem Talent, sondern an meiner Unerfahrenheit als Regisseur. Ganz toll war, wie sie Vincent Price einige ihrer Skulpturen zeigte. Sie nannte sie „Cunties"; das waren bizarre Keramiken weiblicher Genitalien.

Dein nächster Film war STEPFATHER II. Wie kam es dazu?

Direkt, nachdem ich FROM A WHISPER TO A SCREAM fertig gestellt hatte, wurde ich von Charles Band angeheuert, um für Empire Films zu arbeiten. Ich arbeitete an GHOSTTOWN und THE VAULT, die beide nicht gemacht wurden. Die Chance, STEPFATHER II zu machen, kam gerade zur rechten Zeit. Im Herbst 1987 war FROM A WHISPER TO A SCREAM in die Kinos gekommen und hatte ungefähr 1,4 Millionen Dollar eingespielt. Das ist nichts, was ein Hollywood-Studio in Verzückung versetzt, aber es half mir, STEPFATHER II zu bekommen. FROM A WHISPER TO A SCREAM hatten wir Lawrence Garrett gezeigt, der für ITC die Auslandsverkäufe regelte. Er lehnte den Film ab, meinte aber, dass er noch einiges von uns erwartet. An dem Punkt meiner Karriere war das etwas, das mir viel bedeutete. Im Herbst 1988 rief Larry Garrett mich schließlich aus heiterem Himmel an und wollte mit mir darüber sprechen, die Regie bei einem Sequel zu STEPFATHER zu übernehmen.
ITC versuchte damals das, was Dimension später für Miramax tat – Low-Budget-Sequels zu den Hits der Muttergesellschaft produzieren. Wir erhielten den Job und Darin Scott und mein Bruder William wurden angeheuert, den Film zu produzieren, während ich ihn inszenierte. Das war ein Package-Deal und ich hatte einen Puffer zu den Erbsenzählern von ITC, da mich Darin und Bill abschirmten.

Wie war es, mit Terry O'Quinn zu arbeiten?

Ein ganz großartiger Kerl. Er hat mich als Regisseur sehr unterstützt und besaß keinerlei Allüren. Ich kann mich an keine einzige Begebenheit erinnern, bei der wir unterschiedlicher Meinung gewesen wären und er sein Gewicht in die Waagschale geworfen hätte, so nach dem Motto „Ohne mich hättest Du gar keinen Film". Er hat mir auch sehr viel beigebracht und war sehr enthusiastisch. Man konnte eine kleine Idee vorbringen und er machte etwas daraus, nahm sie in den nächsten Take auf und durch ihn wurde sie besser. Es überrascht mich nicht, dass er mit LOST solchen Erfolg hatte. Das war unvermeidlich. Er war und ist einfach sehr gut. Ich würde gerne noch mal mit ihm zusammenarbeiten.

Stand das Drehbuch schon oder hattest Du darauf noch Einfluss?

Es gab einen First Draft, an dem John Auerbach arbeitete. Als wir an Bord kamen, veränderten wir noch ein paar Dinge am Drehbuch und machten es geradliniger. Zudem waren einige Änderungen aufgrund des Budgets vonnöten. Ich wünschte jedoch, sie wären zu uns gekommen, bevor sie ein Skript hatten, damit wir den Film originär hätten aufziehen können. Wir wurden jedoch erst sehr spät zu diesem Projekt gebracht und ich vermute, dass sie zuerst einen anderen Regisseur hatten oder wollten, aber aus dem was da war, machten wir trotz negativen Einflusses des Studios das Bestmögliche.

Was für ein Budget hatte STEPFATHER II?

Ungefähr 1,2 Millionen Dollar. Wir drehten den Film in 25 Tagen. FROM A WHISPER TO A SCREAM hatten wir mit 255.000 Dollar in 27 Tagen gedreht.

Als entschieden wurde, dass ein dritter Teil gemacht werden sollte, wandte man sich da an Dich?

Als ITC sich für STEPFATHER III entschied, stand der Firma bereits ein anderes Management vor. Es war fast wie eine neue Firma. An mich wandte man sich nicht, aber ich weiß, dass man Terry O'Quinn die Chance anbot, den Film zu schreiben, zu inszenieren, zu produzieren – was auch immer er wollte, aber er war an einem dritten Teil nicht interessiert, da er wohl Angst hatte, als B-Horrorfilm-Schauspieler abgestempelt zu werden. Guy Magar hatte dann mit dem dritten Teil die undankbare und nicht zu lösende Aufgabe, Terry O'Quinn zu ersetzen.

Danach kam LEATHERFACE: TEXAS CHAINSAW MASSACRE 3. Wie bist Du zu dem Film gekommen?

Ich hatte 1987 bei der großen Agentur William Morris unterschrieben und erhielt die Agentin Bobbi Thompson. Während der Postproduktion von STEPFATHER II fragte sie mich, ob ich Interesse daran hätte, für New Line einen neuen TCM-Film zu machen. Ich war ein großer Fan des Originals und war daran interessiert, eine Arbeitsbeziehung mit New Line Cinema aufzubauen, was zu jener Zeit das Studio war, wenn es um Independent-Horror ging.

Ich traf also Mike DeLuca, Jeffrey Schecter und Sarah Risher im April 1989. Zu dem Zeitpunkt hatte ich das Skript gelesen und eigene Notizen gemacht. Danach hörte ich von New Line lange nichts mehr. Ich nahm also an, dass sie sich für einen anderen Regisseur entschieden hatten. Im Juli erhielt ich dann einen Anruf von meiner Agentin. Sie sagte mir, dass New Line mich für den Film haben wollte. Ich traf DeLuca also erneut, wobei diesmal Produzent Bob Engleman dabei war, der aus irgendeinem Grund Schecter ersetzt hatte. Ich glaube, auch Bob Shaye war bei diesem Meeting anwesend.

Ich erzählte ihnen also, was ich gerne mit dem Film machen würde und sie sagten mir, dass die Dreharbeiten in zwei Wochen beginnen müssen, da der Film ein festes Startdatum hatte. Es stellte sich heraus, dass sie einen anderen Regisseur angeheuert hatten, aber der musste sich wegen anderweitiger vertraglicher Verpflichtungen zurückziehen.

Ich war damals noch ziemlich jung, gerade mal 26 Jahre alt, und war wirklich so naiv zu denken, dass sie wirklich mich und meine Ideen haben wollten. Damals dachte ich, ich wäre die zweite Wahl gewesen, aber natürlich war ich eher die zehnte oder so. Viele andere Regisseure hatten den Film aus unterschiedlichen Gründen abgelehnt. Ich erbat einen Tag Bedenkzeit und kam zu dem Entschluss, dass das Positive das Negative überwog, also nahm ich das Angebot an. Ich hatte ja keine Ahnung, was das für mich und meine zukünftige Karriere bedeuten würde.

Das Franchise kam von Cannon zu New Line Cinema. Weißt Du, ob New Line Tobe Hooper oder Kim Henkel für den Film zurückbringen wollte?

New Line hatte den ersten Teil in den späten 70er oder frühen 80er Jahren erneut ins Kino gebracht. Sie hatten also etwas, worauf sie aufbauen konnten. Wie die Sequel-Rechte gesichert wurden, weiß ich nicht, aber sie waren teuer und fraßen einen guten Teil des Budgets des Films. New Line hatte sich die Rechte für zwei Sequels gesichert und ich hörte, dass die Lizenzgebühr an Vortex, die Produktionsfirma des Originals, irgendwo um die 500.000 Dollar betragen haben muss.

Ich bin sicher, dass Tobe anfangs involviert sein sollte. Vielleicht hätte Kim Henkel den Film inszenieren sollen und er hätte produziert. Das weiß ich nicht. Aber als ich an Bord kam, wurde mir gesagt, dass ich vertraglich verpflichtet bin, nicht mit Tobe Hooper in Kontakt zu treten.

Kim Henkel hatte schon lange zuvor ein Treatment für den Film geschrieben. Ein Teil davon war, glaube ich, auch auf der Rückseite des Flyers zu finden, der 1989 in Cannes verteilt wurde. Einige der Elemente dieser Geschichte landeten dann im nächsten Film, der von Henkel inszeniert wurde. Ich selbst hab Henkel damals nicht getroffen, obwohl ich ein Fan des von ihm geschriebenen Films LAST NIGHT AT THE ALAMO bin. Ein paar Jahre später lernte ich ihn auf dem American Film

Market kennen, aber es war wenig mehr als dass wir einander vorgestellt wurden.

David J. Schow schrieb das Skript. Veränderungen am Skript konntest Du nicht mehr vornehmen, oder?

Das war die Crux an dem Film. Ich wollte den Film so machen, wie es mir vorschwebte, hatte aber fast keine Zeit für die Vorproduktion. Ich hatte das Gefühl, dass man mir das Ruder überlassen und mich nicht stören durfte, damit ich den Film in der vorgegebenen Zeit – und auch gut – abliefern konnte. Das Skript hatte verschiedene Stadien durchlaufen und David war mit anderen Projekten beschäftigt. Man muss dabei wissen, dass die Vorproduktion schon begonnen hatte, bevor ich zu dem Film stieß. Es wurden Sets gebaut (darunter die Tankstelle und das Haus) und so mussten wir sofort mit dem Casting beginnen. Ich bereitete noch Storyboards vor und versuchte, an der Story zu feilen. Meiner Meinung nach betrifft der Job des Regisseurs alles – jeder Aspekt des Filmemachens ist für ihn wichtig und jede Abteilung arbeitet, um die konzeptionellen Ideen des Regisseurs umzusetzen.
Bob Engleman arbeitete aber von Anfang an gegen mich. Er war ein Erbsenzähler und dies war sein erster Film als Produzent. Er war schon Ko-Produzent von SHOCKER, der ein höheres Budget als TCM 3 hatte. Zudem hatte Bob als assistierender Regisseur bei großbudgetierten Filmen wie MAGNOLIEN AUS STAHL mitgearbeitet. Er hatte keine Ahnung, was so genanntes „Guerilla Filmmaking" ist und was es erfordert.

So wurden einige Entscheidungen getroffen, bevor ich überhaupt dabei war, darunter, dass nicht in Texas gedreht werden sollte. Eine Katastrophe! Engleman war ein Mann, der Micro-Managing betrieb, und ich hatte einen sehr intuitiven und instinktiven Stil. Wir passten also gar nicht zusammen. Zu mir sagte er eine Sache, zum Studio etwas gänzlich anderes, kurz gesagt: Er ist ein typischer Hollywood-Produzent.

War R.A. Mihailoff Deine erste Wahl für die Rolle von Leatherface?

Als ich zu dem Projekt kam, wandte ich mich an Gunnar Hansen, da ich ihn wollte. Ich dachte, das würde unserem Film etwas mehr Glaubwürdigkeit geben. Ich kannte ihn flüchtig, da ich ihn ein paar Monate zuvor in Las Vegas auf der VSDA, einer Veranstaltung für Videoketten, nicht unähnlich dem AFM, kennen gelernt hatte. Wir unterhielten uns gut und landeten an dem Abend mit dem Regisseur von SLAUGHTERHOUSE in einem Nachtclub. Ich hatte einen Seersucker-Anzug an und die Bedienung begann, mich „Pee-Wee Herman" zu nennen (das war noch vor seiner Verhaftung, wie ich anmerken möchte). Darum nannte auch Gunnar mich Pee-Wee und wir hatten in dieser Nacht viel zu lachen.
Ich rief Gunnar also in Maine an und erzählte ihm, dass ich ihm das Drehbuch schicken würde. Er bekam es, las es und sagte, er würde mitspielen, wenn man sich finanziell einigen könnte. Daran scheiterte es auch, dass er nicht in Teil 2 dabei war. Es war völlig richtig, dass er

nicht für den SAG-Mindestlohn arbeiten wollte, aber das war alles, was New Line anzubieten bereit war.

Als also klar wurde, dass Gunnar die Rolle nicht spielen würde, dachte ich an R.A., den ich hinzuholte, um Bob Engleman, Mike DeLuca und Annette Benson, ihres Zeichens Casting Director, zu treffen. Wir unterhielten uns etwas und als es vorüber war, war ich ziemlich sicher, dass die Studio-Leute überzeugt und zufrieden waren. Vermutlich sahen sie auch noch andere Schauspieler, falls das mit R.A. nicht geklappt hätte, aber Namen sind mir da nicht bekannt.

Dies war einer von Viggo Mortensens frühesten Filmen. New Line wollte ihn aber wegen eines schlecht gelaufenen Vorsprechens nicht haben, ja?

Wir sahen uns einige Leute an, hatten aber auch nicht so viel Zeit. Ich hatte einen Film namens PRISON gesehen, der von meinem Freund Courtney Joyner geschrieben und von Renny Harlin inszeniert worden war. Ich war von Viggo Mortensen und Tom Everett beeindruckt und lud beide zu einem Vorsprechen ein. Das Problem war, dass einige Leute anwesend waren, die nicht hätten dort sein sollen, so auch Bob Engleman. Vielleicht war es die Stimmung in diesem Raum oder er hatte nur einen schlechten Tag, aber Viggos Vorsprechen war allenfalls okay. Mir war das egal. Ich hatte seine Arbeit gesehen und wusste, was er konnte. Aber einige andere waren strikt gegen ihn. Ich glaube, das kam auch, weil sie einen anderen Schauspieler präferierten. Diese Leute setzten sich durch und ein anderer Schauspieler wurde angeheuert, und das entgegen meinem expliziten Wunsch (das sollte mir in Hinblick auf meine Zukunft zu denken geben). Der Kerl hatte aber gleichzeitig ein Angebot für einen Werbespot angenommen, der am ersten Drehtag von TCM3 entstehen sollte. Und da es ein Spot für das nationale Fernsehen war, bedeutete das für ihn eine hohe Gage. Ich zwang ihn also, sich zu entscheiden und er entschied sich für den Werbespot. Nachdem wir diesen Schauspieler fünf Minuten vor Zwölf verloren hatten, konnte ich daraus einen Vorteil ziehen und Viggo besetzen.

Mortensen ist als Method-Actor bekannt, der auch in-character bleibt, wenn nicht gedreht wird. Wie äußerte sich das, als er eine Figur wie Tex spielte?

Viggo warf sich ohne Scheu oder Eitelkeit auf die Rolle. Er war gewillt, alles zu tun, was die Rolle erforderte. Am besten an der Arbeit an dem Film hat mir der Dreh mit der Familie im Inneren des Farmhauses gefallen. Die Schauspieler verschmolzen mit ihren Rollen und ich wünschte, dass ein größerer Teil des Films im Haus gespielt hätte, was sehr viel interessanter gewesen wäre, als Frauen durch den Wald zu jagen.
Es war eine Freude, mit Viggo zu arbeiten. Die Szenen zwischen Kate Hodge und ihm sind intensiv und viel davon fiel der MPAA zum Opfer. Ich sage das nicht, weil Viggo heute ein großer Star ist. Jeder konnte damals sehen, dass er etwas Besonderes war. Er ist ein Ausbund an Kreativität und Leidenschaft, die sich in Schauspiel,

Schreiben, Fotografieren und Malen ausdrückt. Das ist Viggo.

In der Kampfszene mit Ken Foree hat er sich auch eine Rippe angebrochen, aber die Zähne zusammengebissen und weitergedreht.

Du warst mit der Kinofassung unzufrieden und wolltest Deinen Namen vom Film nehmen. Wär's ein „Alan Smithee" geworden?

Ja, ich war mit der Kinofassung des Films sehr unzufrieden. Bob Shaye und Sara Risher mischten sich mehr ein, als es üblich war und rissen die Post-Produktion an sich. Dabei fühlten sich beide von dem Film angeekelt. Zu dem Zeitpunkt, im Jahr 1989, schnitten wir noch den Film selbst. Es gab keine Video-Dailies. Versionen des Films wurden auf Video gebannt, damit Executives sie sich ansehen konnten, aber das herausgeschnittene Material wurde nicht aufbewahrt und das Negativ wurde geschnitten, als wir den Film bei der MPAA einreichten, da unser Startdatum des 3. Novembers immer näher kam.

Wenn also eine Szene gekürzt wurde, um sie noch einmal einzureichen, wurde auch das Negativ geschnitten. Es war später also nicht möglich, die Szenen, die betroffen waren, wieder zu einem richtigen Director's Cut zusammenzustellen. Die internationale Fassung war das, was der fertigen Version dessen, was ich mir vorgestellt hatte, nahe kam.

Darum wollte ich meinen Namen von dem Film nehmen (es hätte aber ein anderes Pseudonym sein müssen, da

„Alan Smithee" nur von Mitgliedern der Director's Guild benutzt werden durfte), aber mir wurde gesagt, dass der Film bereits tausendmal dupliziert worden war. Die Unrated-Version ist später auf DVD erschienen und die beste Version, die existiert, aber weit davon entfernt, ein echter Director's Cut zu sein.

Erzähl uns bitte ein bisschen über die Director's Guild.

Um Mitglied der Director's Guild zu werden, muss man von einer Firma angeheuert werden, die die Gilden-Regeln beachtet. Zu der Zeit war New Line das nicht hundertprozentig. Sie produzierten zwar DGA-Filme, aber auch Non-DGA-Filme, für die eigene Produktionsfirmen gegründet wurden. Auf dem Papier wurde TCM 3 von Nicholas Entertainment produziert, aber New Line war die Muttergesellschaft.
Ich hatte später bei PUMPKINHEAD 2 die Gelegenheit, mich der Gilde anzuschließen, da MPCA einen Deal mit ihr hatte, aber ich entschied mich dagegen, da man damals als Mitglied der DGA aus dem Rennen war, wenn es um Low-Budget-Filme ging. Und damals, das war 1993, hatte die Gilde keinerlei Regularien für No-Budget-Filme und ich wollte mir nicht vorschreiben lassen, welche Filme ich mache. Heutzutage hat die Gilde eine ganze Abteilung, die sich mit No-Budget-Filmen beschäftigt. Eine Bewegung, die von Steven Soderbergh vorangetrieben wurde.

Wo wurde der Film denn gedreht?

Ich glaube, dies ist der einzige TCM-Film, der nicht in Texas gedreht wurde. Hauptsächlich drehten wir in den Indian Dunes, einer Ranch etwa 25 Meilen außerhalb von Los Angeles. Außerdem in Palmdale, dem Devil's Punchbowl State Park und in Valencia. Das waren alles Locations in der „Studio Zone" von L.A. Die Entscheidung, in L.A. zu drehen, wurde getroffen, bevor ich hinzustieß und konnte auch nicht mehr ausgehebelt werden. Ich hätte gerne in Texas gedreht und machte später in Waco tatsächlich den Film BROKE SKY.

Wie hoch war das Budget?

Etwa 2,2 Millionen Dollar, wobei 500.000 für die Sicherung der Rechte aufgewandt wurden. Ich hatte aber nur sehr wenig Kontakt mit dem Budget. Ich musste wohl irgendwo für das Komplett-Budget unterschreiben, was versicherungstechnische Gründe hatte, aber das war es auch. Wir hatten eine Drehzeit von etwa 30 Tagen.

Du hast auch ein paar Folgen von LAND OF THE LOST inszeniert. Wie viele denn?

Das waren zwei Episoden. Sie heißen „The Gladiators" und „Future Boy". Es war die Neuauflage von 1991/1992 und wir drehten die einzelnen Episoden innerhalb von vier Tagen. Das war im Sommer 1992.
Die Spezialeffekte stammten von den Chiodo-Brüdern, die ziemlich talentiert sind. Es war die erste Fernsehserie, für die ich gearbeitet habe und wirklich toll. Cast und Crew waren phantastisch und die

Produzenten waren hilfreich und versuchten, die bestmögliche Show abzuliefern.

„The Gladiators" wurde im Bronson Canyon gedreht, einer der am meist benutzten Locations der Stummfilmzeit. In der Geschichte wird die Potter-Familie von den Sleestacks hypnotisiert, woraufhin die einzelnen Familienmitglieder zu Unterhaltungszwecken gegeneinander kämpfen sollen. Das Konzept ist innerhalb der SF nicht neu, aber ich genoss die Arbeit daran.

„Future Boy" beschäftigt sich mit einem Jungen aus der Zukunft, der versehentlich in diese vergangene Zeit verschlagen und von einem Robot-Dinosaurier gejagt wird. Die Chiodos haben sich hier übrigens selbst übertroffen.

Ich mochte die Arbeit mit Hauptdarsteller Timothy Bottoms und wir haben später noch ein paar gemeinsame Filme gemacht. Das waren Folgen der zweiten Staffel und ich selbst habe sie schon seit Jahren nicht mehr gesehen.

Der nächste Film war eine Abkehr vom Genre: EDDIE PRESLEY. Bist Du ein Fan des Kings?

Ich war ein Fan von Elvis, und das schon, als ich aufwuchs. Aber ich wurde durch seine Filme zum Fan. Ich erinnere mich noch, wie ich KURVEN-LILY im Fernsehen gesehen und mich toll amüsiert habe. Auch an SAG NIEMALS JA hab ich sehr gute Erinnerungen. Seine Musik mag ich auch, aber als Kind hab ich mir seine Platten nicht gekauft.

In Deutschland ist der Film nie herausgekommen. Wie würdest Du ihn beschreiben?

EDDIE PRESLEY ist eine tragische Komödie im Stil von THE KING OF COMEDY. Er ist melancholisch, aber – hoffentlich – am Ende auch positiv. Der Film ist eine Charakterstudie. Es geht um Eddie, der einen Traum hat und auf die Bühne will, aber das Leben spielt ihm übel mit.

Duane Whitaker hat das Drehbuch geschrieben und die Hauptrolle gespielt. Wie bist Du zu dem Projekt gekommen?

Nach TCM 3 wollte ich einen kleinen unabhängigen Film machen und wieder mehr Kontrolle haben. Auf ihre jeweilige Art waren STEPFATHER II und TCM 3 frustrierende Erfahrungen, weswegen ich mich mit Feuereifer auf die Chance stürzte, EDDIE PRESLEY zu machen. Duane hatte ein Ein-Akter-Stück mit dieser Figur geschrieben und ich entschied, dass wir daraus einen Film machen sollten.
Wir arbeiteten beide am Drehbuch und entwickelten es über ein Jahr hinweg. Als die Finanzierung stand, legten wir los. Ich hatte die totale Kontrolle, konnte den Film nach meinen Vorstellungen besetzen, mein Bruder Bill, Tom Denolf und Chuck Williams produzierten, und wir setzten alles daran, trotz kleinem Budget einen Film zu machen, der so gut als möglich war.
Wir drehten 24 Tage und hatten eine tolle Besetzung bestehend aus Roscoe Lee Browne, Clu Gulager, Willard

Pugh, Lawrence Tierney, Ted Raimi, Ian Ogilvy, Dan Roebuck, Tim Thomerson, Tom Everett und in kleinen Cameos Bruce Campbell und Quentin Tarantino.

Das Budget betrug 180.000 Dollar, aber wir trieben dann noch etwas mehr auf und gaben etwa 250.000 aus. Wir drehten in 16mm und es war eine der besten Filmerfahrungen, die ich jemals hatte.

Am Set wurde viel improvisiert und es war die Art losgelöste Kreativität, die hier gedieh und die es bei TCM 3 nicht gab. Zusammen mit Jay Woelfel schnitt ich den Film und danach zeigten wir ihn auf verschiedenen Festivals. 1996 stellten wir ihn in Sundance vor und ein paar Jahre später erschien er bei Tempe auf DVD.

Unterm Strich gilt: Dies ist ein kompromissloser Film, den einige mögen und viele hassen. Aber er wird immer einen ganz besonderen Platz in meinem Herzen haben.

Du hast dann für Full Moon gearbeitet und PUPPET MASTER 4+5 inszeniert. Wie kam es dazu?

Ich hätte schon mal beinahe 1987 einen Film für Charlie Band inszeniert. Ich kannte ihn also schon etwas. 1992 traf ich ihn dann auf dem AFM und danach traf ich ihn noch mal auf einer seiner Weihnachtsfeiern. Ich war aber dennoch überrascht, als er mich am Super-Bowl-Sonntag im Januar 1993 aus heiterem Himmel anrief und fragte, ob ich Zeit für ein Meeting am Montag hätte. Wie es jeder arbeitslose Regisseur macht, hab ich sofort zugesagt und traf ihn dann tags darauf in den Full-Moon-Büros abseits des Sunset Boulevards.

Bei dem Meeting offerierte er mir die Regie bei PUPPET MASTER 4 und 5 und OBLIVION 1 und 2. Ich sollte also in diesem Jahr vier Filme machen (und er wollte mich für drei bezahlen). Das klang für mich gut und ich sagte zu. Das einzige Problem war: PUPPET MASTER 4 und 5 waren eigentlich PUPPET MASTER: THE MOVIE, der erste Kinofilm, den Full Moon für Paramount machen sollte. Charlie wollte ihn selbst inszenieren. Aber als der Deal platzte, schnitt er das Skript einfach in zwei Hälften und warf es mir auf den Schoss.

Die Filme mussten in drei Wochen gedreht werden und beide mussten simultan entstehen. Wieder einmal war es also so, dass ich an einem späten Zeitpunkt einen Regisseur ersetzte.

Es wurde also nicht erst Teil 4 und dann Teil 5 gedreht, sondern die einzelnen Szenen waren wild durcheinander gewürfelt?

Das trifft es genau. Wir drehten alles, was an einem Set spielte, am Stück, egal, für welchen Film es war. Der Großteil beider Filme wurde in einem Lagerhaus in Culver City gedreht. Ein weiterer Drehort war das Foyer eines Appartment-Blocks in Pasadena. Die Schauspieler waren immerhin unkompliziert. Logistisch war es zu packen. Ich war zu der Zeit ein einigermaßen erfahrener Regisseur, so dass wir innerhalb der Zeit- und Budget-Grenzen blieben.

PUPPET MASTER 4 hatte fünf Autoren. Wo lag das Problem?

Ich habe nicht alle Autoren des Films getroffen. Keith Payson und Doug Aarniokowski waren die Autoren, mit denen ich in Kontakt stand. Doug kannte ich schon, er war einer der assistierenden Regisseure bei EDDIE PRESLEY und wir kamen gut miteinander aus. Keith, der zu jener Zeit als Produktionsleiter für Full Moon tätig war, und er hatten mit Charlie an dem Skript gearbeitet, um daraus zwei Filme zu machen und lose Enden zu beseitigen.

Das geschah schon alles, bevor ich zu dem Projekt kam. Und wiederum war die Zeit so kurz gefasst, dass eine Neufassung des Drehbuchs unmöglich war. Wir haben das Material am Set noch etwas optimiert, aber letzten Endes ist das die filmische Entsprechung eines Pflasters, das man auf eine durchtrennte Hauptschlagader klebt.

Mein größter Beitrag zu den Filmen war wohl, dass ich ihnen einen etwas anderen Stil verliehen habe, als dies bei Full Moon üblich war. Letzten Endes ergaben beide Filme keinen Sinn und wurden mit Füllmaterial auf Filmlänge gestreckt. Zu der Zeit mussten Filme für den Auslandsmarkt eine gewisse Länge haben. Ich war immer der Meinung, dass man einen guten, actionreichen und spaßigen Film machen könnte, wenn man aus beiden Filmen eine 90-Minuten-Fassung erstellt.

Angeblich wurden die für Paramount produzierten Filme mit Budgets von 500.000 Dollar umgesetzt. Stimmt das?

Eines der Probleme mit Full Moon war schon immer, dass man nie genau wusste, wie das Budget aussieht. Ich würde aber darauf wetten, dass beide Filme zusammen sehr viel weniger als eine Million gekostet haben. Ich denke, 400.000 bis 425.000 pro Film ist realistisch.

Außerdem glaube ich, dass der fünfte Teil etwas günstiger war. Die Postproduktion wurde da Monate verzögert und viele der optischen Effekte wurden fallen gelassen. Außerdem gab es keine neue Musik, man benutzte einfach Richard Bands Score aus dem vierten Teil. Und selbst da gab es nur wenig neue Musik, da viel aus den ersten Teilen noch einmal benutzt wurde.

Ich war besonders mit der Musik der letzten zehn Minuten des vierten Teils enttäuscht. Das hätte ein actionreicher Score sein müssen, aber er dümpelte vor sich hin. Charlie schuldete Richard damals noch Geld und er war nicht wirklich motiviert, irgendetwas zu machen, das über typische Pflichterfüllung hinausgeht.

Diese Filme zu drehen war fast so, wie Episoden einer Fernsehserie zu machen. Es gab sehr kurze Drehpläne und ich musste nehmen, was mir vorgesetzt wurde. Ich konnte weder beim Kameramann noch beim Komponisten mitentscheiden. Die Herausforderung dabei ist, etwas zu machen, das man als sein eigenes Werk anerkennen kann, aber gleichzeitig hat man es mit Leuten zu tun, deren Loyalität nicht dem Film, sondern der Firma gilt.

Ständig hörte ich Sprüche wie „Das haben wir bei DEMONIC TOYS oder PUPPET MASTER 3 aber nicht so gemacht", worauf ich immer entgegnete „Aber wir machen es bei PUPPET MASTER 4 so!".

Als der vierte Teil fertig gestellt war, hatten wir ein Screening mit einer 35mm-Kopie im Hauptkino des

Paramount Lots. Das war das erste und einzige Mal, dass ich wegen PUPPET MASTER bei Paramount war. Es war ein Schauspiel für die Junior Executives, die sich mit Full Moon herumschlagen mussten. Charlie war bei solchen Promotion-Angelegenheiten wirklich sehr gut. Und ich muss sagen, es war toll, den Film auf diese Art zu sehen. Ich wünschte nur, mehr Menschen hätten dazu die Gelegenheit gehabt. Die DVDs, die später rauskamen, sahen nämlich schäbig aus. Wegen rechtlicher Schwierigkeiten konnten nicht die Negative benutzt werden, sondern man masterte mit alten VHS-Kassetten und Laserdiscs.

Guy Rolfe spielt nach dem dritten Teil auch beim vierten und fünften Film André Toulon. Wurde sein Part aufgrund seines Alters verringert?

Dass Guy Rolfe mitspielen würde, wurde erst spät in der Produktion entschieden. Er war zu jener Zeit schon sehr alt und lebte in Spanien. Charlie machte irgendeinen Deal mit ihm und flog ihn nach Los Angeles, wo man ihn im Holiday Inn an der Highland Avenue in Hollywood unterbrachte.

Zu dem Zeitpunkt drehten wir schon und ich hörte, dass er sich in seinem Hotelzimmer verbarrikadiert hatte und erst wieder rauskommen wollte, wenn Charlie sein volles Honorar in Cash unter der Tür durchschob. Es war immer schon geplant, dass er nur einen Drehtag haben sollte. Ich weiß auch gar nicht, warum Charlie dachte, dass es so wichtig war, ihn im Film zu haben; vermutlich wegen der Kontinuität.

Charlie glaubt nicht an Starnamen. Er betrachtet das Label Full Moon als den Star. Wie auch immer, einen Tag später tauchte ein unter Jetlag leidender André Toulon in der Person des Guy Rolfe am Set auf. Ich stellte mich ihm vor, schüttelte ihm die Hand und dann drehten wir auch schon seine Close-ups als Puppenkopf von Decapitron.

Zu sehen, wie dieser alte charmante Schauspieler an einem Prop festgeschnallt war, war ein Ed-Wood-Moment für mich. Er wusste kaum, wo er war und er musste diese schwierigen, sinnlosen Dialoge sagen und noch überzeugend wirken. Alles in allem war er ungefähr drei Stunden da, verabschiedete sich und flog nach Spanien zurück. Ich muss sagen, es war eine Ehre, ihn im Film zu haben, aber wenn ich daran denke, muss ich lachen. Mr. Sardonicus wird mich noch in vielen Jahren zum Lachen bringen.

Jeder hat seine Charles-Band-Geschichte. Was ist Deine?

Trotz all der Filme, die ich auf die eine oder andere Art für Charlie gemacht habe, kenne ich ihn gar nicht. Ich habe nur wenig Zeit mit ihm verbracht. Der frustrierendste Aspekt, mit ihm zusammenzuarbeiten, ist das ständige Budget-Problem und wie konservativ er in filmischer Hinsicht ist.

Wie haben bei dem PUPPET MASTER-Dreh einen vollen Drehtag verloren, weil die Crew die Arbeit niederlegte, als die von Full Moon ausgestellten Schecks platzten. Auch bei den späteren Filmen, die ich in Rumänien gedreht habe, gab es immer Probleme mit dem Geld oder dem Filmmaterial.

Irritierend an Charlie ist auch, dass er mich von Filmen abzog, für die er mich angeheuert hatte. Ich war wirklich an OBLIVION 1 und 2 interessiert, aber er wollte dann, dass ich DARK ANGEL mache, der sich dann verzögerte. Ich glaube nicht, dass Charlie versteht, was ein Regisseur einem Film geben kann. Er ist mehr an Quantität denn Qualität interessiert. Aber die Industrie braucht natürlich Leute wie Charlie, dessen Unternehmergeist die Definition von Independent-Filmmaking ist. Ich denke, er gehört derselben Kategorie wie Harry Allen Towers, Dino DeLaurentiis und Joe Levine an, aber er wird von dem engen Themengebiet, das er bearbeitet, eingeschränkt. Das hat auch verhindert, dass er jemals ein wirklich bekannter Produzent geworden ist.

Du hast danach noch einmal für Band gearbeitet: WEREWOLF REBORN im Jahr 1998. Gab es dazwischen Angebote?

Nach den PUPPET MASTER-Filmen habe ich für Kushner-Locke JOHNNY MYSTO BOY WIZARD gemacht, bei dem auch Charlie Band seine Finger im Spiel hatte. Das war der erste Film, den ich in Rumänien drehte. Danach rief mich Charlie an und wollte, dass ich einen Pilotfilm für einen Fernsehserie mache, die in die GOOSEBUMPS-Richtung gehen, mit den alten Universal Monstern hantieren und für Kids sein sollte. Er wollte den Piloten an Nickelodeon verkaufen.

Das klang für mich gut und so bin ich im Februar 1997 nach Rumänien geflogen, um dort WEREWOLF REBORN zu drehen. In einem Umschlag führte ich 20.000 Dollar mit mir, was das komplette Budget des Films war. Ich landete an einem Freitagnachmittag in Bukarest und suchte sofort nach passenden Locations. Am selben Abend gab es auch noch eine Casting Session. Und am Montag begannen wir mit den Dreharbeiten. Der ganze Film wurde in sechseinhalb Tagen gedreht.

Ich konnte drei amerikanische Schauspieler mitnehmen: Ashley Cafagna, Robin Atkin-Downes und Len Lesser. Hinter der Kamera stand Viorel Sergevici, der schon Chefkameramann bei JOHNNY MYSTO war. Wir wurden Freunde und arbeiteten später noch mal zusammen.

WEREWOLF REBORN sollte ein Stunden-Format sein, das heißt, ohne Werbung 48 Minuten Spielzeit haben. Als es Charlie jedoch nicht gelang, das Konzept an einen Fernsehsender zu verkaufen, sollte der Film für sich allein stehen und wurde länger, als es für die Geschichte gut ist. Die Postproduktion hatte fast kein Budget und darunter litten auch der Soundmix und die Musik. Gedreht wurde in den Castel Studios in Snagov, in Sets, die von verschiedenen Kushner-Locke-Produktionen noch übrig waren.

Ansonsten hat mir Charlie nie etwas angeboten, noch nicht einmal PUPPET MASTER 6. Das einzige war DARK ANGEL und ich traf mich auch mit dem Autor Matthew Bright, aber da der Film sich um Monate verzögerte und ich das Gefühl hatte, dass Full Moon zu kollabieren drohte (ich hatte ja das Ende von Empire Pictures schon erlebt), entschloss ich mich, PUMPKINHEAD 2 zu machen.

Direkt nach PUMPKINHEAD 2 bot mir die Firma Blue Ryder Pictures die Regie an NIGHT OF THE DEMONS 2 an. Ich ging zu einem desaströsen Meeting mit der koproduzierenden Firma Republic Pictures, da ich der Meinung war, ich hätte den Job schon, aber man dort erwartete, dass ich mich anpreise und Ideen von mir hören wollte. Am nächsten Tag erhielt ich von Blue Ryder einen Anruf und man erklärte mir, dass Republic Pictures mich als Regisseur nicht akzeptieren würde. Ein Jahr später habe ich dann NIGHT OF THE SCARECROW gemacht – für Republic, für dieselben Executives.

War PUMPKINHEAD 2 dann ein befriedigenderes Projekt?

PUMPKINHEAD 2 fiel mir praktisch in der letzten Minute in den Schoss. Ich hatte die Postproduktion von PUPPET MASTER 4 beendet und erhielt einen Anruf von Brad Krevoy (den ich kennen gelernt hatte, als wir nach einem Vertrieb für FROM A WHISPER TO A SCREAM suchten). Danach kam ein Meeting mit Jed Weinthrob, der der Produktionsleiter war. Er erklärte mir, dass Tony Randel, der u.a. HELLRAISER 2 gemacht hatte, aus dem Projekt ausgestiegen war und sie mit den Dreharbeiten in ein paar Wochen beginnen mussten, da sie bereits einen Vertriebsdeal hatten.

Ich überlegte kurz und entschloss mich dafür (wobei ich jeden Vorsatz, nie wieder kurzfristig einen Regisseur zu ersetzen, über Bord warf ... sag niemals nie in

Hollywood). Das Skript war bereits fertig und die Locations größtenteils gefunden. Sie wollten an der Sable Ranch drehen, einer Location etwa 30 Meilen außerhalb von L.A.

Ich hatte also nicht die Gelegenheit, das Drehbuch zu überarbeiten, was ich sehr gern tun wollte, da es nicht besonders gut war. Jahre später hab ich dann noch herausgefunden, dass das Skript ursprünglich gar kein PUMPKINHEAD-Film war, sondern etwas anderes sein sollte.

Wir drehten den Film also auf die Schnelle, innerhalb von 23 Tagen und mit einem Budget von unter einer Million Dollar.

Ich mochte den ersten Film und Cynthia Charette, die dort als Produktionsdesignerin tätig war, hatte denselben Job auch für FROM A WHISPER TO A SCREAM gemacht. Ich mochte die Visualität des ersten Films. Der Teenager-Plot riss mich nicht vom Hocker, aber es war auf jeden Fall ein besseres Drehbuch als das, mit dem ich mich herumschlagen musste.

Das Monster hatte ein tolles Design, aber der Film war kein Klassiker. Ich brachte die Autoren Mark Patrick Carducci und Gary Gerani zum Sequel, damit sie das Skript noch etwas aufpeppen, aber es gab nicht viel, das wir tun konnten. Aber um das klar zu stellen: Das war mir alles bewusst, als ich mich entschied, den Film zu machen, die Verantwortung liegt also bei mir.

Dies war einer der unglücklicherweise sehr vielen Filme meiner Karriere, wo ich wirklich das Gefühl hatte, dass ich versuchte, aus Hühnerscheiße Hühnersalat zu machen. Eine unmögliche Aufgabe. Am Ende hat man bestenfalls etwas besser schmeckende Hühnerscheiße.

Ami Dolenz spielt eine Hauptrolle im Film. Wie war sie so?

Der Casting-Prozess für den Film verlief sehr schnell. Ami war schon an Bord, bevor ich zu dem Film dazu kam. Brad Krevoy hatte bei zwei anderen Filmen mit ihr zusammengearbeitet und stand total auf sie. Es war eine Freude, mit ihr zur arbeiten. Sie hatte eine gute Einstellung und war ein echter Profi. Nur: Sie weigerte sich, Nacktszenen zu drehen, sehr zum Verdruss von Brad Krevoy und jedem anderen Mann im Publikum.

Oh ja. Es heißt Soleil Moon Frye hätte zehn Kilogramm für den Film zugenommen. Wahrheit oder nicht?

Das ist kein bisschen wahr. Zu dem Zeitpunkt war das einfach der Körper, den sie hatte. Aber sie war toll. Ihre Mutter und ihr Bruder kamen auch zum Set. Sie waren eine richtig schöne, große Familie.

Und Andrew Robinson?

War großartig. Er ist ein sehr hingebungsvoller Schauspieler. Ich kannte ihn flüchtig, weil seine Frau mal die Managerin von Courtney Joyner war. Auf der Bühne habe ich ihn im Stück „The Belly of the Beast" gesehen. Er hat sehr viel Charisma. Und natürlich war ich ein Fan von Don Siegels Arbeiten, und Andy war in DIRTY HARRY und CHARLEY VARRICK phantastisch.

Eigentlich hatte ich für den Film aber Timothy Bottoms als Sheriff und Andy als Richter (im Film nun von Steven Kanaly gespielt) gecastet. In der letzten Minute musste Tim aber aussteigen. Es gab Streitigkeiten wegen der Bezahlung und so wurde Andy schließlich der Sheriff und Steve kam neu dazu. Das war wohl zwei Tage vor Drehbeginn. Ich weiß nicht, ob Andy die Arbeit am Film gefallen hat. Ich schätze eher nicht. Denn er hatte nicht viel Vorbereitungszeit, der Dreh war eine hastige Angelegenheit und sein Part war unterentwickelt. Aber ich fand es toll, mit ihm zu arbeiten.

Auch die übrige Besetzung war gut, darunter Joe Unger und Gloria Hendry, eine der Königinnen der Blaxploitation-Filme und ein ehemaliges Bond-Girl.

NIGHT OF THE SCARECROW hast Du 1995 gemacht. Woran erinnerst Du dich dabei besonders?

Für mich begann das Projekt mit einem Anruf von Rusty Cundief, einem Freund von mir, der ein Treffen mit Steve White und Barry Bernardi hatte. Am Ende fragten sie ihn, ob er jemanden empfehlen könnte, der für das Inszenieren eines Horrorfilms in Frage käme. Rusty gab ihnen meinen Namen, sie riefen an und schickten mir dann das Skript.

Das originale Skript war von Dan Mazur und Reed Steiner in den späten 80er Jahren für eine Firma namens Corsair Pictures geschrieben worden. Das Skript war für ein sehr viel größeres Budget ausgelegt – etwa dreimal so viel, wie wir hatten – und sollte für Corsair natürlich deren eigenes NIGHTMARE ON ELM STREET werden. Dazu kam es nicht und so wurde das Skript mehrmals weitergegeben, bis es schließlich bei White und Bernardi landete. Ich schätze, sie hatten versucht, einen größeren Film daraus zu machen, kamen aber schließlich zu Republic, wo man bereits ein paar AMITYVILLE-Sequels produziert hatte.

Die beiden heuerten mich an, um die Regie zu führen. Das größte Problem war das Budget. Da nicht genügend Geld vorhanden war, musste das Skript eingehend überarbeitet werden. Es waren 26 Drehtage vorgesehen und das Budget war um die 1,8 Millionen Dollar. Die Autoren hatten in der Zwischenzeit im Fernsehen ein paar Erfolge gefeiert. NIGHT OF THE SCARECROW war ihr erstes Filmdrehbuch und sie überarbeiteten es für das niedrigere Budget.

Ich hatte nicht viel mit ihnen zu tun, da sie schnell und effektiv arbeiteten, um sich dann wieder lukrativeren Engagements zu widmen. Ich selbst habe die Storyboards für den Film gemacht und hatte etwa sechs Wochen Vorproduktionszeit, was für meine Filme recht lang ist. Mein Einfluss auf das Skript bestand darin, die Dialoge der Vogelscheuche zu streichen. So wie die Figur geschrieben war, war sie eine Freddy-Krueger-Type, aber ich dachte, dass es effektiver war, wenn sie nichts sagte – immerhin hatte es zu der Zeit schon eine Dekade von NIGHTMARE-Rip-offs gegeben.

Ein Kompromiss wurde gefunden und so behielt die Vogelscheuche ein paar One-Liner, die den Produzenten gefielen (z.B. „Well, Hay There!"), aber davon abgesehen war sie eher eine stumme Bedrohung.

Tom Callaway war mein Chefkameramann während Bob Murawski den Schnitt besorgte. Wir hatten in Bezug auf den Film ähnliche Vorstellungen und wollten klassischen, altmodischen Horror machen. Uns war klar, dass es Vergleiche mit DARK NIGHT OF THE SCARECROW geben würde, aber wir versuchten, unser eigenes Ding zu machen.

Das Casting fand auf traditionelle Weise statt. Die Produzenten hatten einige Casting-Agents hinzugebracht, die ich verabscheute. Diese Leute dachten, da sie schon mehrmals für Republic tätig gewesen waren, würde ihr Wort mehr zählen als das des Regisseurs. Ich erinnere mich noch genau daran, dass sie einen Schauspieler zur letzten Casting-Session brachten, den ich bereits abgelehnt hatte. Das ist enorm despektierlich. Einige Executives von Republic waren auch dabei und es war mein Glück, dass keiner von ihnen eine besondere Meinung zu diesem Schauspieler hatte, so dass ich meine erste Wahl, Bruce Glover, besetzen konnte.

Die beiden Hauptrollen stellten einen Kompromiss dar. Ich wollte jemanden, den sie nicht wollten, und sie wollten jemanden, den ich nicht wollte. So bekam jeder einen seiner Favoriten: John Mese und Elizabeth Barondes. Das kommt bei Filmen häufig vor und wirft auch kein schlechtes Licht auf die Schauspieler. Kreativität ist etwas Subjektives und meine Vorstellung des richtigen Schauspielers muss nicht zwangsläufig mit der von andern harmonieren.

Meine persönliche Philosophie ist jedoch: „Wenn man zweifelt, hört man am besten auf den Regisseur." Denn der muss schließlich mit den Leuten arbeiten. Ich war mit der Besetzung sehr zufrieden und schätzte die Arbeit mit Bruce Glover, Gary Lockwood, Dirk Blocker, Steven Root und Martine Beswicke.

Gary Lockwood ist ein faszinierender Kerl. Er kann Dummköpfe nicht ausstehen, aber am Set war er immer voller Energie und Enthusiasmus. Wir drehten zwei Wochen in der kalifornischen Stadt Hanford (und benannten die Stadt im Skript auch entsprechend um, um keine neuen Stadtschilder anfertigen zu müssen).

Es war phantastisch, inmitten der Kornfelder zu drehen. In einer Nacht bediente ich die Kamera, die auf einem Bulldozer angebracht war und drehte quasi den POV des Fahrers. Es war faszinierend und sah aus, als kämen Wellen auf uns zu. Ich fühlte mich wie auf einem Schiff. Mich riss das so mit, dass ich beinahe eine Meile Korn umgepflügt hatte. Dabei hatten wir nur arrangiert, eine Viertel Meile zu zerstören.

Der Film wurde in Bob Murawskis Haus geschnitten. Es war großartig, mit ihm zu arbeiten. Soweit lief alles gut. Erst nach Fertigstellung des Films nahm das Drama seinen Lauf. Steve White und Barry Bernardi beendeten ihre Partnerschaft und wollten nicht mal mehr im selben Zimmer sein. Wir mussten den Film also erst Barry, dann Steve zeigen, und dann dem jeweils anderen erklären, was ihr ehemaliger Partner gesagt hatte. Es war total kindisch.

Zudem wechselte das Management von Republic und die neuen Executives hatten unglaublich dumme Ideen. Das alles führte dazu, dass der Film zur Waise wurde und ohne große Fanfare auf VHS herausgebracht wurde. Die von den Videotheken bestellte Anzahl an Kassetten war extrem niedrig – vielleicht 12.000 Einheiten. Der Film ist in den USA heutzutage recht unbekannt.

Wie war Dirk Blocker so?

Ich unterhielt mich mit ihm auch über seinen Vater, den ich sehr mochte und bei dem ich sicher bin, dass er ein großer Charakterschauspieler geworden wäre, wenn er nicht so früh gestorben wäre. Dirk erzählte mir auch von POLTERGEIST, in dem er mitgespielt hatte und sagte, dass man dem Hollywood-Gerücht, Steven Spielberg hätte den Film inszeniert, nicht glauben sollte.

Sieht man sich Deine Filmographie an, dann merkt man, dass nach NIGHT OF THE SCARECROW eher Filme kamen, die für ein jugendliches Publikum konzipiert waren. War das eine bewusste Karriere-Entscheidung?

Nein, ganz und gar nicht. Ich habe Horrorfilme immer geliebt und hätte sie auch weiterhin gemacht. Für Kushner-Locke habe ich ein paar Filme in Rumänien gedreht, was mir wirklich sehr gut gefiel. Die Budgets waren unglaublich klein, so dass man es sich in Bukarest kaum noch leisten konnte, überhaupt nur „Action" zu rufen. Einer dieser Filme war SPOILER, ein kleiner SF-Film mit einem Budget von ungefähr 500.000 Dollar, der mit bereits stehenden Sets anderer Filme produziert wurde.

Das Skript von Michael Kaleskino war interessant. Er hätte den Film auch inszenieren sollen, zog sich aber wegen des niedrigen Budgets vom Projekt zurück, da er sich den Film deutlich größer vorgestellt hatte. Ich habe den Film in 18 Tagen gedreht und musste einen Hauptdarsteller nehmen, der mir vom Studio vorgesetzt wurde: Gary Daniels. Gary stellte sich jedoch als recht cooler Kerl heraus, der es genoss, einmal in einem Film mitzuspielen, bei dem er etwas anderes von sich zeigen konnte. Mein Kameramann war Phillip Lee, der sich sehr gut auf meine Ideen einstellte.

Wenn man einen Film auf diese Art macht, fühlt man sich wie Edgar Ulmer, während man versucht, aus Nichts etwas zu machen. Direkt nach dem Ende der Dreharbeiten sagte der Produzent zu mir, dass ich nicht in den Schnittraum kommen müsste. Von hier an würde man das Projekt selbst voranbringen. Die Cutterin war seine Freundin und eigentlich hatte er selbst den Film inszenieren wollen, musste aber nach Cannes, um dort ein weiteres Projekt an den Mann zu bringen und SPOILER konnte nicht verschoben werden. Er wollte den Film nun also im Schneideraum an sich reißen und hat es total versaut. Hätte ich ihn zu Ende bringen können, wäre er um Welten emotionaler, interessanter und besser geworden.

Wenn ich einen Film inszeniere, dann kenne ich jeden Aspekt davon. Ich weiß, wie die Szenen gedreht werden und wie sie zusammenpassen sollen, welche Geräusche es braucht, wie die Musik sein muss, einfach alles. Ich vermute, so geht es jedem Filmemacher. Im Schneideraum findet man dann den Film, wobei einen das Material und die Darstellungen zum fertigen Produkt führen. Dass ich nicht einmal eine erste eigene Schnittfassung erstellen konnte, war eine Katastrophe für mich.

Ich tat also, was ich noch tun konnte und wollte ein Pseudonym, da ich meinen Namen nicht in diesem Film sehen wollte. Das ist mir bisher viermal passiert – und bei keinem dieser Filme ist mein Name in den Stabsangaben. Das ist das Los eines arbeitenden Regisseurs, aber es macht mich immer noch wütend, weil ich weiß, wie diese Filme klingen und aussehen sollten. In meinem Verstand gibt es sie, wie Geister dessen, wie sie hätten sein können.

Nach PHANTOM TOWN dauerte es vier Jahre, bis ein weiterer Film von Dir kam. Was hast Du zwischen 1999 und 2004 getan?

1999 schrieb und inszenierte ich für Kushner-Locke einen Film namens X-RAY BOY (auch X-TREME TEENS). Damals war mir unbekannt, dass Kushner-Locke kurz vor dem Ende stand. Das Budget war lächerlich klein und dieser Film ist eines jener Beispiele, bei denen das fertige Produkt viel beeindruckender ist, wenn man weiß, wie es zustande kam.

Der Film wurde über 17 Tage in Rumänien gedreht. Ich arbeitete wieder mit Timothy Bottoms und holte auch Andrew Prine und Dennis Haskins hinzu.

Für mich war der Film sehr wichtig, denn während der Drehzeit besuchte ich ein staatliches Waisenhaus, weil mich einer der Produktionsassistenten darum gebeten hatte und verbrachte den Tag mit den Kids. Dabei habe ich einige interessante, aber auch herzerweichende Dinge gesehen. An diesem Tag begann ich auch, über STRAIGHT INTO DARKNESS nachzudenken.

Ich wusste, dass ich einen unabhängigen Film in Rumänien drehen wollte und interessierte mich für den Zweiten Weltkrieg. In dem Moment war mir klar, dass ich den Krieg durch Kinderaugen zeigen wollte. Als Jugendlicher hatte ich auch MY NAME IS IVAN und DER HERR DER FLIEGEN gesehen und einiges davon beeinflusste mich unterbewusst sicher auch.

Als mein Dad krank wurde, ging ich zurück nach Georgia und half meiner Mutter, für ihn zu sorgen. Im Juli 2000 starb er und für mich war dies der perfekte Zeitpunkt, diesen Film zu machen, da mir das Leben zeigte, dass ich auch nicht jünger wurde. Ich begann die Produktion mit dem Geld, das ich selbst auftreiben konnte, da mir klar war, dass ich diesen Film über das etablierte System nicht finanziert bekommen würde. Nicht nur wegen des Themas, sondern auch wegen der Art, wie ich den Film machen wollte. Wie bei DIVIDED WE FALL wollte ich so viel kreative Freiheit, wie nur möglich. Das einzige Hindernis waren meine eigenen Beschränkungen als Filmemacher und das Budget. Mit sehr wenig Geld – am Ende war das komplette Budget knapp unter einer Million – drehten wir im Februar 2001 für etwa 20 Tage. Danach musste ich mehr Geld auftreiben und auf mehr Schnee warten. Im Februar 2002 kamen wir nach Rumänien zurück und drehten dort elf weitere Tage. Die Rückblicke drehten wir in Georgia und ein paar Inserts in Los Angeles. Im November 2003 wurde der Film fertig gestellt. Der Grund für die Verzögerung war, dass wir einen digitalen Zwischenträger erstellen mussten – eine Notwendigkeit, da wir mit unterschiedlichem Filmmaterial und verschiedenen Kameras gedreht hatten. Das dauerte geschlagene sieben Monate.

In der Zwischenzeit war ich im Sommer 2002 einer der Produzenten von BROKE SKY, dem Regiedebüt von Kameramann Tom Callaway. Dieses Projekt hatte ich eine Weile in der Entwicklung und es wurde von meinem Ko-Autor von X-TREME TEENS, Scott Phillips, geschrieben.

Dabei handelt es sich um den zweiten Film meiner Firma Clan Cameron Cinema, den wir an IFC Films verkauften. Es bedurfte fünf Jahre, um den Film zu machen, da er von der Hand in den Mund finanziert werden musste. Ich habe in der Zeit auch als Berater für andere Filme gearbeitet und jungen Regisseuren Ratschläge gegeben, wie sie an ihre Filme herangehen sollten (natürlich hörten sie nicht im Mindesten auf mich, so wie ich das zu Beginn meiner Karriere wohl auch nicht getan hätte).

War es leichter, STRAIGHT INTO DARKNESS in Rumänien zu drehen?

In den USA wäre der Film nicht möglich gewesen. Wie mussten uns nicht mit der Schauspielergewerkschaft herumschlagen, denn zu der Zeit fielen Filme, die außerhalb der USA gedreht wurden, nicht unter die Jurisdiktion der SAG. Die Locations hätte es in den USA so nicht gegeben, so dass sie aufwendig hätten gebaut werden müssen. Zudem kannte ich schon eine gute Crew und einige Schauspieler in Rumänien, nachdem ich dort vier oder fünf Filme gemacht hatte.

Es war jedoch schwer, Finanziers für den Film zu finden. Es frustrierte mich später auch sehr, als der Film in den USA als ein Horrorfilm vermarktet wurde, denn er ist nun wirklich nicht das, was die Leute erwarten, wenn sie Horror hören. Auch Kritiker ordneten ihn gerne bei meinen Horrorfilmen ein. Ich schätze, man kann seiner filmischen Vergangenheit nicht entfliehen.

Die rumänische Crew war großartig. Ich kann Viorel Sergevici und seine Firma Silver Bullet nicht genug loben. Sie waren perfekte Partner bei diesem Film.

Du hattest ein ziemlich gutes Ensemble bestehend aus Linda Thorson, David Warner und James LeGros. Überzeugte sie das Drehbuch?

Für die Hauptrollen hielt ich Casting Sessions in L.A. ab. Ich wollte auch unbedingt zwei britische Schauspieler für die Rollen der Lehrer. Wir dachten natürlich an ein paar Stars wie John Hurt, Christopher Lee, Jeremy Kemp oder Nigel Davenport, allesamt Schauspieler, die ich sehr schätze, aber viel Geld hatten wir nicht. Dann fanden wir David Warner, den ich seit Peckinpahs WER GEWALT SÄT sehr schätze. Für die Frau dachte ich an Charlotte Rampling und schickte ihr das Skript nach Frankreich, hörte aber nie etwas von ihr. Ich bin ein ziemlich unbekannter Regisseur und hatte auch kein Studio, das mich unterstützte, darum musste ich realistisch bleiben und darüber nachdenken, wer wirklich möglich war. Ich hätte gerne Jenny Runacre gehabt, aber wir konnten sie nicht ausfindig machen. Ich mochte Susan George schon immer gerne und hatte ein tolles Telefonat mit ihr. Ihr Problem war die Nacktszene im Film, die mir sehr wichtig war, da ich wollte, dass das Publikum sich fragt, wie weit der Film hier gehen würde, aber es hat nicht so funktioniert, wie ich mir das vorstellte.

Sie sagte, sie würde über die Rolle nachdenken und mir ein Fax schicken. Da wir schon ein paar Sachen drehten, war ich nicht im Büro und das Fax wurde verlegt. Erst eine Woche später sah ich die zweite Seite, nie jedoch die erste. Kommunikation war sprichwörtlich unmöglich. Wir befanden uns mitten im Nirgendwo, etwa 45 Meilen außerhalb von Bukarest.

Ich hatte also den Eindruck, dass Ms. George nicht interessiert war, da ich nichts von ihr hörte, aber das stimmte natürlich nicht. Noch heute bedauere ich es, dass ich nicht mit ihr arbeiten konnte. Ich würde dies gerne irgendwann nachholen, aber ich denke, sie ist immer noch sauer.

In der Zwischenzeit hatte ich Linda Thorson das Skript geschickt. Ich mochte sie seit ihren THE AVENGERS-Tagen und war immer der Meinung, dass sie unterschätzt wurde. Linda reagierte gut auf das Skript und fand es emotional sehr packend. Wir konnten sie engagieren und sie war am Set enorm tapfer. Wir hatten natürlich auch Differenzen, aber ich finde, ihre Arbeit im Film ist großartig. Ich würde gerne noch mal mit ihr arbeiten, dann aber bei einem Film, dessen Produktion weniger chaotisch abläuft.

James LeGros drehte seine Szenen 2002. Er ist ein toller Kerl und ich wollte jemanden, der einen Namen hat, da ich dachte, es hilft dem Film, wenn diese Rolle nach zehn Minuten stirbt. Ich zeigte James schon fertig gestelltes Filmmaterial und das Skript und daraufhin sagte er zu. Mit Dan Roebuck hatte ich schon gearbeitet. Sein bester Freund Chuck Williams war einer der Produzenten und Dan liebt Dracula, darum war es leicht ihn dazu zu kriegen, nach Rumänien zu fliegen und dort gratis zu arbeiten.

Der Film entzieht sich simpler Schwarzweiß-Charakterisierung. In jedem gibt es Potenzial zum Guten und zum Bösen.

Ja. Das Leben folgt nur selten schwarzweißen Mustern. Ich denke, die meisten einfachen Soldaten wollen nur eines: Dass der Krieg vorüber ist, sie nach Hause gehen und vergessen können, was sie gesehen haben.

Es heißt, dass es zwischen David Warner und Dir fast zur Schlägerei kam?

Die Geschichte war so: David und ich kamen während des Drehs gut miteinander aus, obwohl die Konditionen recht primitiv waren, d.h. es war unglaublich kalt, es gab keine Heizung und dergleichen mehr. Am letzten Tag der sechs Drehtage, die David hatte, arbeiteten wir in einem unbeheizten Lagerhaus in Bukarest. Es war das Ende einer sehr harten Woche und die Crew stand kurz vor der Meuterei. Ein Regisseur fühlt das, und ein erfahrener Schauspieler ebenso. David kam während des Lunchs zu mir und sagte: „Das Letzte, was ich heute Abend mache, ist die Fotosession für die Rückblicke meiner Figur und dafür muss ich mir den Bart abrasieren. Ich weiß, es ist verrückt hier, aber alles, worum ich Dich bitte, ist etwas heißes Wasser, damit ich mich richtig rasieren kann."

Ich versicherte David also, dass heißes Wasser bereit stehen würde und stellte während des Tages sicher, dass der Produktionsmanager sich darum kümmert. Er sagte mir auch immer wieder, dass es kein Problem sei und heißes Wasser bereit stehen würde. Der Tag verging und die Situation am Set wurde angespannter, da es draußen starken Schneefall gab und die Crew sich Sorgen machte, am nächsten, ihrem freien, Tag eingeschneit zu werden. Zudem hatte mein Kameramann die Grippe und der Produktionsmanager hatte Ärger mit seiner Frau, die rausgefunden hatte, dass er eine Affäre hat. Trotz all dem war es mir wichtig, dem Produktionsmanager immer wieder zu sagen, dass wir heißes Wasser für David brauchen.

Der Morgen graute schon fast und wir waren endlich mit den Dreharbeiten fertig. Ich ging zum Produktionsmanager und fragte nach dem heißen Wasser. Sein Blick verriet mir sofort, dass es kein heißes Wasser gab. Und da kam auch schon David mit dem Rasiermesser in der Hand auf uns zu. Er wollte wissen, wo das Wasser ist und erklärte, dass er die Fotosession schnell hinter sich bringen wollte, da er vor seinem Flug nach Hause noch etwas schlafen wollte.

Ich sah aus wie ein begossener Pudel und der Produktionsmanager tat es mir gleich. David wusste sofort, was das hieß. Derweil war das Set wie ein Ameisenhaufen. Jeder hatte es eilig, nach Hause zu kommen. David blieb ganz still. Dann sah er mich unglaublich böse an, gerade so als ob er sagen wollte: „Du dummer Bastard. Inkompetenter Narr. Alles, worum ich bitte, ist etwas heißes Wasser und nicht mal das bekommst Du hin."

Wie jeder große Schauspieler brauchte er keine Worte, um mir zu zeigen, was er sagen wollte. Er drehte sich um und ging. Ich bereitete die Fotoaufnahmen vor und sprach mit Linda Thorson, als ich Warners schwere Stiefel hinter mir hörte. Ich drehte mich um, als sich Warner näherte. David packte mich an meinem Hemdkragen und zog mein Gesicht an seines heran. Sein Gesicht war mit Taschentuchfetzen übersät, auf denen sich kleine Bluttropfen fingen.

Er hatte sich so gut rasiert, wie es mit einer stumpfen Klinge und kalten Wasser ging. Seine Augen waren rot unterlaufen, er starrte mir direkt in meine Augen und dann schrie er: „DAS IST WAHNSINN. DAS IST WAAAAAAAAAAAAAAAAAHNSINN!!!!"

Das waren die letzten Worte, die ich von ihm hörte. Er brachte die Fotosession wie ein echter Profi hinter sich, sprach aber kein Wort mehr mit mir.

Würdest Du sagen, dass FREAKS eine Inspiration für STRAIGHT INTO DARKNESS ist?

Nein, ganz und gar nicht. Du bist aber nicht der erste, der mich das fragt. Aber ganz ehrlich, ich sehe die Verbindung nicht, wenn man davon absieht, dass es in beiden Filmen eine Figur ohne Beine gibt, die sich mit ihren Armen und Händen fortbewegt.

In meinem ersten Film hatte ich die große Freude, mit Angelo Rossitto zu arbeiten. Er spielte in FREAKS mit, ein Film, den ich schon bewundere und der einen nicht mehr los lässt, wenn man ihn einmal gesehen hat. Aber für STRAIGHT INTO DARKNESS hatte er keine Bedeutung. Ich dachte nicht an ihn, als ich den Film machte und auch bei Skriptbesprechungen und dergleichen kam die Rede nie auf FREAKS.

Welche Bedeutung hat die Szene, in der Deming sich selbst opfert und Edgar Alan Poe mit "I am the Conqueror Worm" zitiert?

Das Gedicht ist ein Schlüssel zu diesem Film. Es wird am Anfang zitiert und später noch einmal in den Rückblicken eingebracht. Das ist subtil, so dass ich hoffe, dass am Ende Demings Bezug darauf für das Publikum Sinn ergibt. Es ist nicht an mir zu sagen, was die Szene bedeutet, da ich will, dass das Publikum zu dem Film etwas mitbringt und etwas daraus mitnimmt. Die Szene ist für verschiedene Interpretationen offen.

Am Ende nimmt das Mädchen ihre Maske ab, aber wir sehen das Gesicht nicht. Was hat Losey in dieser Szene gesehen? Deine persönliche Interpretation?

Auch beim Ende kann ich hier nichts Definitives sagen. Ich hoffe aber, dass diese Szene das Publikum etwas fühlen lässt. Aber auch hier gilt, dass der Zuschauer von sich aus etwas zu diesem Film mitbringen muss. Sowas findet man heutzutage bei Filmen selten, da sie meistens nicht mehr sehr ambivalent sind. Aber die Filme, die mir am meisten im Gedächtnis hängen geblieben sind, sind für Interpretationen offen.

Der Score von Michael Convertino ist exzellent. Wie kamst Du auf ihn?

Michael sah sich den Film an und dann sprachen wir darüber. Ich hatte das Gefühl, dass er sein absolut Bestes geben würde, und er hatte auch tatsächlich großartige Ideen und erschuf einen emotional spürbaren Score. Daniel Schweiger, ein Freund von mir, der einen frühen Schnitt des Films gesehen hatte, war als Music Supervisor für STRAIGHT INTO DARKNESS tätig und auch dafür verantwortlich, dass wir Michael bekamen.

Ich kannte seine Arbeit, dachte aber, dass Komponisten seines Schlags zu teuer für den Film waren. Daniel fand wiederum einige sehr talentierte Komponisten, die gerne am Film arbeiten wollten. Ein Grund hierfür ist, dass es ein sehr visueller Film ist, der nur wenig mit Dialogen arbeitet, so dass die Musik ohne Störungen zu hören ist.

Es gibt Michaels Score auf CD von Citadel Records. Die Veröffentlichung hat auch umfassende Liner Notes von Dan und mir.

Welcher Film kam danach?

Ich drehte danach MIL MASCARAS VS. THE AZTEC MUMMY. Der Job kam aus heiterem Himmel. Scott Spiegel hatte mich empfohlen, ich erhielt einen Anruf und schon wenig später saß ich im Flugzeug nach Missouri .Zu der Zeit beendete ich gerade die Drehbücher für den zweiten und dritten Teil von MONSTER MAN für Lionsgate. Hierfür wurde ich im Herbst 2004 engagiert. Ich schrieb beide Drehbücher zusammen mit Brian Muir, der CRITTERS gemacht hatte. Wir hatten ein ziemlich starkes Skript für den zweiten Teil und es ist schade, dass daraus nichts wurde.

Der Grund, dass die beiden Filme nicht gemacht wurden, ist, dass die Produzenten sich zerstritten und einander wegen der Sequel-Rechte verklagten. Ich kam stattdessen also zu MIL MASCARAS, und das in buchstäblich letzter Minute. Das Skript von Produzent Jeffrey Uhlmann durfte nicht verändert werden. Das Budget war recht überschaubar und der Film ein Passionsprojekt der beiden Produzenten. Dies war der erste Film, den sie machten und sie hatten recht definitive Ideen, wie er aussehen sollte. Natürlich hatte ich die auch und so kam es kreativ immer wieder zu Differenzen.

Ich habe ein Pseudonym für diesen Film benutzt, da der Schnitt ohne mich stattfand und ein anderer Regisseur etwa fünf Minuten an weiteren Szenen filmte. Er erhält dafür sogar einen Co-Credit, aber seine Arbeit am Film war minimal. Ich drehte mit Richard Lynch, P.J. Soles und Willard Pug. Mil wiederum war ein toller Schauspieler, fast wie ein Stummfilmstar. Er hatte in den 60er und 70er Jahren Filme in Mexiko gedreht und war an eine bestimmte Art der Arbeit gewöhnt.

Der Film ist nett, aber ich denke, er wäre besser geworden, wenn ich meine Version hätte machen können. Ich hatte auch keine Ahnung, dass mir fast dasselbe bei meinen nächsten beiden Filmen passieren würde. Was sie alle drei gemein haben, sind Autoren/Produzenten-Debütanten, die das Geld für ein Projekt zusammen bekommen haben, aber keine Ahnung haben, wie man einen Film macht.

Bist Du ein Fan von Filmen im SANTO-Stil?

Ja, irgendwie schon. Ich hatte meinen ersten in einer Matinee in San Felipe, Mexiko, im Jahr 1984 gesehen. Das Kino war voller Kids und die hatten unglaublich viel Spaß. Ich mag die Filme, die wie Bond-Rip-offs sind, also etwa CHAMPIONS OF JUSTICE, am liebsten. Aber ein Experte in dem Genre bin ich nicht, auch wenn ich eine ganze Reihe von Filmen dieses Wrestler-Genres gesehen habe.

DEVIL'S DEN war auch problematisch?

Ich erhielt eine Email von John Duffy, der einen Film mit Tom Callaway gemacht hatte. Danach sandte er mir das Skript, wir trafen uns und ich bekam den Job. Der Autor war Mitch Gould, der auch einer der Produzenten war und als Second-Unit-Regisseur daran arbeitete. Das war nicht meine Entscheidung, das war Bedingung des Deals. Am liebsten hätte Mitch den Film inszeniert, aber aus welchem Grund auch immer konnte er es nicht.
Dazu kam der Verleih. Das war IDT, ein Tochterunternehmen von STARZ Media. Wir mussten uns als auch noch mit dümmlichen Executives

herumschlagen. Und das bei einem Budget von 1,1 Millionen Dollar. Die Drehzeit war auf 18 Tage festgelegt. Die Executives von IDT hielten sich für Casting-Experten und hatten eine Liste von Leuten, die sie gerne in den Hauptrollen sehen wollten.

Wir mussten also das Skript, das im Endeffekt FROM DUSK TILL DAWN light war, an diese total unrealistischen Kandidaten schicken und dann auf Antwort warten, bevor wir es dem nächsten anbieten konnten. So trug es sich zu, dass wir das Ensemble erst am Tag vor Beginn der Dreharbeiten komplett hatten.

Wir bekamen Devon Sawa und Kelly Hu. Ich selbst hätte andere Schauspielerinnen wie Kelly Lynch, Ally Sheedy oder Deborah Unger vorgezogen, aber man bestand auf Kelly Hu. Sie wurde von IDT angeheuert und ich hatte das Gefühl, dass sie den Film gar nicht machen wollte und der Meinung war, dass er unter ihrer Würde war. Aber ihr Condo musste renoviert werden. Und für einen Schauspieler ist das ein guter Grund, sich auf einen Gig einzulassen.

Wenn ich an sie denke, dann fällt mir nur ein, dass sie die meiste Zeit in ihrem Stuhl saß und Innendesign-Magazine las. Das soll nicht heißen, dass sie nicht professionell gewesen wäre. Sie war einfach nur uninteressiert.

Viel netter war Zoe Bell. Sie war eine der Ghouls und hatte in GRINDHOUSE mitgespielt. Sie war toll, beschwerte sich nie und war für jeden Spaß zu haben. Auch Devon Sawa erwies sich als talentierter und enthusiastischer Schauspieler. Er machte das Beste aus dem Skript und hatte zusammen mit Stephen Schub eine gute Chemie.

Du hast bei dem Film erneut mit Ken Foree zusammengearbeitet. Hast Du ihn zu dem Projekt gebracht?

Ken Foree war ein Wunsch der Produzenten – und es war mir eine Freude, ihn wiederzutreffen und mit ihm erneut zusammenzuarbeiten. Er hatte viele tolle Ideen, machte das Bestmögliche aus seiner Figur und ließ das Set lebendig werden. Ken hat ein tolles Gesicht, eine großartige Stimme und eine riesige Präsenz. Er ist im Alter sogar noch interessanter geworden.

Du hast für den Film wieder ein Pseudonym benutzt.

Ja. Der Film wurde vollständig von Mitch Gould umgeschnitten. Da er die Finanziers an Bord gebracht hatte, hatte er dazu die Macht. Keine einzige Sequenz blieb unangetastet. Nach dem Dreh hatte ich vier Wochen, eine Schnittfassung zu erstellen. Mitch sah sie und übernahm danach den Film. Beinahe ein Jahr später war er dann fertig. Und er war so schlecht, wie es nur möglich war. Ganz ehrlich, ich kann mir nicht vorstellen, wie man aus dem Filmmaterial einen langweiligeren Cut erstellen könnte. Seine Musik- und Soundeffekt-Wahl ist auch schrecklich.
Der Film, den ich abgeliefert hatte, hatte Energie, war schnell, spaßig und actionreich. Seine Version könnte man auch FROM DUSK TILL YAWN nennen. Missversteh

mich nicht, ich glaube nicht, dass der Film jemals das Zeug zu einem Klassiker oder so etwas gehabt hätte, aber er machte Spaß, bis Mitch ihn in die Finger bekam.

Was mich am meisten stört, ist dass wir praktisch denselben Film gemacht haben. Ich meine, meine Version ist eine Love-Story und seiner plötzlich ein Actionfilm. Der Unterschied ist: Meine Version ist schlecht/lustig, seine ist nur schlecht.

Und GUN OF THE BLACK SUN war auch ein Desaster?

Das ist ein kleiner verrückter Film, eine Mischung aus SAKRILEG, 80er-Jahre-Action-Filmen und einem Travelogue durch Rumänien. Für mich war es eine der irrsten Erfahrungen, die ich als Regisseur je gemacht habe.

Ich sollte eigentlich nur ein Berater für Gary Douglas sein, der Hauptdarsteller, Autor und Produzent des Films war. Er wollte ihn auch inszenieren und ich sollte ihm helfen, wenn er selbst vor der Kamera stand. Eine Woche vor Drehbeginn übergab er die Regie dann an mich, da er erkannte, dass es alles zu viel für ihn wurde. Der Film wurde von Viorel Sergevici aufgenommen, der mich für den Job empfohlen hatte. Und ich kannte auch einige Leute aus der Crew.

Das Drehbuch war ein Stückwerk aus verschiedenen Versionen und Gary hatte Patrick Tilley, den Autor von großartigen SF-Romanen und den Drehbüchern der 70er-Jahre-Versionen von WUTHERING HEIGHTS und CAPRONA, zu dem Projekt gebracht. Aufgrund der vielen verschiedenen Versionen und Ambitionen war das Skript nicht kohärent, aber eben das, was Gary wollte. Er hatte einen guten Teil des Geldes zusammengetragen, um den Film zu machen, und einen ausführenden Produzenten namens Andrew Steer.

Der Film hatte jedoch ein viel zu kleines Budget und jeder Tag war eine neue Herausforderung. Zudem hatte Gary noch nie in einem Film gespielt. Jeder Tag bestand also darin, all die großen und kleinen Probleme zu lösen, um Material drehen zu können.

Gary hatte eine ganze Reihe unerfahrener Schauspieler engagiert. Das war problematisch, aber wenigstens hatte ich Richard Lynch als Schurken. Er ist ein bemerkenswerter Schauspieler und auch einer von jenen Menschen, die vom Mainstream sträflich vernachlässigt werden.

Unnötig zu sagen, dass der Film sehr viel interessanter gewesen wäre, wenn wir die Kamera um 180 Grad gedreht und gezeigt hätten, was hinter den Kulissen passiert (aber das gilt, um fair zu bleiben, für die meisten Filme).

Wer und was war für Dich Inspiration, als Du am Anfang Deiner Karriere standest?

Es gibt viele Filmemacher, die ich bewundere und die mich inspiriert haben. Allen voran steht aber Orson Welles. Und das nicht nur wegen CITIZEN KANE, sondern auch wegen Filmen wie F FOR FAKE oder CHIMES AT MIDNIGHT. Es gibt eine hervorragende Dokumentation über ihn und sein Werk, THE ONE MAN BAND, und wenn einen die nicht inspiriert, ist man kein unabhängiger Geist.

Kubrick fasziniert mich. 2001 hab ich als kleiner Junge gesehen und er hat mich nicht mehr losgelassen. Sam Peckinpah ist ein Favorit. Ich liebe aber auch die frühen Filme von David Cronenberg und John Carpenter, die ersten sechs oder sieben James-Bond-Filme, Sergio Leone, John Cassavettes, NETWORK, MIDNIGHT COWBOY, Romeros Arbeiten und so viel mehr. Auch jüngere Filmemacher inspirieren mich. Tarantino und Paul Thomas Anderson oder Soderbergh – da sind Independent-Filmemacher, die für ihre Vision kämpfen und dabei Erfolg haben. Sie zeigen uns durch ihr Beispiel, dass man alles erreichen kann, wenn man nur will.

Was hältst Du vom derzeitigen Torture-Porn-Trend?

Ich bin kein Fan der so genannten Torture-Porn-Filme, aber sie alle über einen Kamm zu scheren, ist auch nicht fair. Ist AUDITION Torture Porn? Oder der originale THE VANISHING?

Ich liebe Horrorfilme, die unter die Haut gehen und die einen noch lange begleiten. Was ich nicht mag ist Gore um des Gores Willen und das sieht man heutzutage leider viel zu häufig. Filmemacher ersetzen Spannung, Intelligenz und Stil durch Unmengen von CGI-Blut.

Dabei hat man auch oft das Gefühl, das alles schon vor ein oder zwei Jahren in einem windigen DVD-Release gesehen zu haben. Der Sättigungsgrad des Publikums ist heutzutage sehr hoch. Das macht es umso schwieriger, das Publikum zu erreichen, aber auch umso süßer, wenn man es schafft.

Die letzte Frage: Wenn Du völlige Carte Blanche hättest, was für einen Film würdest Du dann machen?

Eine tolle letzte Frage ... und eine, auf die ich viel zu viele Antworten habe. Ich hoffe, dass ich eines Tages einen Film machen kann, bei dem ich das Budget habe, das ich brauche, die Schauspieler, die ich will, die Crew, die ich will, und keinerlei Einmischungen. Wenn man Glück hat, hat man das eine oder andere hiervon bei seinen Filmen, aber es ist der Heilige Gral, sie alle gemeinsam zu haben. Ich habe einen echten Horrorfilm, den ich gerne machen würde, ein paar Komödien, an denen ich scheinbar schon ewig arbeite und ein Skript, das den Titel UNDER TELEVISION SKIES trägt.

Danke für Dein Interesse an meiner Arbeit. Jeder Filmemacher will, dass die Menschen seine Arbeit sehen und auch darauf reagieren. Es macht uns glücklich, wenn es da draußen Stimmen gibt, die aus dem Abgrund herausrufen. Ich werde nicht aufgeben, bis zu dem Tag, an dem ich sterbe und meine Asche über der Cinematheque Francaise verstreut wird!

Ich danke allen, die sich die Zeit genommen haben, meine Arbeit anzusehen. Als Filmemacher bin ich immer noch nicht fertig. Und ich verspreche, dass ich immer mein Bestes geben werde und dass hoffentlich eines Tages mein Talent und meine Ambition auf die richtigen Produzenten treffen. Vielen Dank für dieses Gespräch –

es war eine schöne, aber auch schmerzhafte Reise von den Anfängen meiner Karriere bis zum heutigen Tag.

J.T. Petty

Mit SOFT FOR DIGGING fiel J.T. Petty erstmals auf. Der ungewöhnliche Horrorfilm kommt praktisch ohne Dialoge aus. Später drehte Petty mit MIMIC: SENTINEL eine FENSTER ZUM HOF-Version des Kakerlakenhorrors und tauchte mit THE BURROWERS in den Wilden Westen ein. Anlässlich der DVD-Premiere von THE BURROWERS wurde dieses Interview im Jahr 2010 geführt.

Bitte erzähl uns ein bisschen über Dich und was Deine Liebe zum Horrorfilm auslöste.

Ich wuchs in den Vorstädten von Washington, D.C., und Baltimore auf. An ein besonderes Ereignis, das mein Interesse am Horror geweckt hätte, kann ich mich nicht erinnern. Ich denke, bei mir war es eher der Fall, dass das kindliche Interesse an Monstern nie verging. Der Film, der mir als Kind eine unglaubliche Angst gemacht hat, war Philip Kaufmans DIE KÖRPERFRESSER KOMMEN. Damals war ich so sieben oder acht Jahre alt.

Du hast erste filmische Schritte als Production Coordinator bei FINAL RINSE gemacht. Wusstest Du da schon, dass Du Regisseur werden willst?

Ich glaube, wir drehten FINAL RINSE im Sommer 1997. Ungefähr sechs Monate später drehte ich dann SOFT FOR DIGGING. Ich wollte damals schon unbedingt Filme machen und habe bei der Produktion dieses Films mehr als an der Filmschule gelernt.

SOFT FOR DIGGING war ein Projekt, das ursprünglich als Kurzfilm für die NYU begann?

Ja, der Film sollte in einer Klasse, in der sie einem die Ressourcen für 20 Minuten Film geben, die Abschlussarbeit sein. Das Skript umfasste auch nur 22 Minuten, aber irgendwie wurde der Film deutlich länger.

Du hattest aber die Absicht, ihn gleich zum Langfilm zu machen?

Ja, es sollte schon ein richtiger Film werden. Wir hatten aber kaum das notwendige Filmmaterial dazu, weswegen wir fast immer nur einen Take machten.

Was war die Überlegung dabei, den Film fast gänzlich ohne Dialoge zu gestalten?

Die Idee dazu hatte ich, noch bevor ich eine Geschichte oder irgendwelche Bilder im Kopf hatte. Ich hatte mir zu der Zeit sehr häufig MAD MAX 2 angesehen, den ich unglaublich liebe, und erkannt, dass die Geschichte auch funktioniert, wenn man den Ton wegdreht. Darum war ich davon fasziniert, einen Film zu machen, der keinen bzw. kaum Dialog beinhaltet. Ich fand, dass das eine interessante Herausforderung war.

Das Budget betrug 6.000 Dollar. Hast Du selbstfinanziert?

Ja, das kam aus meiner Tasche. Ich war damals an der Filmschule, hatte Zugang zum Equipment, einer gewissen Menge Filmmaterial und einer Crew, die just for fun arbeitete. Da ging das recht gut.

Es sollte also ein Film werden, der mit Sehgewohnheiten bricht?

Ich hatte nicht vor, einfach etwas anderes zu machen, als wir drehten. Es war einfach der Film, den ich selbst sehen wollte.

Hat SOFT FOR DIGGING für Dich ein paar Türen geöffnet?

Ja, hauptsächlich Drehbuch-Gigs, was sehr merkwürdig ist, da SOFT FOR DIGGING ein Film mit drei Dialogzeilen ist. Dem Film verdanke ich aber auch das Angebot, MIMIC: SENTINEL zu schreiben und zu inszenieren.

Im selben Jahr, in dem SOFT FOR DIGGING veröffentlicht wurde, hast Du auch das Skript zum Videospiel BATMAN: VENGEANCE geschrieben. Wie kam es dazu?

Ich hab schon 1999 damit angefangen, Drehbücher für Videospiele zu schreiben. Damals hab ich versucht, Geld für SOFT FOR DIGGING zusammenzusparen. Es begann als normaler Tagesjob, wurde dann aber kreativ doch sehr interessant. Zu der Zeit kam gerade die Playstation 2 heraus und es gab plötzlich genug Speicher, um auch eine anständige Menge Dialog unterzubringen. Es fühlte sich an, als würden wir dabei helfen zu definieren, wie Geschichten in einem neuen Medium erzählt werden.

Gibt es starke Unterschiede beim Schreiben eines Skripts für ein Game und einen Film?

Durchaus, aber es hängt auch vom Spiel ab. Die Narrative bei Games ist anders. Viel hängt davon ab, wie man sich entscheidet, eine Geschichte zu erzählen. Ich ziehe das HALF LIFE-Modell vor (keine In-Game-Filme), aber das bedarf einer großen Kollaboration mit den Spielentwicklern und –designern.

Dein zweiter Film war MIMIC: SENTINEL. Du hast geschrieben und inszeniert. Wie kam es dazu?

Dimension wandte sich an mich, nachdem SOFT FOR DIGGING in Sundance gelaufen war. Ich denke, sie waren interessiert, weil der Film sowohl kreativ interessant als auch ökonomisch gut war. Er bewies immerhin, dass ich einen Film mit kleinem Budget machen konnte. Als ich an Bord kam, hatten sie nur ein Ein-Satz-Konzept für den Film: „DAS FENSTER ZUM HOF mit riesigen Kakerlaken." Ich fand das brillant, da es die Stärken des Konzepts von MIMIC bediente, aber einen Bogen um die Schwächen machte.

Ich hörte, dass Gary Daniels die erste Wahl für die Rolle war, die von John Kapelos gespielt wurde?

Nein, das stimmt nicht. Kapelos war schon immer meine erste Wahl. Ich kannte ihn hauptsächlich aus BREAKFAST CLUB und mochte ihn darum. Ich war mit der Besetzung generell sehr zufrieden und auch irgendwie überrascht, dass sie alle – darunter Lance Henriksen und Amanda Plummer – nach Rumänien kamen, um in einem Direct-to-DVD-Riesen-Kakerlakenfilm mitzuspielen.

War Lance Henriksen Teil eines Package-Deals? Er drehte danach für Dimension noch ein paar andere Horror-Sequels in Rumänien.

Soweit ich weiß nicht. Wir drehten als erstes in Rumänien (bevor GOD'S ARMY und DRACULA loslegten). Wir hatten nur drei Wochen, um eine Besetzung für den Film zu finden. Da ich mit Lance-Henriksen-Filmen aufgewachsen bin, war ich aufgeregt, dass er in dem Film mitspielte.

Wie war die Arbeit mit den Schauspielern?

Eine tolle Lernerfahrung für mich. Ich hatte ja nie zuvor mit professionellen Schauspielern zusammen gearbeitet. Nun herauszufinden, wie man die beste Darstellung aus ihnen herauskitzelt, war sehr interessant. Besonders toll war die Arbeit mit Amanda Plummer. Sie bringt unglaublich viel Leben und Chaos in eine Szene und das ist unschätzbar wertvoll.

War es problematisch, in Rumänien zu drehen?
Es gab Probleme, die auf Sprachschwierigkeiten, aber auch kulturellen Missverständnissen beruhten (und ein Rudel wilder Hunde), aber ich war hauptsächlich überwältigt davon, dass ich mit einer echten Crew drehte. SOFT FOR DIGGING entstand mit sechs Leuten zehn Tage lang im Wald und plötzlich stehen mir fast hundert Profis für vier Wochen zur Verfügung. Das war der reinste Luxus.

Gab es Überlegungen, die Geschichte in eine andere Richtung zu bringen?

Nein, das war immer das Konzept. Mehr als die beiden Vorgängerfilme inspirierte mich aber die Donald-Wolheim-Kurzgeschichte.

Als FENSTER ZUM HOF-Variante stellt sich die Frage, wie inspirierend war Alfred Hitchock für Dich?

Wenn man ein amerikanischer Filmemacher ist, ist unmöglich, Hitchock nicht als Inspiration zu sehen.

Der Film kam 2003 auf den Markt. Bot man Dir danach ein weiteres Sequel an?

Nein, ich habe nie von Bemühungen einen vierten Teil betreffend gehört. Ich schätze, das Interesse an der Lizenz ist einfach erloschen.

Vor THE BURROWERS soll es eine siebenteilige Serie im Jahr 2007 gegeben haben. Was hat es damit auf sich?

Der Promokurzfilm BLOOD RED EARTH war eigentlich als siebenteilige Web-Serie geplant, aber wir entschlossen uns während des Schnitts dazu, einen Film daraus zu machen.

Wie steht der Film in Zusammenhang mit THE BURROWERS?

Wir drehten BLOOD RED EARTH, nachdem wir THE BURROWERS gemacht hatten. Der Kurzfilm sollte nur Promo sein.

Was gefiel Dir besser am Film, der Horror- oder der Western-Anteil?

Um ehrlich zu sein der Western-Aspekt. Ein Western mit Monstern scheint irgendwie origineller zu sein als ein Monsterfilm im Wilden Westen…

Das Budget soll sieben Millionen Dollar betragen haben?

Um den Dreh herum, ja. Die Zahl ist ein bisschen … schwammig. Lionsgate hat wohl weniger ausgegeben, aber aufgrund von Steuervergünstigungen konnten wir mit mehr arbeiten.

Manche bezeichnen den Film als „TREMORS im Wilden Westen". Fair?

Ton und Atmosphäre von THE BURROWERS ist gänzlich anders. Ich mag TREMORS, aber der Vergleich kam wohl nur aufgrund des Titels zustande.

Der Film wurde auf der Bonanza Creek Ranch gedreht. Das ist nicht die Ranch aus der BONANZA-Fernsehserie, oder?

Ich glaube, das ist Zufall. Sie haben allerdings das Remake von TODESZUG NACH YUMA dort gedreht.

Wie lange habt ihr gedreht?

22 Tage, was ziemlich hart war, da wir ja doch einige Stunts, ein paar Kreatur-Effekte und dann auch noch die Pferde hatten. Besonders gut vorbereitet war Clancy Brown. Er konnte alles, was es brauchte, um einen Cowboy zu spielen: Er konnte reiten, schießen und aus der Bibel zitieren.

Wie viele verschiedene Versionen des Skripts gab es?

Da bin ich nicht sicher, nach der 20. Version hab ich aufgehört zu zählen. Der Titel des ersten Drafts war 10.000 LITTLE INDIANS, was mir immer noch gut gefällt.

BLOOD RED EARTH hast Du in der Sprache der Lakota gedreht. Warum?

Das war die ursprüngliche Idee. Teil der Burrowers-Mythologie ist, dass die Monster alle 70 Jahre wieder auftauchen. Es ergibt also Sinn zu zeigen, was 70 Jahre zuvor passiert ist. Da sich der Film mit den Siedlern beschäftigt, wollte ich den Indianern auch eine faire Menge der Geschichte zukommen lassen.

Auf der DVD zum Film gibt es den Kurzfilm nicht. Wieso?

Die US-Veröffentlichung war eine total schnell zusammengebastelte DVD und hatte einen desinteressierten Verleih. Ich hoffe, dass zukünftige Editionen eine bessere Bildqualität, mehr Extras und auch BLOOD RED EARTH enthalten.

Welche Filme würdest Du als die größten Einflüsse auf Deine Arbeit ansehen?

Och, da gibt es viele. Die Filme, von denen ich am häufigsten klaue sind YOJIMBO, MAD MAX 2, TEXAS CHAINSAW MASSACRE, MILLER'S CROSSING, VIOLENT COP, THE SHINING und ALIEN.

Du hast auch mehrere Videogames der Reihe „Tom Clancy's Splinter Cell" geschrieben. Wie sieht's mit einer Filmadaption aus?

Ich habe tatsächlich ein Skript für Peter Berg geschrieben, als er noch eine Filmversion davon machen wollte, aber davon habe ich schon lange nichts mehr gehört.

Was machst Du als nächstes?

Das Remake von FACES OF DEATH (GESICHTER DES TODES) ist eine Möglichkeit, aber es ist schwer, den Film finanziert zu bekommen. Ich habe aber auch noch ein paar andere Sachen in Arbeit, über die ich noch nicht reden kann.

Wie sieht's mit einem Sequel zu THE BURROWERS aus?

Unwahrscheinlich. Lionsgate ist nicht mehr nur desinteressiert an dem Film, sondern scheint ihm sogar schaden zu wollen. Keine Ahnung, was deren Problem ist.

Was hältst Du vom derzeitigen Stand des Horror-Genres mit Remakes und Torture Porn?

Mich stören Remakes nicht, solange sie eine originale Vision haben. Cronenbergs DIE FLIEGE und Carpenters DAS DING sind Remakes und gehören zu den besten Horrorfilmen aller Zeiten. Was Torture Porn betrifft ... wer's mag. Mich stört's nicht, wenn etwas Substanz dabei ist wie bei Miikes ODISHON.

Wenn Du Carte Blance hättest, welches Projekt würdest Du machen?

Das ändert sich täglich. Am liebsten würde ich eine Horror-Fernsehserie machen, die Monster-Version von DIE SOPRANOS oder THE WIRE.

J.R. Bookwalter

J.R. Bookwalter wurde 1966 in Akron, Ohio, geboren. Er traf Saim Raimi, der ihn ermutigte, einen eigenen Film zu produzieren. Und so begannen die Planungen für THE DEAD NEXT DOOR, ein Zombie-Epos, das Mitte der 80er Jahre seinesgleichen suchen sollte. Von 1990 bis 1992 war Bookwalter sehr aktiv, aber die Reihe an Filmen, die mit ROBOT NINJA begann und mit GALAXY OF DINOSAURS endete, war absolute No-Budget-Unterhaltung, bei der oftmals 1.000 Dollar reichten mussten, um den Film in den Kasten zu bekommen. Bookwalter kam 1997 mit Charles Band in Kontakt. Dessen Firma Full Moon Pictures florierte noch und Bookwalter heuerte als Cutter an. Er war auch als Produzent für Full Moon tätig und gründete später seine eigene Firma Tempe. Das Interview wurde 2003 geführt, dem Jahr, in dem seine letzte Regie-Arbeit DEADLY STINGERS entstand.

Du hast Deine Karriere mit THE DEAD NEXT DOOR begonnen, der von etwa 1985 bis 1989 entstanden ist. Wie kam es zu diesem Film und war das Zombie-Thema das erste, das dich angesprochen hat?

Es war wirklich mehr ein Versuch, Sam Raimi für etwas zu interessieren. Ich war vier Stunden von Akron, Ohio, bis nach Femdale, Michigan, gefahren, um ihn zu treffen und zu versuchen, bei EVIL DEAD 2 einen Job als Produktionsassistent zu ergattern. Ich hatte ein paar meiner Super-8-Kurzfilm mitgebracht, um zu zeigen, dass ich schon ein paar Erfahrungen gesammelt hatte. Wir haben uns lange unterhalten und er fragte mich schließlich, warum ich nicht einen eigenen Film machte. Zu jener Zeit hatte ich vor, Romero zu folgen und in meiner Heimatstadt Werbefilme und dergleichen zu drehen. Aber Sam runzelte die Stirn und meinte nur, ich würde mein Talent damit vergeuden. Vielmehr sollte ich einen eigenen Film machen. Und nicht nur das, er meinte auch noch, er wäre eventuell interessiert, etwas eigenes Geld in das Projekt zu investieren.

Das habe ich mir natürlich nicht zweimal sagen lassen. Ich war ein großer Fan des ersten EVIL DEAD und auf der Heimfahrt dachte ich darüber nach, was für einen Film ich machen könnte. DAY OF THE DEAD und RETURN OF THE LIVING DEAD standen kurz vor ihrem Release, weswegen mir ein Zombiefilm als die beste Wahl erschien. Ich übernahm ein paar Elemente aus einem Kurzfilm, ZOMBIE, den ich 1980 gemacht hatte und begann, die erste Version des Drehbuchs zu schreiben. Inspiration bezog ich von Dingen, die mich faszinierten, etwa das tragische Ende des Jim-Jones-Kults in Guyana, die Romero-Zombiefilme, die Demonstrationen an den Colleges von Akron und anderswo und Aids, das damals, 1985, gerade begann, ein Thema zu werden. All diese Elemente habe ich auf die eine oder andere Art in den Film eingebaut.

Du hast auch Sci-Fi-Kurzfilme gedreht?

Die habe ich als Teenager gemacht. Einer ist LASERBLAST, in dem Aliens auf einem Winterplaneten gegeneinander kämpfen, der andere ist POLYMORPH, ein unvollendeter Film über eine tödliche Seuche, der zwar denselben Titel trägt, aber ansonsten mit meinem späteren Film POLYMORPH nichts zu tun hat. Ich habe sie seit Jahren nicht gesehen und muss mal checken, wie sie sich gehalten haben. Um ehrlich zu sein, waren sie aber damals schon ziemlich schlecht.

Zurück zu THE DEAD NEXT DOOR. Sam Raimi war in den Film involviert, aber dennoch dauerte es an die vier Jahre, bis Du ihn zum Abschluss bringen konntest. Was gab es für Probleme?

Sam war von Anfang an involviert. Es war seine Empfehlung, dass ich einen eigenen Film mache. Und er war gewillt, Butter bei die Fische zu geben und seine Unterstützung auch finanziell zu zeigen. Am Anfang kamen wir hervorragend miteinander aus. Ich hatte sehr großen Respekt vor ihm, da ich EVIL DEAD vergötterte. Aber auch er respektierte mich als debütierenden Filmemacher. Er sagte mir nie, was ich zu tun oder zu lassen hätte, gab mir Ratschläge, aber ließ mich meine eigenen Fehler machen. Und davon gab es eine ganze Menge. (lacht).
Mit immer mehr verstreichender Zeit hat Sam, denke ich, seine Involvierung in das Projekt bedauert. Während der vierjährigen Produktionszeit hatte er schlechte Erfahrungen bei der Produktion von CRIMEWAVE gemacht, EVIL DEAD 2 zu Ende gebracht und einen Deal mit Universal geschlossen, aus dem schließlich DARKMAN entstehen sollte. Er bewegte sich wirklich in

eine gänzlich andere kreative Richtung, als es unser kleiner 8mm-Zombiefilm tat. Und mit der Zeit wurde es frustrierend, immer so lange zu warten, bis er sein Approval in Bezug auf gewisse Dinge gab. Es hätte möglicherweise noch länger gedauert, den Film zu Ende zu bringen, aber im Frühjahr 1989 war ich ein paar Wochen in Los Angeles. Hauptsächlich des Spaßes wegen, aber ich rief Sam schließlich an und wenig später erledigten wir die Nachbearbeitung des Tons, womit der Film endlich fertig vorlag.

Trotz der Verzögerungen und gelegentlichen Konflikte zwischen uns (die hauptsächlich seinen Credit im Film oder dem Fehlen desselbigen betrafen) bin ich Sam auf ewig dankbar für das, was er für mich und den Film getan hat. Ich habe in diesem Business sonst noch niemanden getroffen, der so großzügig und selbstlos ist wie er!

THE DEAD NEXT DOOR war ein Kulterfolg. Danach hast Du weitere Filme gedreht, inklusive ROBOT NINJA und OZONE. Wie war die Arbeit an diesen Filmen? War es leichter, die Finanzierung zusammenzubekommen, oder musstest Du diese selbst stemmen?

„Erfolg" ist vielleicht das falsche Wort, um THE DEAD NEXT DOOR zu beschreiben. Finanziell gesehen war der Film ein Rohrkrepierer. Wir haben viel Geld für den Film ausgegeben, aber der Vertrieb war mangelhaft. Der Film hat jedoch ein Eigenleben entwickelt, und zwar fast von Anfang an. Ich wünschte, ich könnte mir das ans Rever heften, aber es hatte mit dem Mysterium von Raimis

Involvierung und den frühen Artikeln in „Fangoria" zu tun. Das faszinierte die Leute – und tut es bis zum heutigen Tag.

Es war ein Fluch und ein Segen zugleich, ROBOT NINJA zu produzieren, der buchstäblich finanziert wurde, als die Postproduktion von THE DEAD NEXT DOOR abgeschlossen wurde. Das führte zu acht weiteren Filmen, zuerst auf 16mm, später auf S-VHS, bevor ich schließlich OZONE machte. Ich glaube, die Finanzierung dieser Filme war so leicht, weil die Budgets lächerlich gering waren im Vergleich zu anderen Filmen, die in jener Zeit entstanden. Sie wurden alle für Cinema Home Video produziert und nachdem die geschäftliche Beziehung erst einmal etabliert war, war es leicht, das Momentum zu bewahren – zumindest für ein paar Jahre. Ich betrachte ROBOT NINJA als den schlechtesten Film, den ich je gemacht habe. Zusammen mit den anderen acht Filmen würde ich ihn gerne vergessen und OZONE als meinen dritten Film bezeichnen. Aber ich habe von jedem meiner Filme gelernt, auch wenn diese Lektionen auf die harte Tour erlernt werden mussten.

Da wir gerade von ROBOT NINJA sprechen: Wie kam es, dass Burt Ward die Rolle von Stanley Kane spielte?

Cinema Home Video hatte eine Liste von Schauspielern aus Serien der 60er und 70er Jahre, die gewillt waren, in Filmen mitzuspielen, die ohne die Gewerkschaft entstanden. Typen wie der Professor aus GILLIGAN'S ISLAND oder Lyle Waggoner aus WONDER WOMAN. Burt Ward war auch auf dieser Liste und ich wusste sofort, dass er der richtige für den Part war, da wir einen comic-artigen Film machten. Seine Szenen wurden in L.A. gedreht, nachdem der Rest des Films bereits fertig war. Ich hatte unheimlich viel Spaß mit Burt, Linnea Quigley und Scott Spiegel. Burt ist einer der nettesten Kerle, die ich je getroffen habe. Natürlich bin ich mit der alten BATMAN-Serie aufgewachsen. Dass ich nun mit dem Mann arbeiten konnte, der Robin gespielt hatte, war schon aufregend. Und Linnea als seine Sekretärin war ebenfalls umwerfend.

War Adam West auch auf dieser Liste?

Adam West war weit teurer. Zu jener Zeit hat er Low-Budget-Filme gedreht. Er verlangte eine Gage von etwa 5.000 US-Dollar pro Tag, während Burt Ward für weniger als die Hälfte davon arbeitete.

Wirst Du jemals ein Sequel zu THE DEAD NEXT DOOR machen?

Das würde ich gerne. Und es gibt sogar ein Drehbuch dafür: DEAD JUSTICE: THE DEAD NEXT DOOR. Das Problem ist, dass der erste Film kein besonders großer Hit war, trotzdem er ein Kultstreifen geworden ist. Denselben Status haben auch andere Low-Budget-Horrorfilme von Regie-Debütanten wie THE EVIL DEAD, NIGHT OF THE LIVING DEAD oder THE TEXAS CHAINSAW MASSACRE. Aber THE DEAD NEXT DOOR spielt nicht in deren Liga. Der Film wurde nicht in den Kinos gezeigt, da er auf Super-8mm-Film gedreht worden ist. Und er wurde auch niemals großflächig auf dem Videomarkt veröffentlicht, weder in den USA noch anderswo. Das Publikum für diesen Film ist über die Jahre gewachsen, dadurch, dass Leute ihn auf Horror-Conventions entdeckt, von Tempe gekauft oder über eBay erstanden haben. Und diese Leute sind dem Film gegenüber auch sehr aufgeschlossen. Doch das ist nur ein Teil der Gleichung. Es gibt eine, die ich öfters als jede andere höre: „Wann kommt das Sequel?"

Wenn ich für jede dieser Fragen jedes Mal fünf Dollar bekommen hätte, würde ich das Sequel längst machen. (lacht) Über die Jahre hinweg gab es einige Angebote, ein Sequel zu machen, doch entweder zerfiel die Finanzierung oder die Geldgeber wollten zuviel Kontrolle. Ich habe mir selbst ein paar Regeln gesetzt, sollte ich dieses Sequel machen. Erstens muss das Budget größer als 125.000 Dollar, also größer als das des ersten Films sein. Zweitens will ich die hundertprozentige kreative Kontrolle, genauso wie beim ersten Film. Man sollte glauben, diese Regeln ließen sich leicht erfüllen, doch es ist härter als man denkt.

Vor etwa drei Jahren mailte mir ein sehr zorniger Fan und forderte ein Sequel. Er bezeichnete sogar alles andere, was ich bis dato gemacht hatte, als Trash, und sagte, dass ich den Fans ein Sequel schuldig sei. Ich erklärte ihm, dass ich hingehen und in Nullkommanichts ein Sequel auf digitalem Video rausklopfen könnte, nur um mit dem Titel Geld zu verdienen, und fragte ihn, ob ihm das gefallen würde. Und ganz plötzlich fand dieser Kerl ganz neuen Respekt vor mir, da er erkannte, dass ich das Richtige tat, indem ich wartete, um so vielleicht eines Tages die Chance zu haben, das bestmögliche Sequel zu machen.

Um also nun die Frage zu beantworten, ich würde liebend gern ein Sequel machen, aber das Budget und die Umstände müssen stimmen. Andernfalls mache ich keine Forsetzung.

Um etwa 1998 herum hast Du begonnen, für Full Moon zu arbeiten. Wie kam es dazu?

Ende 1997 begann ich mit der Arbeit an SHRIEKER. Basierend auf einigen Arbeiten, die ich mit ein paar Freunden aus Wisconsin in meinem Apartment gemacht hatte, wurde ich als Cutter angeheuert und um den Soundmix zu fertigen. Der Regisseur des Films war derselbe Kerl, für den ich die Filme für Cinema Home Video gemacht hatte. Er sagte Charlie Band nichts von meiner Involvierung, sondern zeigte ihm und seinem Vater Albert den fertigen Film, den beide sehr mochten. Danach wurde mir angeboten, den Schnitt von CURSE OF THE PUPPET MASTER zu besorgen.

Innerhalb von ein paar Monaten wurde ich schließlich angeheuert, um ihre Post-Produktion zu überwachen. Bei drei Filmen im Monat hatte ich schließlich ein Team von über 20 Leuten, die ich alle selbst ausgesucht hatte. Diese Phase dauerte etwa zwei Jahre an, während denen ich an über 100 Filmen, Making-Of-Segmenten und Trailern gearbeitet habe. Schließlich wurde mir die Regie von WITCHOUSE 2: BLOOD COVEN angetragen.

Nach Deinem Start als Cutter wurdest Du schließlich ein Produzent für Full Moon und machtest Filme wie HORRORVISION oder STITCHES. Außerdem warst Du als Regisseur für die Firma tätig. Wie entwickelte sich die Geschäftsbeziehung zwischen Full Moon und Tempe über die Jahre?

Ich war froh, der Post-Produktion entfliehen zu können. Während ich zwar als Cutter begonnen hatte, war ich ziemlich schnell ein Supervisor geworden, der viel lostrat, aber selbst keine kreative Arbeit mehr leistete. Es ging nur noch um Logistik und Budgets. Nachdem wir Full Moon verlassen hatten, arbeiteten einige von uns noch auf freier Basis bei der Post-Produktion von Full-Moon-Filmen mit. Ich war weiterhin als Supervisor tätig, aber mein Zeitplan war nicht mehr so hektisch. Es war zu jener Zeit, dass WITCHOUSE 2 daherkam. Und damit startete eine etwa dreijährige Phase, in der wir praktisch komplette Filme machten. Nur die Finanzierung und die Gestaltung der Cover wurde von Full Moon übernommen.

Meine größte Frustration bei der Arbeit für Full Moon resultierte aus all den schlechten Filmen, die sie machten. Es gab einen Regisseur, der einen Film nach dem anderen rausrotzte und so wenig Arbeit wie möglich investierte, da er erwartete, dass wir in der Post-Produktion mit dem Schnitt, den Effekten und der Musik seinen Film retten würden. Als ich WITCHOUSE 2 inszenierte, setzte ich mir als Ziel, die Latte nach oben zu bewegen. Wir hatten weniger Geld als beim ersten Teil, aber wir machten einen zehnmal besseren Film. Darüber hinaus schufen wir ein paar tolle Effekte, entfernten uns etwas von der Standardformel der „Teens in einem Schloss"-Filme und schufen einen groß klingenden 5.1-Soundmix. Zuvor hatte es bei Full Moon kein 5.1 gegeben.

Charlie Band war mit meiner Arbeit an WITCHOUSE 2 sehr zufrieden, weswegen wir uns trafen und darüber unterhielten, was ich noch für ihn machen könnte. Ich hatte schon des Öfteren darauf gedrängt, auf digitalem Video zu drehen und sie hatten gelegentlich damit experimentiert, etwa bei LIP SERVICE oder RAGDOLL. Meine Theorie war, dass man mit dem vorhanden Budget länger drehen, aber dafür auf DV drehen sollte, um die Kosten im Zaum zu halten. So kam es, dass ich innerhalb von sechs Monaten vier Filme produzierte: HORRORVISION, STITCHES, THE VAULT und GROOM LAKE. Die ersten drei wurden mit einem Budget von ca. 50.000 bis 75.000 Dollar gedreht, was ein neues Tief für Full Moon war. Ich glaube, angesichts der Zeit und des Geldes haben wir ein paar interessante Filme gemacht. Das größte Problem waren Full Moons verrückte Release-Pläne und Charlies Neigung, bis zum letzten Moment zu warten, um etwas Geld herauszurücken.

GROOM LAKE wurde jedoch ein teures Desaster, das beinahe die Firma vernichtet hätte. Und es sollte fünf Monate dauern, bevor mit WITCHOUSE 3: DEMON FIRE ein weiterer Film etnstand, der finanziell ein neues Tief ansteuerte: er kostete nur 26.000 Dollar. Ich hatte einen Vertrag unterschrieben, um drei weitere Filme der Preisklasse 32.000 bis 40.000 Dollar zu produzieren. An den Start ging der grauenhafte KILLJOY 2, danach kamen

HELL ASYLUM und DEAD & ROTTING. Zu jenem Zeitpunkt hatte ich genug und empfahl Charlie Danny Draven, der HORRORVISION und DEAD & ROTTING inszeniert hatte, um weitere Filme zu produzieren.

Das ging nur zwei Filme lange gut (CRYPTZ und DEATHBED) bevor Danny genug von Charlie hatte. Charlie bedrängte mich abermals, zwei Filme für ihn zu machen. Ich willigte schließlich ein, war aber noch weniger involviert als zuvor. Der erste Film war JIGSAW, den meine schon erwähnten Filmemacherfreunde aus Wisconsin machten. Der zweite war BLEED, der so schlecht war, dass ich den Namen meiner Firma davon zurückzog. In beiden Fällen übernahm ich keinen Credit als Executive Producer, da ich das Gefühl hatte, dass die Leute begannen, mich mehr als einen Produzenten, denn einen Regisseur zu sehen.

Das ist ein sehr geringes Budget. In der goldenen Ära des Distributionsdeals mit Paramount hatte Full Moon weit mehr zur Verfügung. Weißt Du wie schnell der Verfall ging und ob er graduell war oder sich mit einem einzigen Knall vollzog? Ich habe gelesen, TRANCERS 6 hätte nur um die 100.000 Dollar gekostet.

Die meisten der von Paramount vertriebenen Filme kosteten rund eine Million Dollar. Als dieser Deal verlorenging, fielen die Budgets auf unter 500.000 Dollar. Als SHRIEKER gemacht wurde, waren es nur noch 250.000 Dollar. Ich würde sagen, der Verfall war graduell, aber zeitlich schnell. Es gab eine Reihe von Kinderfilmen, die zu jener Zeit mit Kushner-Locke gemacht wurden, die hin und wieder auch bei den Horrorfilmen involviert waren. Insofern variierten die Budgets, aber HORRORVISION war definitiv der erste Film, der weniger als 100.000 Dollar gekostet hat.

Ich war peripher bei der Post-Produktion von TRANCERS 6 beteiligt. Ich glaube, der Film wurde für 60.000, vielleicht 75.000 Dollar produziert. Sie drehten auf 16mm-Film, was einiges des Budgets fraß, aber dafür natürlich etwas hochwertiger aussah.

Die meisten der Full-Moon-Filme, die von ca. 1999 bis 2001 kamen, waren also im Grunde getarnte Tempe-Filme?

Bei WITCHOUSE 2: BLOOD COVEN wurde ich als Regisseur angeheuert, aber ich entwickelte auch das Skript und heuerte meinen eigenen Autor an. Außerdem betreuten wir die komplette Post-Produktion. Die nächsten zehn Filme, die ich für Full Moon machte, waren alles Tempe-Produktionen. Üblicherweise hatte Charlie einen Titel und wir entwickelten ein Skript ohne ihn. Nur für die Finanzierung war er da. DEAD & ROTTING war der Titel eines alten Skripts von David Barton. Charlie wusste nicht, was er als nächstes machen sollte. In unserem Vertrag wurde der Film als TALISMAN 2 geführt, da wir nicht wussten, was aus dem Film werden würde. Als ich schließlich David anheuerte, empfahl ich, einfach sein altes Skript zu verfilmen ... stattdessen behielt er jedoch den Titel und entwickelte eine ganz neue Geschichte.

Das waren auf jeden Fall Hybrid-Filme. Wir machten sie, wie wir wollten. Die einzigen Bedingungen waren Charlies Titel, das Budget und der Zeitplan. Wir machten praktisch alles, außer der Finanzierung und dem Artwork. Am endete bereiteten wir auch das Authoring für die DVDs.

Erinnerst Du Dich noch daran, worum es in dem ursprünglichen DEAD & ROTTING-Skript ging?

Nicht mehr an alle Einzelheiten, aber es war im Grunde eine Hommage an DEAD & BURIED und hatte eine ähnliche Geschichte. Soweit ich mich erinnere, blieb davon nichts in dem neuen Skript, das David schrieb.

Ich habe einige von Dannys Filmen (HORRORVISION, HELL ASYLUM und DARKWALKER) gesehen und war recht beeindruckt. Er ist definitiv einer der besseren Regisseure, die Full Moon hatte. Gibt es Pläne zu einer Zusammenarbeit von Dir und Danny?

Danny und ich sind beste Freunde. Ich war der Trautzeuge bei seiner Hochzeit. Er lernte seine Frau bei Full Moon lernen. Ich hatte sie angeheuert. Als wir WITCHOUSE 3: DEMON FIRE drehten, waren sie wohl schon zusammen, da sie oft zum Set kam. Ihre Band hat dann auch ein paar Songs für den Film beigesteuert (und später komponierte sie die Musik für HELL ASYLUM, CRYPTZ und DARKWALKER). Ich schließe nicht aus, dass wir mal wieder zusammenarbeiten, aber nun, da ich mich wieder mehr auf das Inszenieren konzentrieren möchte, wird es dazu wohl weniger Gelegenheit geben. Aber wer weiß, vielleicht machen wir eines Tages unsere eigene Version von TWO EVIL EYES. (lacht)

Es gab also Spannungen zwischen Charles Band und Dir, weswegen die Zusammenarbeit endete. Möchtest Du ein bisschen ausführen, was vorgefallen ist? Vermutlich hängt es mit Bands eher dubiosen Methoden und dem Nichtbezahlen von Rechnungen zusammen, was schließlich auch zur Full-Moon-Pleite führte. Richtig?

Ein wenig bin ich darauf ja schon eingegangen, aber kurz gesagt hat Charlie Band es wie ein Meister verstanden, aus dem Bankensystem jeden erdenklichen Vorteil herauszuschlagen. Ich habe gesehen, wie er Dinge getan hat, von denen ich dachte, dass sie nicht möglich wären! Und unglücklicherweise war ich das Opfer einiger seiner Machenschaften. Ungedeckte Schecks, gecancellte Überweisungen, eingefrorene Konten … das und noch viel mehr. Der Kerl ist ein Genie, wenn es um das Marketing von Low-Budget-Filmen geht, aber als Geschäftsmann ist er eine echte Pfeife.

Du kommst ja vom Niedrig-Budget-Film und bist es gewohnt, verschiedene Aufgaben wie Regie, Produktion oder Schnitt zu übernehmen. Welche von all diesen Aufgaben ziehst du persönlich vor?

Es ist für mich leichter zu sagen, was ich hasse: Produzieren. Das ist nichts anderes als ein Babysitter, wobei ich noch etwas mehr in kreative Prozesse involviert war und ich die Regisseure oftmals selbst ausgesucht habe. Trifft man dort eine falsche Entscheidung, muss man am Set ständig für Schadenskontrolle sorgen, oder schlimmer noch, „durch" jemand anderen inszenieren, so dass man es auch gleich hätte selbst machen können. Ich bin aber auch ein Kontrollfreak. Mit ein paar der Filme, die ich produzierte, war ich aber ganz glücklich. DEAD & ROTTING und JIGSAW gehören dazu.

Ich habe eine Menge der Rollen, die ich am Anfang bekleidete, hinter mir gelassen. Es wurde irgendwann ein wenig lächerlich, der Autor, Produzent, Regisseur, Cutter, Komponist, Schauspieler und Soundmixer zu sein. Dadurch, dass ich nach und nach mehr Leute kennen gelernt habe, vertraue ich ihnen genug, vieles aus der Hand zu geben, auch wenn ich immer mal wieder ein Skript so überarbeite, wie ich es für richtig halte. Das war etwa bei WITCHOUSE 3 oder DEADLY STINGERS der Fall.

Ich glaube, mein wahres Talent liegt im Schnitt. Um ehrlich zu sein, hätte ich nichts anderes als das machen wollen, hätte ich wahrscheinlich eine sehr erfolgreiche Karriere gehabt. Aber das Inszenieren und Schneiden ist meine ideale Kombination, verbunden mit der Möglichkeit, das Drehbuch zu überarbeiten. Und wenn ich inszeniere, produziere ich auch gerne, da ich niemanden habe, dem ich die Schuld in die Schuhe schieben kann, wenn's schief geht.

In den letzten zwei Jahrzehnten bist Du weit gekommen. Hast Du erreicht, was Du erreichen

wolltest? Was sind Deine nächsten Ziele und wo siehst Du Dich selbst in zehn Jahren?

Ich denke, ich habe erreicht, was ich erreichen wollte. Ich meine, sicher, ich würde gerne die großen Filme für Universal drehen, aber das Ziel, das ich mir setzte, als ich anfing, war ganz einfach, in der Lage zu sein, ein komfortables Leben zu führen und das zu tun, was ich mag. Und das ist mir sicherlich geglückt. Dabei war ich auch in der Lage, ein paar anderen Passionen zu frönen. Ich komponierte die Musik für meine ersten vier Filme (plus ein paar Songs, die niemand jemals hören soll!), ich habe mein eigenes Magazin verlegt (Alternative Cinema) und mit Tempe habe ich einen Vertrieb. Ich war auch in der Lage, Freunden und Gleichgesinnten zu helfen, ihre Träume zu verwirklichen. Darum fühle ich mich sehr glücklich, dass ich all diese Dinge tun und immer noch meine Rechnungen bezahlen kann.

Mein kurzfristiges Ziel ist, keine alten Fehler zu wiederholen. Mein größter Fehler ist wohl, dass ich die Tendenz habe, mich nach oben zu arbeiten, größere Projekte zu verwirklichen und dann wegen all der Schwierigkeiten genug habe, weswegen ich wieder von vorne anfange. Oder aber ich mache zuviel für andere Firmen. Ich bin weit glücklicher, mein eigenes Ding durchzuziehen, auf meine Art, auch wenn das heißt, dass weniger Geld dabei rumkommt.

Ich mache dies nun seit mehr als 20 Jahren. Es fühlt sich an, als hätte ich gerade erst gestern mit all dem begonnen, aber an manchen Tagen fühlt es sich auch an wie 40 Jahre. Es ist schwer zu sagen, was die nächsten zehn Jahre bringen werden. Hoffentlich wird einer meiner Fans oder einer der Filmemacher, denen ich geholfen habe, mal ein großes Tier bei Universal oder so, damit sie mich anheuern können, den nächsten großen Sommer-Blockbuster zu inszenieren. (lacht)

Hast Du jemals versucht, einen Regie-Gig bei einem anderen Studio an Land zu ziehen, besonders jetzt, wo Horror wieder en vogue ist?

Ich habe leider eine richtige mentale Blockade, wenn's darum geht, für andere Leute zu arbeiten. Ich bin emotional zu sehr mit dem involviert, was ich mache und kann nur soundso viele Ärsche küssen, bevor ich kotzen muss. Darum bin ich nicht sicher, ob ich aus dem richtigen Holz geschnitzt bin, um größere Filme zu machen, nicht, dass ich jemals die Chance dazu gehabt hätte. Ich wurde angeheuert, um CHILDREN OF THE LIVING DEAD zu schreiben. Das ist eine lustige Geschichte, weil Joe Wolf den Film finanzierte und seine Tochter Karen hasste John Russos Skript, weswegen sie ein eigenes schrieb. Es war ziemlich schrecklich und so kam es, dass ich engagiert wurde, es umzuschreiben, wobei ich dann auch die Regie übernehmen sollte. Ich habe also mit Doug Snauffer zusammengearbeitet, der gerade WITCHOUSE 2 geschrieben hatte, und wir retteten das Drehbuch. Aber Karen hasste es, feuerte mich und zahlte mir auch nie die zweite Hälfte der Gage, die sie mir schuldig war. Ich war derweil bereit, WITCHOUSE 2 zu inszenieren, weswegen mir das alles damals nicht viel ausmachte. Später sah ich CHILDREN

OF THE LIVING DEAD dann und erkannte, dass sie Karens ursprüngliches Skript benutzt haben. Der Film ist schrecklich. Sie und der Regisseur kamen nicht miteinander aus. Ich schätze, ich hatte Glück, dass ich mich damit nicht herumschlagen musste.

Man hört, Du würdest des Horrors ein wenig überdrüssig. Wenn dem so sein sollte, können wir dann mit Veränderungen bei Tempe in Hinblick auf andere Genres erwarten?

Ich bin des Horrors nicht überdrüssig, aber über die Jahre hat sich mein Geschmack verändert. Um ehrlich zu sein, hatte ich nie das Gefühl, besonders gut darin zu sein, Horrorfilme zu machen, obwohl ich ein Fan des Genres bin. Wobei ich nicht unbedingt die heutigen Filme meine. Ich habe aufgehört, die meisten modernen Horrorfilme zu sehen, weil sie einfach schlecht sind. Unglücklicherweise unterstützen die Fans heutzutage lieber die Big-Studio-Horrorfilme als die kleinen Independentstreifen. Zumindest hier in den USA.
Eines der Dinge, die mich am meisten gestört haben an all der Aufmerksamkeit, die Filme wie THE DEAD NEXT DOOR erhalten haben, ist die Konzentration auf das Blut und den Gore. Für mich sieht es so aus, als ob die Fans sich nur die FX-Arbeit ansehen und wenn sie die mögen, dann mögen sie auch den Film. Und das ist dann mehr ein Zeugnis für das Können des FX-Künstlers, denn des Autors oder Regisseurs. Sieh Dir als Beispiel die Szene mit dem Zombiekopf an, der den Finger schluckt. Dieser Effekt erzeugt immer eine Reaktion, weil keiner so etwas

zuvor gesehen hatte. Aber ich schätze, ich sollte es als Kompliment nehmen, da ich das Skript geschrieben und diese Idee hatte.

Während ich WITCHOUSE 3 gemacht habe, hatte ich mehr das Gefühl, ein Lifetime-Television-Drama (ein Frauenkanal in den USA) zu machen. Ich meine, nehme Liliths Erscheinung aus dem Film raus und es bleibt die Geschichte einer scheinbar missbrauchten Frau, die Rache an den Freunden nehmen will, die ihr Unrecht taten. Ich habe den Film nicht wie einen Horrorfilm angegangen, aber ich hörte von einigen Leuten, dass sie sich gegruselt haben. Das habe ich vorher noch nie von meinem Publikum gehört und ich finde, es ist doch recht ironisch, wenn man bedenkt, was mir durch den Kopf ging, als ich diesen Film machte.

Auf jeden Fall wird Tempe immer mit Horror in Verbindung stehen. Wir werden das Genre nicht links liegen lassen, aber ich möchte mich auch mit anderen Genres und Ideen beschäftigen. Ich glaube, der nächste Film, den ich inszeniere, wird eine weitere Abkehr vom Horror-Genre sein. Hauptsächlich, weil ich es mittlerweile mehr genieße, mit Schauspielern als mit Puppen oder Gallonen von Blut zu arbeiten.

Hast Du schon eine Idee, wann Du diesen Film anpacken willst und worum es gehen wird?

Ich möchte ihn gerne in Ohio drehen. James Black von OZONE möchte trotz des niedrigen Budgets unheimlich gerne mitspielen. Der Junge arbeitet viel für Fernsehserien und dergleichen, aber er kommt immer wieder zu mir, um für mich zu arbeiten. Das ist irgendwie witzig. Aber wir beide haben viel Spaß und er ist ein toller Schauspieler. Wir haben uns vor einiger Zeit über dieses Projekt unterhalten. Ich stelle mir das alles in der Art des frühen John Sayles oder Robert Altman vor, ein Drama, bei dem sich die Beziehungen miteinander verbinden. Kurz, viele Talking Heads und kein Gore. (lacht)

Welchen Deiner Filme findest Du selbst am besten?

Ich muss sagen, ich liebe und hasse sie alle gleich. (lacht) Ich bin mein härtester Kritiker. Das war ich schon immer. Und es fällt mir schwer, mich auf einen Film festzulegen. WITCHOUSE 3 ist möglicherweise mein persönlichster Film, POLYMORPH macht am meisten Spaß, wenn man ihn mit anderen Leuten ansieht und OZONE war möglicherweise am befriedigendsten für mich, da ich etwas zu beweisen hatte. WITCHOUSE 2 kann ich jedoch auch nicht ausschließen, einfach, weil ich mit diesem Film in meinen Augen dem Drehen eines „echten" Films am nächsten gekommen bin. Ich finde es sehr ironisch, dass ich tatsächlich mal mit 35mm drehen konnte, aber die meisten Kritiken die Mini-DV-Camcorder-Sequenzen als jene herausstellen, die sie am meisten mochten.

Kommen wir zu GROOM LAKE. Du warst der Produzent dieses Films und hast Second-Unit-Regie gemacht. Wie war die Arbeit mit William Shatner?

GROOM LAKE war von Anfang an dem Untergang geweiht. Ich hatte die wenig beneidenswerte Aufgabe, den Vermittler zwischen Cahrlie Band und Shatner zu spielen. Charlie wollte, dass der Film günstig gemacht wurde, aber er erzählte Shatner, dass das Budget höher war, als es eigentlich war. Darum war ich in Shatners Augen von Anfang an der Bad Guy, da ich ihm immer sagen musste „Nein, das können wir uns nicht leisten."

Während der Vorproduktion war er ein Sweetheart. Er kam zu mir und fragte auch oft um Rat, da er niemals zuvor einen Film mit einem derart kleinen Budget gemacht hatte. Je näher wir jedoch dem Dreh kamen, desto mehr Spannung kam zwischen uns auf. Ich kümmerte mich auch noch um ein paar andere Filme, während die Vorproduktion von GROOM LAKE lief, besonders aber um THE VAULT, der ein paar Tage vor dem Beginn der Dreharbeiten für Shatners Film fertig war, woraufhin die Crew direkt zu GROOM LAKE weiterwanderte. Ich glaube, Shatner geriet in der Woche vor dem Drehstart in Panik, da er das Gefühl hatte, nicht genug Aufmerksamkeit zu bekommen.

Mein Ko-Produzent war von einem früheren Kollegen von Shatner gewarnt worden, dass dieser sich während des Drehs in einen Tyrannen verwandeln würde – und er hatte absolut Recht! Es gab ein paar hässliche Streitigkeiten zwischen ihm und mir auf dem Set und vor Cast und Crew. Und je frustrierter er wurde, desto mehr ließ er das an allen anderen aus. Zu den Schauspielerinnen war er besonders garstig, was ich nie verstehen konnte. Im Grunde wollten wir beide aber dasselbe – unter den gegebenen Umständen den bestmöglichen Film zu machen.

Die Produktion war sicherlich nicht leicht, wenn man in Betracht zieht, dass das Budget schwer überzogen wurde und der Film schließlich zwei Jahre in einem Archiv verschwand, bevor er veröffentlicht wurde. Was war genau geschehen?

Mir wurde gesagt, das Budget lag am Ende bei 1,2 Millionen Dollar, wovon allein ein Drittel an Shatners Anwälte ging. Die waren in fast allen Dingen beteiligt und hatten etwas mitzureden. Aber die Hauptschuld trifft Charlie Band, der nicht in der Lage war, sich mit der Realität auseinanderzusetzen. Er erwartete von uns, dass wir einen Film für 200.000 Dollar machten, obwohl wir ihm sagten, dass das unmöglich sei. Zur selben Zeit erzählte er Shatner, dass wir 500.000 Dollar zur Verfügung hätten. Shatner ist nicht dumm. Ich denke, er wusste, dass Charlie ihn anlog. Darum verbrachte ich die meiste Zeit des Drehs auch damit, mehr Geld aus Charlie rauszuholen und die Banken dazu zu bekommen, die Schecks auch einzulösen, wenn wir sie ausgaben. Das war die schrecklichste Erfahrung meines Lebens, das kann ich Dir sagen.

Dazu kam noch, dass wir es mit allen drei Filmgilden zu tun hatten, SAG, DGA und WGA. Jeden Tag mussten wir überlegen, wen wir bezahlen mussten und wen wir noch ein paar Tage auf sein Geld warten lassen konnten. Und hier waren wir nun, weniger als eine Meile von der Mexiko-Arizona-Grenze entfernt und mussten uns mit

Einheimischen herumschlagen, die schon von der letzten Filmcrew, die hier Halt gemacht hatte, übers Ohr gehauen wurden.

Am Ende des 22-Tage-Drehs haben wir beinahe 450.000 Dollar ausgegeben und wir hatten noch etwa 125.000 Dollar Schulden, inklusive meines eigenen Produzentensalärs und der Darlehen, die ich der Produktion gegeben hatte, um den Dreh am Laufen zu halten.

Es dauerte fast ein Jahr, bevor ich Charlie überzeugt hatte, den Film an Shatner zu übergeben, der all die Schulden übernahm und die Post-Produktion finanzierte. Charlie hat von dem Geld, das er investierte, nie einen Cent wieder gesehen. Ich muss aber sagen, dass er das wohl auch verdiente, da er mehr abgebissen hatte, als er schlucken konnte. Shatner war indessen glücklich. Er versuchte, alle Probleme des Films mit Geld zu lösen, aber am Ende war es ein Desaster, das auch für ihn ein Dollargrab war. Hier in den USA wurde der Film auf DVD zusammen mit STREET ZOMBIES (ein Re-Release von OZONE) auf den Markt gebracht. Und mein kleiner 3.500-Dollar-Film verkaufte ein paar tausend Einheiten mehr als GROOM LAKE. Ich kann mir nicht helfen, als eine gewisse Genugtuung zu fühlen.

Worum geht's denn in Deiner bislang letzten Regiearbeit, DEADLY STINGERS?

Das war der Tropfen, der das Fass zum Überlaufen brachte. Charlie Band hatte nichts von GROOM LAKE gelernt! Irgendwie hatte er Fox Home Video dazu gebracht, ihm einen Film um einen gigantischen Skorpion für 500.000 Dollar abzunehmen, wobei er zusätzlich die internationalen Fernsehrechte erhalten würde. Charlie bot mir den Film an, aber das Budget war nur 125.000 Dollar. Das Skript war nicht gut und schlimmer noch, viel zu groß für das Budget, und der FX-Künstler, den ich bei diesem Projekt hatte, konnte mit dem vorgesehenen Budget für die Tricks keine überzeugende Skorpionpuppe bauen.

Also hat Band 500.000 Dollar bekommen, aber er wollte den Film nur für 125.000 Dollar produzieren?

Band sah davon jedoch auch nichts. Er schuldete einem seiner Investoren noch einen Haufen Geld. Und das, was mit diesem Film reinkam, wanderte sogleich in dessen Tasche.

Ich habe versucht, die Skriptprobleme zu beseitigen und eine Geschichte zu entwickeln, die man für das vorgesehene Budget umsetzen konnte. Dabei eliminierte ich ein paar Logiklöcher und ich wollte gegen die typischen Rieseninsekt-greift-an-Stereotypen angehen. Ich wollte, dass eine Gruppe echter Menschen sich einer echten Gefahr gegenübersieht. Ich schätze, der Film ist ein bisschen realistischer als die meisten anderen Filme dieser Art, wenn man darüber hinwegsehen kann, dass es nun mal um Riesenskorpione geht.

Der Dreh war jedoch die Hölle. Wir arbeiteten nachts und mussten wegen des Budgets ein paar Tage aus dem Drehplan streichen. Das größte Problem von allen war, dass die Skorpionpuppe nicht funktionierte und schrecklich aussah. Ich hatte einen exzellenten Kameramann mit Mac Ahlberg, der RE-ANIMATOR und viele andere tolle Filme photographiert hatte. Jedes Mal, wenn wir den Skorpion benutzten, musste die Ausleuchtung geändert werden, damit das Ding wenigstens halbwegs passabel aussah. Ich verlor damit immer wertvolle Zeit. Wenigstens war die Besetzung ein Traum. Ich brachte auch ein paar Tempe-Leute ein, um in Opferrollen Cameos zu spielen. So etwa Brinke Stevens, Ariauna Albrigt und Lilith Stabs.

Eigentlich war geplant nur eine Handvoll von CGIs zu haben, die den Skorpion in Bewegung zeigen. Während des Schnitts wurde jedoch klar, dass die Puppe zu schlecht aussah. Gott sei gedankt schafften es Brad Wallace und John Ellis, die die CGI machten, innerhalb von ein paar Wochen so gut wie alle Szenen mit der Puppe durch CGI zu ersetzen. Und das half dem Film ganz gewaltig. Jetzt gibt es nur noch eine Handvoll von Puppenszenen im Film, während der Rest der Skorpionmomente computeranimiert ist. Normalerweise würde ich das nicht so toll finden, aber in dem Fall ist es definitiv besser so. Im Rückblick hätten wir das mit der Puppe gleich sein lassen und so drehen sollen, dass die CGI-Shots eingeplant gewesen wären. Das hätte den Film noch besser gemacht.

Das einzig Gute, was mir DEADLY STINGERS brachte, war, dass ich endlich mal 24p HD drehen konnte. Und das Ergebnis sieht toll aus. Mac is ein außergewöhnlicher Kameramann. Er hat es geschafft, diesen Film gut aussehen zu lassen. Ich schätze, es gab noch einen weiteren netten Nebeneffekt. Ich hatte endlich genug von Charlie Band und beendete die Geschäftsbeziehung. Genug ist genug! (lacht)

Wenn Du Carte Blanche hättest, was wäre Dein absolutes Lieblingsprojekt?

Wow, das ist eine schwere Frage. Ich schätze, das THE DEAD NEXT DOOR Sequel wäre mein absolutes Lieblingsprojekt, weil es schön wäre, sich noch einmal mit den Zombies zu beschäftigen und einen größeren, besseren Film zu machen. Ich glaube, ich habe viel gelernt, seit ich den ersten Teil gedreht habe. Es gibt auch ein sehr gutes Horrorskript, das ich seit Jahren habe und das den Titel SEVEN BODY PARTS, SIX FEET UNTER trägt. Das wollte ich schon immer machen, aber es ist ein zu großer Film für die Budgets, die mir in der Regel zur Verfügung stehen. Da das Drehbuch wirklich ungewöhnlich ist, ist es schwer, einen Finanzier zu überzeugen. Jeder liebt den Titel und das Skript, aber in der Regel heißt es „Das ist nichts für uns."
Aber ganz ehrlich, gerade jetzt wäre mein Traumprojekt ein Drama oder eine Komödie, die keinerlei Effekte benötigen. Etwas, das ganz und gar von den Schauspielern und meiner Regie abhängt. Früher habe ich mich bei dem Gedanken nicht wohlgefühlt ... es ist leichter, sich hinter Gore oder CGI zu verstecken. Aber ich fühle mich bereit, etwas anderes zu machen und ich glaube, dass ich mit einem Drama oder einer Komödie einen weit besseren Film abliefere als ich das mit Horror je getan habe.

Ich habe gelesen, dass Du mal im Gespräch dafür warst, PUPPET MASTER VS. DEMONIC TOYS zu inszenieren. Stimmt das?

Ja, ich sollte den Film machen. Das war zu der Zeit, als ich mit Band den Deal wegen HORRORVISION, STITCHES, THE VAULT und GROOM LAKE machte. Charlie wollte den Film günstig auf DV gedreht haben, besann sich dann aber eines anderen. Das Skript war aber schrecklich.

Du hättest das Skript aber umgeschrieben?

Ja. Die ursprüngliche Idee hatte etwas damit zu tun, dass die Puppen auf eBay gekauft werden. Ich hätte eher etwas in Richtung SMALL SOLDIERS gemacht. Vielleicht ist es aber besser so, dass ich damit nichts zu tun hatte.

Da Du ja einigen Einblick in die Full-Moon-Belange hast, würde mich interessieren, ob Du weißt, was mit dem Episodenfilm PULSE POUNDERS passiert ist. Immerhin wurde er 1987/88 gedreht, aber nie veröffentlicht und enthält doch so interessante Dinge wie eine Lovecraft-Adaption mit Jeffrey Combs und Barbara Crampton und eine TRANCERS-Fortsetzung.

Charlie hat mir die Geschichte mal erzählt. Der Film wurde nie fertig gestellt und mittlerweile gibt es so viele legale Probleme, dass er das auch nie wird. Das Originalmaterial findet sich nicht mal mehr komplett in einem Archiv, sondern ist über ganz Hollywood verstreut.

Eine Schande, sollte die Combs-Geschichte doch RE-ANIMATOR-Bezüge haben.

Das alleine würde schon verhindern, dass der Film jemals auf den Markt kommt. Brian Yuzna hasst Charlie Band noch mehr als ich es tue. Und sie hatten einen langen Rechtsstreit, in dem es um die RE-ANIMATOR-Rechte ging, den Band schließlich verlor. (Anmerkung des Interviewers: Mittlerweile hat Charles Band verkündet, dass er die einzelnen Episoden alle einzeln herausbringen will).

Du hast auch eine Dokumentation produziert, Jason Paul Collums SOMETHING TO SCREAM ABOUT. Worum geht's da?

Jason hat für „Femme Fatales" geschrieben und vor einiger Zeit hat er mir die Idee gepitcht, eine Dokumentation über die B-Film-Schauspielerinnen zu machen. Als erstes dachte ich darüber nach, daraus ein fünftes Volume der alten SHOCK CINEMA-Reihe, die Cinema Home Video begonnen hatte, zu machen. Später gab es Gespräche, eine eigene Reihe namens FEMME FATALES PRESENTS zu starten, die in Zusammenarbeit mit dem Magazin entstanden wäre. Ich gab ihm schließlich grünes Licht und Geld und Ressourcen, um Interviews zu fertigen. Er sprach mit Julie Strain, Debbie Rochon, Denice Duff, Debra DeLiso (SLUMBER PARTY

MASSACRE) und Brandi Burkett. Später noch mit Judith O'Dea aus NIGHT OF THE LIVING DEAD und Felissa Rose (SLEEPAWAY CAMP). Als wir dann später ein paar Sequenzen für BAD MOVIE POLICE drehten, machte Jason auch gleich noch die Host-Sequenzen mit Brinke Stevens und weitere Interviews mit Ariauna Albright und Lilith Stabs.

Jasons Rohschnitt dauerte etwas 4,5 Stunden. Ich habe das dann auf 65 Minuten komprimiert. Die Dokumentation bietet nun einen sehr unterhaltsamen Einblick, wie die Ladies zu diesem Geschäft kamen und was sie tun mussten, um darin zu bleiben. Darüber hinaus sprechen sie über Nacktheit im Film, die Fans und das Älterwerden. Das war eine meiner größeren Schnittarbeiten. Es dauerte Wochen, um alles zusammenzubauen, inklusive der Filmclips und all diesen Dingen.

Und die letzte Frage, da ich ein neugieriger Kerl bin: Wofür stehen die Initialen J.R.?

Das musst Du schon raten. Das ist ein Spiel, das ich mit jedem spiele. (lacht)

John Richard?

Nein, vielleicht errätst Du's ja nächstes Mal.

Robert Kurtzman

Robert Kurtzman gründete zusammen mit Howard Berger und Greg Nicotero die Make-up-FX-Schmiede KNB EFX. Noch immer ist der 1964 geborene Künstler als Effektekünstler tätig, hat aber vor einigen Jahren auch mit dem Inszenieren begonnen. Das Interview, das 2009 geführt wurde, befasst sich mit seiner Arbeit als Regisseur.

Sie waren schon lange als Special-Make-up-Effects-Künstler erfolgreich. Wie fing das alles an?

Der erste Film, an dem ich arbeitete, war TROLL. Damals war ich 19 Jahre alt, hatte die Kunstschule verlassen und war nach L.A. gegangen, um Karriere beim Film zu machen. 1984 landete ich in Hollywood und nahm Unterricht an Joe Blascos Make-up-Schule. Ich sah mich gleichzeitig nach Arbeit um und erhielt einen Job bei John Carl Buechlers MMI, wo man gerade mit TROLL beschäftigt war. Da war ich erst Mädchen für alles, wurde dann aber auch Designer.

Ich liebte das Kino und wuchs mit allerlei unterschiedlichen Filmen auf, liebte aber vor allem Horror-, Action- und Fantasy-Filme. Ich sammelte Magazine wie „Famous Monsters" oder „Fangoria" und interessierte mich besonders für die Magie der Spezialeffekte. So begann ich, der Arbeit von Rick Baker, Dick Smith, Rob Bottin, Stan Winston, Tom Burman, John Chambers und Roy Ashton zu folgen. Mich interessierten die Designs und die tatsächliche Umsetzung derselben bei Kreaturen mehr als reine Gore-Effekte. Ich liebte zwar DAWN OF THE DEAD und auch einige der italienischen Zombie-Filme, aber es war die FX-Arbeit von Filmen wie PLANET DER AFFEN, DER SCHRECKEN VOM AMAZONAS, DAS TIER oder Carpenters DAS DING, die mich dazu inspirierte, selbst in diesem Bereich zu arbeiten.

Ich hatte schon als Kind gezeichnet und gemalt und meine Eltern haben mich immer unterstützt. Meine Mutter ist Künstlerin und zusammen mit meinem Vater sorgte sie dafür, dass ich Unterricht im Erschaffen von Öl-Gemälden, aber auch dem Bauen von Skulpturen bekam. Ich habe schon immer Monster gezeichnet.

Ich möchte mich besonders auf Ihre Karriere als Regisseur konzentrieren. War es für Sie schon immer der logische Schritt von der Effekttechnik zur Regie zu wechseln?

Ich wollte schon immer Regie führen, aber hatte nach der Schule keine Lust, weitere vier Jahre an der Filmschule zu verbringen. Ich bin nicht der Schultyp, ich ziehe es vor, Dinge zu erlernen, während ich sie mache. Mit meinen Fähigkeiten konnte ich ins FX-Geschäft einsteigen, aber mein ultimatives Ziel war schon die Regie. Das Erschaffen von Spezialeffekten ist gutes Training für das Inszenieren. Ich hab dann damit begonnen, Transformationen und FX-Action zu designen und mit Storyboards zu versehen und nachdem ich mit zahlreichen Regisseuren am Set zusammengearbeitet hatte, begann ich dann auch, öfters mal die Regie der

2nd Unit zu übernehmen und wartete auf meine Chance, einen eigenen Film zu machen.

hr Regiedebüt war THE DEMOLITIONIST. Sie haben die Story selbst entwickelt. Wie ging es danach weiter?

Dazu muss ich weiter ausholen. Alles begann mit FROM DUSK TILL DAWN. Ich hatte die Story des Films 1988 entwickelt. In den nächsten Jahren versuchte ich dann, den Film als Regisseur und Produzent umzusetzen, aber es war ein Albtraum. Die Studios hassten das Skript, und dabei ganz besonders, dass es mittendrin die Genres wechselte und von einem Gangster-Film zu Vampir-Horror wurde. Jedes Studio lehnte das Projekt ab. Sie verstanden es nicht und hielten es für zu gewalttätig. Sogar Jahre später, mit Quentin Tarantinos erblühender Karriere und RESERVOIR DOGS war es schwer, jemanden in Hollywood für das Skript zu interessieren.

Die Jahre vergingen und es wollte sich kein Finanzier finden, der ein paar Millionen Dollar in einen Film pumpt, der von einem Regiedebütanten gemacht wird. Darum beschloss ich, mich zurückzunehmen. Ich bestand nicht mehr auf der Regie, sondern wollte nur noch, dass der Film gemacht wird. Meine Überlegung war, dass ich mir mit dem Story/Produzenten-Credit weitere Chancen erarbeiten konnte.

Eine Option auf den Film wurde an Gianni Nunnari und Meir Teper verkauft, die schließlich Robert Rodriguez an Bord brachten und mit Tarantino auch einen Produzenten hatten. Man muss verstehen, dass FROM DUSK TILL DAWN mein Baby war. Es sollte mein

Regiedebüt werden. Mein Partner John Esposito und ich heuerten Tarantino an, um aus meinem Treatment ein Drehbuch zu machen. Wir waren die ersten, die Quentin anheuerten, um ein Drehbuch zu schreiben, was ihm dann die Möglichkeit gab, seinen Tagesjob zu schmeißen und sich ganz und gar auf seine Karriere zu konzentrieren. Nachdem RESERVOIR DOGS rauskam und Quentins Stern im Steigen inbegriffen war, wollten viele seiner Freunde, dass er ihnen half und ihre Drehbücher produzieren würde. Jeder wollte etwas von ihm, aber ich weigerte mich, diese Freundschaft auszunutzen. Darum dauerte es auch so lange, bis der Film gemacht wurde.

Im Rückblick lief es gut. Wenn ich den Film selbst gemacht hätte, hätte ich wahrscheinlich ein Budget von einer Million Dollar gehabt und er wäre direkt auf Video veröffentlicht worden. Mit Rodriguez als Regisseur hatte der Film aber ein größeres Budget und sehr viel namhaftere Darsteller. Der Film hat immerhin weltweit 100 Millionen Dollar eingespielt. Und mein Credit in den Stabsangaben des Films half mir, THE DEMOLITIONIST zu verwirklichen.

Während der Zeit, da ich versuchte, FROM DUSK TILL DAWN an den Mann zu bringen, haben meine Frau Anne und ich ein Skript über eine Vigilantin geschrieben: THE DEMOLITIONIST. Den Film wollte ich für ein paar hunderttausend Dollar außerhalb Hollywoods drehen. Ich dachte an meine Heimat Ohio, wo mir schon die richtigen Locations bekannt waren. In unserem ursprünglichen Skript gab es noch kein SF-Element. Es war ein ganz klares Action-Konzept.

Nach FROM DUSK TILL DAWN erhielt ich einen Anruf von Donald Borchers, der u.a. KINDER DES ZORNS produziert hatte. Ich hatte mit ihm an einem Film namens DOPPELGANGER mit Drew Barrymore gearbeitet, der ein sehr kleines Budget, aber am Ende sehr viele FX-Sequenzen hat. Diese Sequenzen überwachte ich zusammen mit Howard Berger und Don muss damals wohl erkannt haben, dass in mir auch ein Regisseur schlummert, und er meinte, wir sollten künftig mal in dieser Richtung zusammenarbeiten.

Ein paar Jahre später meldete er sich dann und fragte, ob ich etwas hätte, das ich gerne inszenieren wollen würde. Ich schlug also THE DEMOLITIONIST vor und zeigte ihm Konzeptzeichnungen, die mein Freund John Bisson angefertigt hatte und die das Kostüm zeigten. Don zeigte das Material Robert Baruc von A-Pix und Alliance Atlantis in Kanada. Dort war man interessiert, wollte aber noch eine SF-Komponente haben. Sie dachten eher an einen weiblichen Robocop als an eine Miss 45. Ich bat also John Esposito, das Drehbuch zu überarbeiten, aber weil der Film ohne Mitwirkung der Gewerkschaften produziert wurde, konnte er sich nicht daran beteiligen. Don holte darum andere Autoren hinzu: Dino Vindeni und Brian DiMuccio, mit denen er schon zusammengearbeitet hatte. Zu dem Zeitpunkt steckte ich mitten in den Vorbereitungen zu FROM DUSK TILL DAWN, arbeitete an den Kreaturen und zeichnete Storyboards mit John Bisson zusammen. Und innerhalb weniger Wochen erhielt THE DEMOLITIONIST grünes Licht, so dass ich mitten während der Dreharbeiten von

FROM DUSK TILL DAWN mit den Vorbereitungen zu meinem Regiedebüt begann.

Der Film ist mit Genre-Stars wie Heather Langenkamp, Bruce Abbott, Sarah Douglas und Jack Nance besetzt. Mussten Sie dafür ein paar Gefallen einfordern?

Ja, Don und ich haben einige Gefallen eingefordert, um die Schauspieler an Bord zu bringen. Ich habe sogar Bruce Campbell dazu bekommen, ein nicht genanntes Cameo zu machen. Don hatte zuvor mit Jack Nance, Susan Tyrell und Sarah Douglas zusammen gearbeitet, während ich Bruce Abbott aus der Arbeit an RE-ANIMATOR, Reggie Bannister aus PHANTASM 2, Heather Langenkamp aus den NIGHTMARE-Filmen, Peter Jason aus verschiedenen John-Carpenter-Filmen, Danny Hicks aus EVIL DEAD 2 und aus verschiedenen Gelegenheiten heraus Joe Pilato und Tom Savini kannte. Ich hatte Glück, dass ich sie alle für ein paar Drehtage heranziehen konnte. Mir gefiel die Zusammenarbeit mit ihnen bei anderen Filmen und wollte sie alle gerne bei meinem ersten eigenen Film dabei haben.

Der Film kostete eine Million Dollar?

Ja, das war das Budget. Wir drehten 24 Tage lang in und um L.A. Ich hatte ständig das Gefühl, dass ich nie genug für das hatte, was ich eigentlich machen wollte, aber man macht schließlich das Beste aus dem, was da ist. Dabei habe ich immer versucht, den Film teurer aussehen zu lassen, als er war. Die größte

Herausforderung war, ihn innerhalb der wenigen Drehtage abzuschließen. Die meisten Filme dieser Budget-Kategorie werden in weniger als 20 Tagen gedreht. Mit 24 Tagen hatte ich also Glück.

Was war die größte Schwierigkeit beim Dreh?

Die Action-Sequenzen. Manchmal hatte ich nur ein paar Stunden, um eine Kampfszene oder eine Schießerei in den Kasten zu bringen. Dazu hatten wir viele verschieden Locations, was bei Low-Budget-Produktionen immer problematisch und gefährlich ist. A

Was ist Ihnen am Meisten im Gedächtnis hängen geblieben?

Das Drehen des Finales, das einen sehr ausgefuchsten Schwertkampf zwischen Tom Savini und Nicole Eggert beinhaltete. Ich hatte nur einen halben Tag dafür und mir war klar, dass es in dieser Zeit unmöglich zu machen war. Ich musste also auf dem Set eine neue Kampfsequenz improvisieren und auf den Schwertkampf verzichten. Tom war echt enttäuscht, als ich ihm das sagte, aber manchmal muss man eine harte Entscheidung mit dem Kopf und nicht mit dem Herz treffen, um den Film innerhalb vorgegebener Zeit und des vorhandenen Budgets abzuschließen.

Gab es danach Angebote für andere Filme?

Ich habe das darauffolgende Jahr damit verbracht, einen weiteren Film zu machen. Aber meine Agentin war total unfähig. Ich hatte den Regie-Gig für THE DEMOLITIONIST selbst aufgetan und meine Agentur tat rein gar nichts für mich. Sie halfen weder beim Finden eines geeigneten Ensembles noch bei sonst irgendetwas. Ich entdeckte, dass man von der Agentur nichts erwarten kann, wenn man keiner der High-Profile-Klienten ist, der dicke Schecks einheimst, aus denen sich dicke Provisionen ergeben. Meine Agentin, die den FROM DUSK TILL DAWN-Erfolg genutzt hatte, um bei William Morris unterzukommen, benahm sich zusehends hochnäsiger und beendete dann die Geschäftsbeziehung mit mir. Ich dachte mir dann, ich verzichte auf einen Agenten, denn mir gefiel es gar nicht, dass man mir oberlehrerhaft sagte, ich sollte froh seinen einen Agenten zu haben, obschon dieser rein gar nichts für mich tat. Nach einer Weile sah ich mich dann nach einem neuen Agenten um, der auch Respekt vor mir und meiner Arbeit hat und kein Hollywood-Poser ist. Einen solchen Mann fand ich in Dean Schramm von der Artist Agency. Er hat mir auch den Gig bei WISHMASTER besorgt und bis zum heutigen Tag vertritt er mich. Er ist ein loyaler Mann, der einen nicht für dumm verkauft.

Wie kam es dann zu WISHMASTER?

Ursprünglich wollten mich die Produzenten nur für die FX, aber daran war ich nicht interessiert. So hörte ich ein paar Monate nichts mehr. Dann erhielt ich aber einen Anruf und traf mich mit den Produzenten Pierre David und Clark Peterson. Sie sagten mir, dass mein Name ins Gespräch gekommen war, nachdem sie mit einigen sehr bekannten Horror-Regisseuren gesprochen hatten, darunter auch Sam Raimi, dem THE DEMOLITIONIST gefallen und der mich empfohlen hatte. Es waren noch ein paar andere bekannte Regisseure im Rennen, aber nach fünf oder sechs Treffen mit den Studiovertretern und der Darlegung meiner Vision des Films heuerte man mich als Regisseur an.

Wurde an Peter Atkins' Drehbuch noch viel verändert, als Sie zu dem Projekt kamen?

Viel wurde nicht mehr verändert. Nur ein paar der Effekt- und Actionsequenzen wurden überarbeitet, um sie dem Budget und Zeitplan anzupassen. Ich habe Storyboards zum ganzen Film gemacht und mit Peter Atkins daran gearbeitet.

Wie kam es zu Wes Cravens Beteiligung?

Ursprünglich wurde mir gesagt, dass das Budget entweder bei drei oder bei sechs Millionen Dollar liegen würde und davon abhängig war, welche Stars wir bekommen würden. Auch mit sechs Millionen konnten wir uns natürlich keinen großen Namen leisten, weswegen wir nach einem Ausführenden Produzenten suchen, der mit seinem Namen für den Film bürgen konnte.
Wes Craven kam als eine Art Vaterfigur zu dem Projekt hinzu und präsentierte den Film. Ich habe über die Jahre

mehrmals mit Wes an seinen Filmen zusammengearbeitet, er mochte mich und das Projekt und war bereit, seinen Namen dafür herzugeben. Damit erhielt der Film das Budget, das wir brauchten, um ihn richtig zu machen. Mit Kane Hodder und Robert Englund hatte ich schon mehrmals gearbeitet und ich regte an, dass wir einige Horror-Stars in den Film bringen sollten, um die Vermarktung zu erleichtern. Die Produzenten holten noch Tony Todd, so dass wir Freddy, Jason und Candyman in einem Film hatten.

Die Effekte wurden von KNB gemacht. Sind Sie sehr „hands-on", wenn es um die Effekte im Film geht?

Ja, das bin ich. Ich mache die Designs und habe damit genau das, was ich brauche. John Bisson und ich haben mehrere Monate am Design des Djinn gearbeitet. Wir hatten 50 verschiedene Konzepte bevor wir das fanden, das uns allen zusagte. Aber an einem gewissen Punkt muss man als Regisseur den Künstlern auch vertrauen und sich auf die Regie konzentrieren. Unsere Leute bei KNB sind Profis und nachdem ich klarmachte, was ich will, haben Howard und Greg dafür gesorgt, dass alles bereitstand. Fast jede Nacht ging ich noch mal in den Shop und sah mir die Arbeiten des Tages an. Wir hatten viele Anzüge für KNB-Leute entwickelt, die bei der Eröffnungsszene, aber auch der Partyszene mitwirken. FX-Leute sind tolle Darsteller, weil sie genau wissen, wie sie ihre Arbeit verkaufen müssen. Ich habe sogar selbst ein kleines Cameo im Film. Mir wird der Kopf abgerissen. Wie man rückwärts spielt, habe ich von Bruce Campbell gelernt, und das war in der Szene, in der ich von Pianokabeln attackiert werde, sehr wichtig.

Das Finale stellte die größte Herausforderung dar?

Ja. Wir hatten nur vier Tage, um alles zu drehen. Dabei hat die Sequenz Hunderte von Effekten inklusive Feuerstunts und explodierende Statuen. Einen Drehtag verloren wir, weil das Set Feuer fing und zwei 35mm-Kameras zum Schmelzen brachte.

War Andrew Divoff die erste Wahl für den Part des Djinn?

Ich sah mir einige Schauspieler an, aber John Esposito empfahl Andrew, mit dem er bei STEPHEN KING'S NACHTSCHICHT zusammengearbeitet hatte. Als ich ihn traf, war mir klar, dass er den Djinn spielen musste. Wir sind seitdem gute Freunde und arbeiten zusammen, wann immer es möglich ist.

Was blieb von den Dreharbeiten am Meisten im Gedächtnis hängen?

Als Andrew das erste Mal in voller Montur auf den Set kam. Es sah unglaublich toll aus und als er spielte, war es perfekt. Dann erinnere ich mich sehr gut an den zweiten Drehtag, als ich aufwachte und mich gerade fertig machen wollte, als mich Russ Markowitz anrief und sagte, ich solle sofort die Nachrichten einschalten. Da konnte ich dann sehen, wie die Polizei unseren Kamera-

Truck in hoher Geschwindigkeit verfolgte. Jemand hatte den Truck gestohlen und da er hinten offen war, fiel unser Equipment auf die Straße. Das kostete uns einen halben Drehtag, bis wir neue Kameras hatten, mit denen wir dann nachts drehen konnten.

Sollten Sie das Sequel machen?

Ja, man bot mir das Sequel an. Aber die Produktionsfirma wurde damals von einer anderen übernommen und alle Leute, mit denen ich gearbeitet hatte, wurden entlassen. Den zweiten Teil wollte man dann mit einem Budget von zwei Millionen Dollar machen. Ich hatte nicht das Gefühl, dass ich mit dieser Summe dem Original auch nur gleichkommen könnte und lehnte ab.

Denken Sie, die Reihe wurde mit den weiteren Teilen beerdigt?

Ja, auf jeden Fall. Sie haben sich auch gar nicht mehr an die Regeln gehalten. Peter hatte die Wünsche so gestaltet, dass das Ergebnis etwas war, das man nicht erwartet hatte. In den Sequels bekamen die Figuren dann genau das, was sie sich wünschten. Es gab keinen Twist dabei. Der Djinn kann jedoch nichts ausrichten, wenn es nicht ein Wunsch war, mit dem er arbeiten konnte. Darum war im dritten und vierten Teil auch total unverständlich, wie er sich selbst auf Kämpfe mit dem Schwertmann einlassen konnte.

Nach WISHMASTER haben Sie zehn Jahre nicht mehr Regie geführt. Was ist passiert?

Es war keine bewusste Entscheidung, wieder exklusiv im FX-Bereich zu arbeiten. Ich hatte vielmehr das Glück, mich in einem anderen Filmbereich, den ich liebe, kreativ betätigen zu können. Mir wurden nach WISHMASTER einige Filme angeboten, aber es waren alles Direct-to-Video-Produktionen, die zum damaligen Zeitpunkt für die Karriere jedes Regisseurs den Todeskuss darstellten. Wenn man damals einen dieser Filme gemacht hatte, kam man aus der Nische nicht mehr heraus. Ich habe also bei vielen Filmen das Regieangebot abgelehnt, war jedoch auch für ein halbes Dutzend Projekte im Gespräch. Nur ist aus denen nie etwas geworden.

Ich habe auch verschiedene Projekte verkauft, die ich entwickelt hatte, so etwa den SF-Action-Film SAFECRACKER und DIMENSION, der von Wes Craven für Dimension produziert werden sollte. SAFECRACKER wurde von Netter Digital gekauft, aber die Firma ging pleite, bevor der Film in Angriff genommen werden konnte. JUNG war ein großer SF-Action-Film für die ganze Familie, der bei Dimension versauerte. Ich habe mit Projekten wie diesen Jahre verschwendet.

Das passiert vielen Filmemachern. Außerhalb der Branche versteht man oft nicht, wie schwer es ist, ein Projekt zu verwirklichen. Es ist echt ein Wunder, wenn ein Film wirklich gemacht wird. Ich habe zehn Jahre damit verbracht, Projekte zu pitchen, die ich und andere entwickelt hatten oder bei denen ich als Regisseur angeheuert worden war, die aber aufgrund von Finanziers, die ihren Worten keine Taten folgen lassen konnten, in sich zerfielen.

Ich wollte gerne nur noch als Regisseur tätig sein, aber das Filmgeschäft ist brutal und selbst, wenn man einen 100-Millionen-Dollar-Hit produziert, bedarf es nur einen Flops und man ist wieder draußen. WISHMASTER war erfolgreich, aber kein immenser Hit. Er war für mich nicht der oft beschworene „Erfolg über Nacht". Irgendwie bin ich auch ganz froh darüber, da ich weiter an meiner Karriere arbeitete und nichts als selbstverständlich erachte. Ich habe über die Jahre erkannt, dass ich tun muss, was ich tue und sich die Gelegenheiten von selbst ergeben.

2007 inszenierten Sie dann BURIED ALIVE.

Ja. 2003 gründete ich meine eigene Produktions- und FX-Firma. Ich hatte von Hollywood die Schnauze voll und wollte meine Filme nun außerhalb des Systems machen. Ich drehte eine Woche an THE RAGE, als ich von Oddlot Entertainment kontaktiert wurde. Man wollte, dass ich die FX an vier Filmen, LIVING HELL, UNDEAD OR ALIVE, BURIED ALIVE und ZERO DARK 30, der ein Remake von DEATH DREAM war, machen sollte. Der letzte Film fiel schließlich raus und wir hatten die THE RAGE-Dreharbeiten unterbrechen müssen, da wir auf besseres Wetter warteten. Damit wollten wir im Frühjahr weitermachen.

Wir begannen also an LIVING HELL und UNDEAD OR ALIVE zu arbeiten, als der Regisseur von BURIED ALIVE ausstieg und die Produzenten mir den Job anboten. Der Film war bereits geastet und hatte eine Crew, als ich als Regisseur dazu stieß. Tobin Bell wurde angeheuert, nachdem ich zum Film gestoßen war. Mir blieben vier Wochen Vorbereitungszeit und ich hatte 20 Drehtage. Das war der kürzeste Zeitplan, mit dem ich je arbeiten musste, aber mit Hilfe von David Greathouse schaffte ich es. Ich hatte jedoch das Gefühl, dass mir oft die Hände gebunden waren, weil zu viele Leute versuchten, den Film in eine bestimmte Richtung zu drängen. Es war frustrierend, dass jede Entscheidung von mir hinterfragt wurde. Ich wollte weniger Exposition und die Schock- und Horror-Elemente ausbauen, aber letzten Endes war ich nur ein im letzten Moment angeheuerter Regisseur und hatte kaum Kontrolle über das Skript und den Final Cut. Ich war dankbar für die Gelegenheit, aber wenn ich nicht David Greathouse gehabt hätte, der mir den Rücken stärkte, dann wäre wahrscheinlich mein Kopf explodiert.

Würden Sie BURIED ALIVE als Slasher-Film bezeichnen?

Eigentlich nicht. Es ist eher ein Geisterfilm. Ich mag Slasher-Filme nicht besonders.

Ist THE RAGE ein Projekt aus Passion?

Ja, ich wollte schon immer etwas im Stil der Drive-In-Filme machen. Als ich zurück nach Ohio ging und dort P13 aufbaute, begann ich auch, verschiedene Projekte zu entwickeln. Zusammen mit John Bisson entschied ich mich, dass THE RAGE am viel versprechendsten war. Wir wollten das Budget außerhalb Hollywoods akquirieren und den Film auf unsere eigene Art und Weise mit kleiner Crew machen. Wir brauchten etwa zwei Jahre, um den Film fertig zu stellen. Innerhalb von 24 Tagen drehten wir, wobei jeder in der Crew mehrere Jobs innehatte. Ich konnte mir einen Chefkameramann nicht leisten, weswegen ich selbst filmte. Auch die Sets, Props, FX – das alles wurde in-house gefertigt.

Hatten Sie Andrew Divoff im Kopf, als die Rolle des verrückten Wissenschaftlers entwickelt wurde?

Ja, der Part wurde speziell für ihn geschrieben. Ursprünglich war er nur am Anfang des Films zu sehen, doch wir hatten so viel Spaß, dass wir das Skript umarbeiteten und Andrews Rolle vergrößerten.

Mir ist klar, dass CGI nicht günstig sind, aber die Geier sahen doch recht beschämend aus. Gab es keinen anderen Weg, sie zu animieren?

Es gab keine Alternative. Stop-Motion ist zu zeitaufwendig und animatronische Puppen, die an Kränen bewegt werden müssten, waren schlichtweg zu teuer. Unser Budget und unser Zeitplan ließen das nicht zu. Wir versuchten jedoch absichtlich, den Computeranimationen einen Stop-Motion-Look zu geben. Tatsächlich glauben sogar einige Leute, dass es sich bei den Geiern um Stop-Motion-Effekte handelt. Keine Frage, einige der Effekte sind nicht besonders gut, aber man muss bedenken, dass wir hier mit einem Budget arbeiteten, das weit unterhalb dessen liegt, womit Syfy-Channel-Filme produziert werden. Wir hatten insgesamt 280 CGI-Shots und nur 15 Wochen, um sie fertig zu stellen.

Hätten wir Stop-Motion gemacht, hätte man uns auch das vorgeworfen. Man hätte gefragt, wieso wir diese altmodische Technik einsetzen, wo es doch CGI auch gibt. Kritik hätte es so oder so gegeben. Und die Realität ist, dass Filme wie G.I. JOE, DIE MUMIE, VAN HELSING oder I AM LEGEND Effektbudgets von 50 Millionen Dollar haben und diese ebenfalls nicht real aussehen, so dass Leute sich darüber beschweren. Wir haben versucht, aus dem vorhandenen Budget das Beste herauszuholen und einen spaßigen Film zu machen. Wir wollten, dass das Publikum bei uns auch ein paar Überraschungen erlebt. Es sollte das Gefühl haben, einen alten Drive-In-Film zu sehen.

Es gab eine Comic-Miniserie mit einem Prequel zu THE RAGE. Waren Sie daran involviert?

Ja, John Bisson und ich entwickelten die Story für „Beneath the Valley of the Rage" und John schrieb die Skripte für die Comics.

Der Verlag war Fangoria Comics, der nur wenige Monate überlebte und abgewickelt wurde, noch bevor die Miniserie zu Ende erzählt war. Überraschend?

Auf jeden Fall. Das kam aus dem Nichts und enttäuschte uns auch sehr. Fangoria Graphics ist der Nachfolger und hat die vierte, nicht mehr gedruckte Ausgabe online gestellt.

Wie sieht's mit einem Sequel zu THE RAGE aus?

John und ich arbeiten an einem Sequel, das sowohl in Comic- als auch Filmform entstehen soll.

Danach drehten sie DEADLY IMPACT. Worum geht's da?

Davie Greathouse hat den Film für MGM Home Video produziert. Es ist ein Action-Thriller mit Sean Patrick Flanery und Joe Pantoliano. Erzählt wird eine Rache-Geschichte in Albuquerque, bei der ein Polizist einen Attentäter jagt. Ich habe den Film in 24 Tagen gedreht und bis dato war es mein ambitioniertestes Projekt. David hatte ein paar der Action-Szenen in THE RAGE gesehen und wollte mich deswegen für den Film. Er war beeindruckt davon, was ich mit wenig Geld, aber viel Energie umsetzen konnte. Da DEADLY IMPACT kein Horrorfilm ist, ist er für mich eine gute Gelegenheit, eine andere Seite von mir als Regisseur zu zeigen.

Amanda Wyss, die Tina aus NIGHTMARE ON ELM STREET, spielt mit. Man hat sie jahrelang nicht mehr gesehen. Wie kam sie zu dem Projekt?

Sie sandte ein Tape mit einem Vorsprechen ein. Kurz zuvor war sie nach New Mexico gezogen, wo wir drehten und hatte versucht, Rollen bei Filmen zu bekommen, die in der Stadt gedreht werden. Es war eine unerwartete, aber angenehme Überraschung, als ich sie sah. Ich hab sie vom Fleck weg engagiert.

BUMP soll einer ihrer nächsten Filme sein. Auch davon gab es bei Fangoria Comics eine Miniserie. Ist der Film eine Adaption?

Mark Kidwell erschuf den Comic und Scott Licina produziert den Film. Mark hat mich hinzugeholt und mir gefiel die Geschichte. Das Projekt ist noch in Entwicklung, aber die Finanzierung steht. Der Comic wurde von jeher mit einer späteren Filmadaption im Hinterkopf produziert.

Tobin Bell und Ashley Laurence sollen mitspielen. Ist es wichtig, bekannte Genre-Namen zu haben?

Ja, je mehr bekannte Namen man besetzen kann, desto besser für den Film.

Als Spezialist für Effektkunst und Regisseur, wie sehen Sie da den Trend zu Torture Porn?

Ich bin kein großer Freund davon. Ich mag Horrorfilme, die Spaß machen. Ich mag es, wenn man lachen und sich zugleich gruseln kann. Ich kann verstehen, warum diese Filme zurzeit gut laufen, aber das Genre bewegt sich immer in Zirkeln. Und ich bin mir ziemlich sicher, dass der Torture-Zirkel bald wieder endet.

Sie wollen sich auch künftig mehr auf die Regie als auf das FX-Fach konzentrieren?

Ich habe in den letzten vier Jahren drei Filme gemacht und ich würde noch mehr machen, wenn ich könnte. Aber ich habe Glück, wenn ich alle paar Jahre einen Film verwirklichen kann. Glücklicherweise habe ich aber auch noch diese andere Filmkarriere, die mich ausfüllt und dafür sorgt, dass ich nicht einroste. Andere Regisseure haben oft das Problem, dass sie zwischen Filmen irgendetwas anderes machen müssen, um sich den Lebensunterhalt zu sichern.

Letzte Frage: Welcher Ihrer eigenen Filme gefällt Ihnen am besten?

Sie sind alle meine Kinder und in jedem von ihnen steckt ein Teil von mir. Ich bin auf sie alle stolz, aber meine neuesten Projekte mag ich immer am liebsten. Das kommt vielleicht auch daher, dass ich als Regisseur mit jedem neuen Projekt mehr Selbstvertrauen finde. Und auch neues wie DEADLY IMPACT machen kann, von dem ich denke, dass er weitere Türen öffnen wird.

Maurice Devereaux

Der kanadische Filmemacher fiel erstmals mit der Reality-TV-Satire SLASHERS auf und hat später den religiösen Horrorfilm END OF THE LINE inszeniert. Er hat jedoch damit zu kämpfen, seine Filme zu finanzieren, weswegen seine letzte Regiearbeit auch schon einige Jahre zurückliegt. Im Zuge des DVD-Releases wurde dieses Interview im Jahr 2008 geführt.

Erzähl uns bitte ein bisschen über Dich selbst.

Als Kind liebte ich Comics und Action-Figuren. G.I. Joe, Superhelden – das war meine Welt. Ich habe immer kleine Geschichten dazu erfunden und die Action-Figuren waren sozusagen meine ersten Darsteller. Sie waren auch sehr viel leichter zu manipulieren (lacht). Ich habe versucht, eigene Comics zu machen, aber ich zeichne ganz, ganz schlecht. Und als ich dann Filme wie SUPERMAN und STAR WARS sah, war ich so verzaubert, dass ich wusste, dass ich Filmemacher werden wollte.

Bisher hast Du vier Filme gemacht, allesamt eigene Projekte. Hast Du auch mal versucht, andere Gigs zu erhalten?

Ich habe nur bei Kurzfilmen meiner Filmschul-Freunde in anderer Funktion denn als Regisseur gearbeitet. Nichts übertrifft es aber, eigene Filme zu machen. Ich bin lieber der Kapitän auf einem kleinen Schiff als Matrose auf einem großen.

Was hattest Du für Vorbilder, als Du mit der Arbeit an BLOOD SYMBOL begonnen hast.

Steven Spielberg und George Lucas waren meine Idole, aber als Teenager konnte ich ihre Filme natürlich nicht nachahmen. Darum würde ich sagen, dass Sam Raimi den größten Einfluss auf mich hatte, da ich durch ihn verstanden habe, dass man Filme mit einem kleinen Budget machen kann (auch wenn ich bis heute nicht mit einem solchen Budget arbeiten konnte, das er 1980 mit TANZ DER TEUFEL hatte).

Du hast BLOOD SYMBOL zusammen mit Tony Morello inszeniert. Wie kam es dazu?

Ich traf Tony in der Filmschule und wir wurden sehr schnell gute Freunde, da wir auch dieselben Filme lieben. Nach ein paar gemeinsamen Kurzfilmen wollten wir einen echten Film machen. Tony war mehr für die technische Seite wie die Kamera zuständig, während ich mich um das Skript und den Schnitt kümmerte. Dazu inszenierten wir beide, aber ich habe schnell gelernt, dass es angesichts des mit Dreharbeiten verbundenen Stresses besser ist, wenn es nur einen Regisseur gibt, der die Entscheidungen trifft. Den Film produzierten wir mit der Firma Tonmor Productions. Der Name ist eigentlich ein Witz. Er besteht aus den Anfangsbuchstaben unserer Vornamen („mor", weil Maurice als „Morris" ausgesprochen wird).

Ist es wahr, dass die Arbeit an BLOOD SYMBOL im Jahr 1984 begann und es sieben Jahre dauerte, bis der Film fertig war (plus einem weiteren Jahr, bis er vertrieben wurde)?

Einer der Vorteile, wenn man jung, naiv und unerfahren ist, ist, dass man viel Energie und Hoffnung besitzt. Ich gab einfach nie auf, auch wenn es meine Hauptdarstellerin geliebt hätte, wenn ich in einem Autounfall oder so gestorben wäre. Ich drängte sie immer wieder zu neuen Dreharbeiten und sie konnte nicht nein sagen. An so vielen Wochenenden stand sie frühmorgens nach einer Party-Nacht auf, um diesen kleinen albernen Film zu drehen. Der Grund, warum es so lange dauerte, ist einfach: fehlendes Geld. Dazu musst Du wissen, dass wir auf echtem Film gedreht haben (zuerst 8mm, später dann 16mm) und das einiges kostet. Damals kostete eine Rolle mit 2,5 Minuten Super-8-Film 35 Dollar (und das 16mm-Material das Drei- oder Vierfache davon). Später gab ich dann ein Vermögen aus, um das Material auf Betacam-Tapes umzukopieren, was auch gut und gerne 12.000 Dollar gekostet hat. Das finale Budget des Films betrug schließlich 60.000 Dollar, was nach richtig viel klingt, aber wenn wir das Equipment, das es heutzutage gibt, damals schon gehabt hätten, hätten wir in diesen sieben Jahren und mit diesem Geld locker sieben Filme machen können. Sie wären vielleicht genauso schlecht wie BLOOD SYMBOL gewesen, aber die letzten wären dann schon alleine wegen der Praxis-Erfahrung besser geworden.

Regiedebütanten haben es heute – in rein technischer Hinsicht – viel leichter.

Als Du 1984 mit der Arbeit an dem Film begannst, war der Slasher-Trend noch recht lebendig. Denkst Du, der Film wäre besser angekommen, wenn er Mitte der 80er Jahre herausgekommen wäre?

Wenn wir 1985 damit fertig gewesen wären, hätte der Film für den Verleih wahrscheinlich mehr Geld gemacht (für mich natürlich nicht, da ich nie einen Cent an dem Film verdient habe), denn damals haben die Videotheken noch jeden Schrott gekauft, um ihre Regale zu füllen, selbst wenn es sich um Amateurgrütze wie BLOOD SYMBOL handelte.

Kommt der Film mal auf DVD raus?

Ich glaube nicht, dass es dafür ein nennenswertes Interesse gibt. Und mir ist es auch lieber, wenn den Film möglichst wenige Leute sehen, denn gut ist er wirklich nicht. Aber es gibt eine ganze Reihe von Websites, die Bootleg-DVDs verkaufen. Ich kontaktierte eine von diesen, die den Film mit einem tollen Cover hatte, und fragte, ob sie mir eine schicken würden, was sie auch taten. Es wäre einfach zu schräg gewesen, wenn ich für ein Bootleg meines eigenen Films etwas hätte bezahlen müssen. Sollte ich eines Tages mal einen erfolgreichen Film haben, dann könnte es vielleicht Interesse daran geben, auch meine frühen Filme noch mal rauszubringen. Das könnte jungen aufstrebenden

Filmemachern auch Hoffnung geben, wenn sie den Film sehen und sich sagen: „Scheiße, wenn er diesen Schrott gemacht hat und trotzdem erfolgreich geworden ist, dann kann ich das auch."

Dein zweiter Film LADY OF THE LAKE wurde 1998 veröffentlicht. Wann hast Du mit der Arbeit an dem Film begonnen?

Ich hatte schon lange nichts mehr gedreht und wurde etwas ungeduldig. Darum begann ich 1993 mit LADY OF THE LAKE, der zuerst ein Kurzfilm werden sollte, aber dann viel länger wurde. Ich entschied mich also, weitere Szenen zu schreiben und daraus einen Langfilm zu machen. Dabei ging mir aber wieder mal das Geld aus, so dass ich nach 13 Drehtagen abbrechen musste. Ich schnitt das vorhandene Material zusammen und hatte 50 Minuten des Films. Danach schnitt ich einen Trailer und versuchte fünf Jahre lang, einen Investor zu finden, um den Film abschließen zu können. Finanziell griff mir mein Kumpel Martin Gauthier, der die Musik für SLASHERS und END OF THE LINE komponiert hat, unter die Arme. Dank ihm konnte ich 1998 den Film mit zwölf weiteren Drehtagen abschließen. Wie Du Dir vorstellen kannst, war es nicht leicht, nach so langer Zeit alle Schauspieler wieder aufzutreiben. Und einige hatten sich physisch auch verändert. Meine Hauptdarstellerin brauchte eine Perücke, da sie ihr Haar mittlerweile kurz trug.
BLOOD SYMBOL und LADY OF THE LAKE sind perfekte Beispiele dafür, wie man Filme nicht machen sollte. Sie

entstanden mehr mit Herz und Enthusiasmus, denn einem smarten Geschäftsplan und einem organisierten Drehplan. Ich habe so viele Fehler beim Dreh meiner ersten beiden Filme gemacht, dass ich als abschreckendes Beispiel in der Filmschule dienen könnte.

Als ich Filmkurse am College in Montreal nahm, da waren die hauptsächlich akademischer Natur und die Lehrer hatten keinerlei eigene Erfahrung, einen Film zu drehen. Als Lehrer waren sie nett und halfen, wo sie konnten, aber wir hätten ein oder zwei Mentoren gebraucht, die uns bei praktischen Fragen hätten weiterhelfen können.

Welches Budget hatte der Film dann?

Vor der digitalen Revolution war Filmemachen noch viel teurer. Wir drehten auf 16mm und das Budget war um die 100.000 Dollar, wobei der Großteil des Geldes in die Postproduktion floss.

Der Film war einer der ersten Titel, die von Fangoria Films herausgebracht wurden. Wie war das für Dich?

Ich hatte jede Ausgabe von „Fangoria" und es war einfach großartig, in dem Magazin besprochen zu werden. Ich hatte auch Glück, dass Fangoria von sehr netten Leuten geleitet wurde. Tony Timpone und Mike Gingold haben mich unterstützt, wo es nur ging. Aber die DVD-Auswertung von LADY OF THE LAKE lief tatsächlich über eine Firma namens MTI Home Video, die damals den „Fangoria"-Namen lizensiert hatte, um ein FANGORIA PRESENTS-Label etablieren zu können.

Damit kommen wir auf ein Thema innerhalb der Filmemacherei, das hässlich ist: die geschäftliche Seite. Ich war sehr naiv und verkaufte MTI die DVD-Rechte für die USA für einen lächerlich geringen Betrag. Die internationalen Rechte verkaufte ich wiederum an eine Firma in Toronto, die Cinema Vault hieß. Cinema Vault hat in den zehn Jahren, in denen der Film bei der Firma lag, ihn an zahlreiche Territorien überall auf der Welt verkauft, aber ihre „kreative Buchhaltung" war derart, dass sie sich selbst hohe Gebühren berechneten und Tausende von Dollars verdienten, ohne dass ich einen Cent davon sah.

Über die Jahre habe ich auch andere Indie-Filmemacher getroffen, die von anderen Firmen genauso abgezogen worden sind. Es ist „legaler Raub" und die Opfer sind junge Filmemacher, die noch keine Ahnung haben, was das für ein Haifischbecken ist, in das sie sich vorgewagt haben.

Darum, junge Filmemacher dieser Welt, hört auf meine Worte: Das einzige Geld, das ihr jemals sehen werdet, ist die Upfront-Zahlung, die ihr erhaltet, bevor ihr der Firma das Filmmaster aushändigt. Danach ist euer Glück in Gottes Hand. Cinema Vault hat mir eine wertvolle Lektion erteilt: Wenn man ein Filmemacher ist, sollte man sich niemals mit Sales Agents einlassen, sondern seinen Film selbst vermarkten. Sales Agents sind der Abschaum dieser Erde und werden Dich abziehen, wo sie nur können. Das war also noch so ein Film, an dem ich keinen Cent verdient habe.

Die Lücke zwischen LADY OF THE LAKE und SLASHERS war kürzer. Es dauerte nur drei Jahre, bis Dein nächster Film erschien. Was war die Genese von SLASHERS?

Als ich das Skript 1999 schrieb, hatte die große Reality-TV-Schwemme Nordamerika noch nicht erreicht. Ich war von der japanischen Show „Endurance" inspiriert, von der ich im Fernsehen ein paar Clips gesehen hatte; außerdem auch von Stephen Kings Romanen „Menschenjagd" und „Todesmarsch". Dazu kam, dass zu jeder Zeit der Extreme-Fighting-Trend immer stärker aufkam. Ich dachte also, wie würde eine ultimative Reality-Show aussehen, in der all das integriert ist.
Der Grund, warum SLASHERS schneller auf den Markt kam, war, dass ich den Film besser organisiert hatte. Das Budget war niedrig — es waren ca. 250.000 Dollar. Nicht viel für ein ambitioniertes Projekt wie dieses. Es war mein erster semi-professioneller Film, bei dem jeder bezahlt wurde (außer mir).

Wie lange dauerte es, bis das Drehbuch stand?

Ich schrieb das Skript innerhalb von zehn Wochen. Danach entstanden noch ein paar weitere Versionen, aber die Basis veränderte sich nicht mehr. Für mich ist der Hauptunterschied zwischen SLASHERS und Filmen wie RUNNING MAN oder BATTLE ROYALE, dass die Spieler freiwillig daran teilnehmen, eben wie in Reality-Shows. Sie begeben sich freiwillig in diese absolute irre Situation. Das gibt dem Film mehr Substanz.

Wie wurde der Film finanziert?

Ich verkaufte das Skript an eine Firma in Montreal mit Namen Blackwatch Productions. Damals sollte der Film noch ein deutlich höheres Budget haben, aber dann ging Blackwatch bankrott. Der Film war von Blackwatch jedoch versichert worden, allerdings sah die Klausel in der Versicherungspolice vor, dass der Film innerhalb von vier Monaten fertig sein musste. Vier Monate von Pre-Production bis Nachbearbeitung sind ein Höllenritt. Es gab nur eine Nacht in der ganzen Zeit, in der ich mehr als vier Stunden geschlafen habe.
Fangoria war an der Produktion nicht beteiligt, empfahl den Film aber an MTI Home Video weiter. Die Firma brachte ihn dann auch in den USA raus. Weder mit MTI noch mit den Auslandsverkäufen hatte ich irgendetwas zu tun, denn durch den Bankrott von Blackwatch hatte ich auch alle Rechte an meinem Film verloren. Und auch hier gilt: Ich hab keinen Cent an dem Film verdient.

Wie lange wurde der Film gedreht?

25 Tage. Das Problem daran war, dass wir lange fortlaufende Takes von vier bis sieben Minuten machten und wenn ein Schauspieler sich verhaspelte oder irgendetwas anderes nicht klappte, dann mussten wir wieder von vorne beginnen. So haben wir ein oder zwei Takes pro Tag geschafft.

Als SLASHERS auf dem Fantasia Film Festival im Jahr 2001 debütierte, hatte er eine Laufzeit von ungefähr

zwei Stunden. Was veranlasste Dich, einen 99-Minuten-Fassung für die DVD-Auswertung anzufertigen?

SLASHERS sollte aussehen, als handele es sich um eine fortlaufende Einstellung. Ich hatte darum Schnitte so eingeplant, dass sie nicht erkennbar sein sollten. Aber die Fassung lief zwei Stunden und zwölf Minuten. Vertraglich war ich verpflichtet, einen zwei Stunden langen Film abzuliefern, also schnitt ich ein paar Szenen und fügte ein paar Gimmicks ein, um die Schnitte zu verstecken. Diese Version lief auf dem Fantasia-Festival. Ein paar Monate später entfernte ich dann 21 weitere Minuten. Der Film wurde dadurch besser. Viel Charakter-Exposition und unnötige Dialoge fielen der Schere zum Opfer. Der Rhythmus des Films ist aber immer noch ein Problem. Es wird zu viel geredet und es gibt nicht genug Action. Wenn ich den Film auf normale Art und Weise gedreht hätte, hätte ich im Schnitt noch weit mehr machen können. Aber ich wollte dieses Gefühl einer fortlaufenden Einstellung. Darum ist die 99-Minuten-Version die von mir bevorzugte. Es gibt aber auch DVD-Veröffentlichungen, die kürzer sind – da wurden alle Gore-Szenen entfernt!

Neun Jahre sind vergangen, seit SLASHERS debütierte. Wie weit entfernt sind wir noch von einer realen Show wie dieser?

Wenn es Kämpfe ohne jedwede Regel in einem Show-Kontext gibt, sind wir SLASHERS schon näher, aber ich denke, eine Show wie diese mit echten Morden könnte nur in einem „geächteten" Land entstehen. Sie wäre aber wohl sehr populär, so wie die Gladiatorenspiele im alten Rom.

Ein Sequel ist eher ausgeschlossen?

Der Film kam in einigen Territorien raus, aber ich weiß nicht, wie gut er lief. Wegen des Bankrotts der Rechte-Inhaber wüsste ich aber auch gar nicht, wer die Rechte am Film nun hält. Aus einem rein rechtlichen Standpunkt heraus wäre ein Sequel also nur schwer zu verwirklichen. Aber ich würde schon gerne eines machen, wenn ein Budget zur Verfügung stünde und die rechtliche Lage geklärt wäre. Ich habe noch einige Ideen, wie man den Stoff besser machen kann.

Sechs Jahre vergingen, bis END OF THE LINE auf den Markt kam. Er wurde aber schon früher gedreht, richtig?

Ich habe den Film im August 2006 fertig gestellt. Seine Premiere feierte er kurz danach im September auf dem Toronto International Film Festival – also ein Jahr nach Ende der Dreharbeiten. Aber es dauerte lange, von verschiedenen Verleihen gute Angebote zu bekommen. Da ich in der Vergangenheit schon ein paarmal abgezogen worden bin, wollte ich diesmal alles richtig machen. Das wiederum verzögerte den Vertrieb, bis der Film schließlich im Mai 2009 in den USA ausgewertet wurde. Ob es diesmal die richtige Entscheidung war, weiß ich noch nicht, da ich aus dem US-Deal noch kein

Geld gesehen habe. Und die internationalen Verkäufe haben den Budget-Einsatz noch nicht aufgehoben. Also: Noch immer kein Geld für mich. Die Lektion, liebe Leute, ist: Werdet nicht Filmemacher, um reich zu werden.

Du hast END OF THE LINE mit Deiner eigenen Firma und eigenem Geld produziert. Was ist dabei am Problematischsten?

Es ist sehr riskant und der Druck ist enorm. Wenn etwas schief geht, dann kostet dich das selbst einiges an Geld bzw. treibt dich tiefer in die Schulden. Empfehlen kann ich das nicht, da ich bisher bei jedem meiner Filme einiges Geld verloren habe. Die Leute fragen oft, wo ich das Geld für die Filme her habe. Die einfache Antwort ist: Ich habe dafür gearbeitet. Ich nehme alles Geld, das ich mit 60 oder 70 Stunden Arbeit pro Woche als Cutter für Filmtrailer, TV- und Radio-Werbespots und ähnliches verdiene, mache keinen Urlaub, fahre kein Auto, habe kein Haus und keine Familie, und stecke es in meine Filme.

Der Film soll 200.000 kanadische Dollar gekostet haben. Er sieht deutlich teurer aus.

Naja, 200.000 sieht nach sehr viel mehr aus, wenn man das aus eigener Tasche berappen muss (lacht). Tatsächlich hat der Film eher 300.000 Dollar gekostet. Dazu kamen noch die Kosten für das Marketing, Reisekosten zu Festivals und dergleichen mehr, so dass unterm Strich wohl eine Zahl von um die 400.000 steht.

Davon hab ich ein Viertel durch internationale Verkäufe wieder reingeholt. Aller guten Kritiken zum Trotz war der Film für mich also in Sachen Geld kein Erfolg.

Wo hast Du ihn gedreht?

Wir haben 20 Tage in Montreal und einen Tag in Toronto gedreht. Dort gibt es eine U-Bahn-Station, die nicht mehr in Betrieb ist.

Bei einem Film wie END OF LINE drängt sich die Frage auf: Wie stehst Du zu organisierter Religion?

Ich wurde glücklicherweise in einer nicht praktizierenden katholischen Familie erwachsen. So konnte ich mir ein eigenes Bild machen und erhielt nicht schon als Kind eine Gehirnwäsche. Als junger Mann hab ich mich total von der Religion abgewandt. Ich kann verstehen, warum einige sehr religiös sind (wobei manche keine Wahl hatten, da sie schon als Kinder indoktriniert wurden), aber ich finde religiösen Glauben lächerlich. So geht es wohl vielen Menschen, die Logik, Wissenschaft und gesundem Menschenverstand folgen.
Extremisten jeder Religion machen mir Angst. Man kann mit diesen Leuten nicht reden. Stell Dir vor, du stehst einem Selbstmordattentäter gegenüber, der es nicht erwarten kann, sich in die Luft zu sprengen und im Paradies seine 72 oder wie viele es sind Jungfrauen zu haben. Religion ist eine gefährliche Waffe, die benutzt wird, um die Massen zu kontrollieren und Geld und politische Macht zu erlangen. Sie wird entweder von

Wahnsinnigen oder Verbrechern genutzt, die Hass und Ignoranz nähren. Leute wie der Papst, der es den Menschen in Afrika noch immer verbieten will, Kondome zu benutzen, was katastrophale Konsequenzen mit sich bringt, da sich AIDS wie ein Lauffeuer ausbreitet. Religion ist eine der traurigsten Erfindungen der Menschheit.

Sieht man sich SLASHERS und END OF LINE an, dann merkt man, dass Dich Themen beschäftigen, die sowohl modern als auch aktuell sind. Sind es Themen, die Dich selbst beschäftigen oder spielten Gründe der Vermarktbarkeit hinein?

Ich habe niemals einen Film gemacht, nur weil ich dachte, dass man ihn gut vermarkten könnte. Meine Filme kommen von Herzen und sind Geschichten, die ich unbedingt erzählen und mit denen ich etwas ausdrücken will.

Ich mag die Ambivalenz am Ende von END OF THE LINE. Es könnten Dämonen oder aber auch nur Halluzinationen sein. Der Zuschauer muss hier selbst entscheiden, ob es Dämonen gibt und die Fundamentalisten Recht hatten oder alles nur eine Halluzination darstellt. Wie interpretierst Du das Ende?

Fragen zum Ende beantworte ich nie, weil ich glaube, dass das das Mysterium schädigt. Es ist viel furchteinflößender, wenn man sich nicht sicher sein kann, wie das Ende zu deuten ist. Aber wenn man den

Film ganz aufmerksam ansieht, findet man einige verborgene Hinweise darauf, wie ich das Ende des Films interpretiere.

Es gab Gerüchte, dass die auf Festivals gezeigte Version des Films zwei Stunden lang gewesen sein soll. Es heißt, die Gore-Szene mit dem Baby sei länger gewesen. Ist da ein Funken Wahrheit daran?

Nein, es gab nie eine längere Fassung des Films und nichts wurde aus der Baby-Szene entfernt. Mein erster Schnitt des Films war anderthalb Minuten länger, aber diese Dialogszene findet man nun im Bonusmaterial der DVD. Auf der IMDb wurde das Gerücht begründet, es gäbe eine Zwei-Stunden-Fassung des Films. Das ergab sich wahrscheinlich, weil bei der Vorführung in Toronto zuvor noch ein 20-minütiger Kurzfilm lief und jemand nach dem Kinobesuch auf die Uhr sah, sich dachte, dass es zwei Stunden waren und vergaß, dass der Kurzfilm auch dabei war. Das hat er dann verbreitet – und so entstehen Gerüchte.

Wie sieht's mit einem Sequel aus?

Nein, daran bin ich nicht interessiert. Die Geschichte ist erzählt. Aber klar, wenn mir jemand eine Tonne Geld anbietet, würde ich es mir noch mal überlegen (lacht).

Du schneidest Deine Filme selbst. Passion oder Notwendigkeit?

Ich mag das Schneiden, das ist praktisch der letzte Rewrite des Drehbuchs und sehr wichtig. Es ist nach einem hektischen Dreh auch schön, für sich alleine zu sein und sich nicht um andere Dinge kümmern zu müssen.

Was machst Du als nächstes?

Ich hoffe, dass ich meinen ersten Film auf Französisch, meiner Muttersprache, machen kann, aber dazu kann ich noch nichts sagen. Es wird einer der ersten frankokanadischen Horrorfilme und hoffentlich noch besser als END OF THE LINE, da ich das Gefühl habe, dass jeder meiner Filme besser ist als der letzte.

Welche Horrorfilme siehst Du selbst am liebsten?

Als ich aufwuchs, liebte ich die Klassiker und tue das noch immer: TEXAS CHAINSAW MASSACRE, DAWN OF THE DEAD, HALLOWEEN, NIGHTMARE ON ELM STREET, EVIL DEAD, SUSPIRIA, PHANTASM. Heutzutage versuche ich, den Remakes aus dem Weg zu gehen. Sie interessieren mich nicht, da ich lieber etwas Neues sehen möchte. In den letzten Jahren fand ich vor allem die japanischen Horrorfilme wie RING oder JU-ON sehr gut, aber auch die wurden nach kurzer Zeit ohne Ende imitiert. Ich muss gestehen, wenn ich nicht auf einem Festival bin und ein paar obskurere Filme sehe, dann kucke ich heutzutage kaum noch Horrorfilme an.

Möchtest Du noch etwas hinzufügen, das ich zu fragen vergessen habe?

Danke für das Interesse an meiner Karriere. Meine Reise als Filmemacher war eine recht holprige und ich fühle mich geschmeichelt, dass meine kleinen Filme tatsächlich noch anderen Leuten außer mir selbst etwas bedeuten. Ich sehe bei meinen Filmen immer die ganzen Fehler, wenn sie fertig sind, aber ich gebe immer 100 Prozent und mache sie so gut, wie ich nur kann.

Chuck Parello

Sein Debüt gab der gebürtige Chicagoer Chuck Parello mit HENRY: PORTRAIT OF A SERIAL KILLER 2. Das passte, da er auch John McNaughton, den Regisseur des Originals, kannte. Danach hat er sich zu einem Spezialisten für True-Crime-Filme entwickelt und sich mit den Serienkillern Ed Gein und dem Hillside Strangler beschäftigt. Das Interview wurde im Jahr 2010 geführt.

Erzähl uns ein bisschen über Dich selbst und wie sich Deine Liebe zum Film entwickelte.

Ich bin ursprünglich aus Chicago, lebe nun aber in New York City. Filme liebe ich schon seit meiner Kindheit, darum erschien es für mich immer richtig, zur Filmschule zu gehen. Ich besuchte das Columbia College in Chicago. Danach kam ich zum Filmgeschäft, wo ich in einer ganzen Reihe schlecht bezahlter Jobs als Produktionsassistent, Techniker, Hochzeitsphotograph, Werbetexter und dergleichen mehr tätig war.

Du warst mal Assistent von John McNaughton bei MAD DOG AND GLORY. Wie kam es dazu?

Ich war als Journalist in Chicago tätig und schrieb für ein Magazin, das sich mit Film- und Videoproduktionen beschäftigte. Eines Tages kam John McNaughton in unser Büro, hatte eine Kopie seines Films HENRY: PORTRAIT OF A SERIAL KILLER dabei und erklärte, dass der Film, den er mit einem Mini-Budget in Chicago

gedreht hatte, auf dem Chicago International Film Festival laufen würde. Und er dachte, dass wir vielleicht drüber schreiben wollen würden. Nachdem er wieder gegangen war, sah ich mir das Artwork an und es sprach mich an. Ich hatte aber gerade so viel andere Arbeit, so dass die Videokassette erst mal verschüttet ging. Ungefähr einen Monat später nahm ich den Film dann mit nach Hause und dachte mir, zumindest wäre der Amateurfilm gut genug, um ein paarmal abzulachen. Aber dann erwartete mich eine sehr angenehme Überraschung, denn HENRY war ein Film, der ein beeindruckendes Meisterwerk darstellt, dessen Bann man sich nicht entziehen kann.
Ich rief sofort danach John an und gratulierte ihm zu seinem Film. Danach interviewte ich ihn für das Magazin. Später wurde ich dann von der Firma, der HENRY gehörte als Director of Publicity angeheuert. Als ich dann bei der Firma war, fragte ich ständig nach, wieso aus einem so großartigen Film wie HENRY nichts gemacht wird. Doch da der Film ein X-Rating erhalten hatte, wussten die Bosse dort einfach nicht, was sie mit dem Film anfangen sollten.
John und ich überlegten also, wie man den Film pushen könnte. Wir zeigten ihn auf verschiedenen kleinen Festivals und in Mitternachtsvorstellungen. Bei der Kritik kam HENRY sehr gut an und es dauerte nicht lange, bis dieser Film mit Mikrobudget sich zu einem Publikumsmagnet entwickelte und weltweit für Furore sorgte.
Natürlich war der Film kein großer finanzieller Erfolg, da er hauptsächlich in Arthaus-Kinos lief. Und die meisten

Leute, die dort Filme ansahen, schreckten vor der grimmigen Natur von HENRY zurück. Aber im Heimkinobereich und in Übersee lief der Film sensationell gut.

Als HENRY hier zu Lande fünf Jahre später richtig ausgewertet wurde, fiel er Martin Scorsese auf. Der gab John schließlich den Job bei MAD DOG AND GLORY und John wiederum holte mich als seinen Assistenten zum Film.

Stimmt es, dass Du McNaughtons Entwicklungsfirma drei Jahre geleitet hast?

Nachdem MAD GOD AND GLORY beendet war, arbeitete ich mit John McNaughton und seinem Partner Steven A. Jones bei ihrer Firma in Chicago. Diese hieß McNaughton/Jones Motion Pictures. Es war eine interessante Zeit, denn MAD DOG AND GLORY kam bei den Testvorführungen nicht so gut an, so dass es Nachdrehs und einen neuen Schnitt des Films gab. Diese Situation war mit viel Stress verbunden, so dass es schwer war, sich auf das Geschäft zu konzentrieren, das derart war, dass wir Material entwickelten, aus dem ein neues Projekt werden sollte.

MAD DOG AND GLORY war schließlich abgeschlossen und die Besprechungen waren gut, aber er wurde dennoch nur ein sehr moderater Erfolg. Es hatte zwei Jahre gedauert, bis der Film nach dem ersten Drehtag wirklich fertig war. Danach waren John, Steve und ich an verschiedenen Fernsehprojekten beteiligt, darunter der Film NORMAL LIFE mit Luke Perry und Ashley Judd. Nicht viele haben NORMAL LIFE gesehen, aber das ist ein wirklich guter Film. Er erzählt die wahre Geschichte eines Ehepaars aus Chicago, das Banken überfällt. Ich finde, dass dies eine von Johns besten Regie-Arbeiten ist. Die Darstellungen sind großartig und die Story vergisst man nicht, umso mehr, da sie wahr ist.

Du hast dann das Sequel zu HENRY geschrieben und inszeniert.

Ja. Ich arbeitete mit John und Steve an NORMAL LIFE und hielt Ausschau nach einem Projekt, das ich selbst machen konnte. Ich wusste, dass meine alten Bosse, denen HENRY gehört, da sie den Film finanziert hatten, an einem Sequel interessiert waren und so sprach ich sie an, ob man da nicht zusammenarbeiten wollen würde. Sie vertrauten mir, weil ich maßgeblich daran beteiligt war, HENRY zu dem Erfolg zu machen, der er geworden war und so heuerten sie mich an, das Skript zu HENRY 2 zu schreiben. Ich arbeitete beinahe zwei Jahre an dem Drehbuch und es wurde immer klarer, dass ich das größte Interesse daran hatte, dass der Stoff angemessen auf die Leinwand gebracht wird. Ich fragte also, ob ich den Film auch inszenieren könnte und zu meiner großen Überraschung bekam ich den Gig.

Fühltest Du Dich eingeschüchtert, ein Sequel zu HENRY zu machen?

Ich hab immer gesagt, dass ein Sequel zu HENRY nicht meine erste Wahl gewesen wäre, um meine

Regiekarriere zu starten, aber ich erhielt die Chance und nahm sie wahr. Der erste Film hat so etwas wie Kult-Status erlangt und ich kenne einige Leute, die dachten, dass es einem Sakrileg gleichkommt, ein Sequel zu machen. Mir war das alles bewusst, aber ich stürzte mich dennoch in das Abenteuer und ich finde, dass das Resultat besser ist, als jeder erwartet hätte. Einige der Kritiken waren wirklich gut und der Film hat dafür gesorgt, dass ich weitere Aufträge erhielt. Ich kann mich also nicht beschweren. Als ich noch Autor und Produzent des Films war und nach einem passenden Regisseur suchte, erhielt ich viele Absagen, da keiner mit John verglichen werden wollte. Aber ich dachte mir, dass ich sowieso ein total Unbekannter war und rein gar nichts zu verlieren hatte. Alles in allem bin ich sehr stolz auf die Arbeit, die ich mit HENRY 2 abgeliefert habe, auch wenn die Produktion ein sehr schmerzhafter Prozess war. John McNaughton hat den Film recht positiv aufgenommen, was einige Leute überrascht hat. Und wenn man John kennt, dann weiß man, dass er nie etwas sagt, das er nicht auch so meint.

Sollte Michael Rooker wieder die Hauptrolle übernehmen?

Es gab anfangs Gespräche mit Michael, der die Hauptrolle spielen und sogar den Film inszenieren sollte, aber finanziell kam man nicht zusammen, so dass beschlossen wurde, nach einem anderen Schauspieler zu suchen. Michael ist ein sehr talentierter Kerl, aber zu der Zeit, als wir den Film schließlich machten, hatte er einen

Level von Professionalismus und Bezahlung erreicht, bei dem wir ihn uns nicht mehr leisten konnten. Ich bin nicht sicher, ob er noch verstand – oder verstehen wollte -, was es heißt, einen Film mit so niedrigem Budget zu machen. Ich kann ihn da auch überhaupt nicht tadeln. Er hat versucht, aus dem Erfolg das Meiste herauszuholen. Und HENRY wäre schließlich ohne seine Darstellung nie der Erfolg geworden, der er ist.

Wie viele Schauspieler wurden getestet, bevor Neil Giuntoli die Rolle erhielt?

Als wir wussten, dass wir einen neuen Schauspieler brauchen würden, dachte ich an Neil Giuntoli, mit dem John McNaughton an ALIEN KILLER gearbeitet hatte. Neil spielte dort einen Psychopathen und hatte solche Rollen auch schon bei verschiedenen Fernsehproduktionen gespielt. Wir sprachen zwar auch noch mit anderen Schauspielern, aber jedes Mal erschien uns Neil als die bessere Wahl. Ich finde, er hat großartige Arbeit geleistet und viele Leute scheinen da gleicher Meinung zu sein.

War die Geschichte schon immer das, was wir im fertigen Film sehen oder gab es auch andere Story-Varianten?

Ich bin mit dem Final Cut des Films sehr zufrieden, auch wenn ich bei den Gewaltszenen noch etwas trimmen musste, damit der Film kein NC-17 erhält. Es tat danach wirklich weh, wenn Leute sich beschwerten, dass der

Film nicht blutig genug sei (auch wenn er das meiner Meinung nach noch immer ist) und ich wusste, dass der Grund für diese Beschwerde nicht bei mir lag, sondern ich gezwungen war, einige der Elemente, die einen starken Eindruck hinterließen, zu kürzen. Und noch schlimmer war, dass der Vertrieb in den USA den Film nur in einer geschnittenen Fassung herausbrachte. Ich habe keine Ahnung, wieso, aber so steht's geschrieben.

Mit was für einem Budget konntest Du an dem Film arbeiten? Und wie groß war es im Vergleich zum Original?

Das Budget von HENRY 2 war größer als beim ersten Teil, aber das heißt nicht viel. Finanziell war es beim Drehen immer eng und jeder Cent zählte. Aber ich kann mich nicht beschweren.

Warum gab es eigentlich kein weiteres Sequel?

Ich wurde gebeten, ein Sequel zu machen und begann auch mit dem Schreiben eines Drehbuchs, aber daraus ist dann nichts geworden. Ich hätte schon einen dritten Teil gemacht, aber die Erbsenzähler müssen es sich anders überlegt haben. Im zweiten Film hatte ich einen Subplot eingebaut, der die Saat für den dritten Film gewesen wäre, aber die entsprechenden Sequenzen entfernte ich aus dem fertigen Film, weil dieser ohne sie besser funktionierte. HENRY 2 hat finanziell durchaus Gewinne erwirtschaftet. Er war kein Monsterhit, aber hat den Finanziers Geld eingebracht. Warum es also keinen dritten Teil gab? Ich habe keine Ahnung.

Ein Sequel könnte immer noch funktionieren. Wie stehen die Chancen?

Die HENRY-Filme sind für erwachsene Zuschauer gedacht. Sie bieten sich nicht so leicht für Sequels an wie Filmreihen á la HALLOWEEN oder A NIGHTMARE ON ELM STREET. Natürlich könnte ein Film mit dem Titel HENRY 3 sich immer noch verkaufen, aber die Entscheidung hierüber müssen die Erbsenzähler treffen. Und da scheint es keine Bewegung zu geben. Vielleicht arbeiten sie aber auch an etwas, an dem ich nicht involviert bin. Wer weiß?

Was war beim Dreh von HENRY 2 die größte Schwierigkeit?

Wir drehten HENRY 2 während eines echt brutalen Winters in Chicago, und das oftmals mitten in der Nacht. Aber über die Kälte hab ich mich nie beschwert. Ich war einfach happy, dass ich nach dieser langen Zeit tatsächlich einen Film machen konnte. Das Schönste daran war zu sehen, wie die Szenen aus meinem Skript zum Leben erwachen, nachdem ich sie jahrelang in meinem Kopf hatte. Ich liebte es auch, mit der sehr hingebungsvollen Crew und den Schauspielern wie Rich Komenich oder Kate Walsh, die mit GREY'S ANATOMY und PRIVATE PRACTICE zum Star geworden ist, zu arbeiten.

Dein nächster Film war ED GEIN. Er kam vier Jahre später auf den Markt. Gab es Projekte dazwischen?

Oh ja, einige. Aber aus denen wurde nichts. So ist es doch immer im Filmgeschäft.

Wie kamst du zu ED GEIN?

Der Produzent hatte HENRY 2 gesehen und bot mit das Projekt an. Ich erkannte, dass ich daraus etwas machen konnte. Das Drehbuch existierte schon, als ich an Bord kam, aber ich habe es massiv umgeschrieben.

Hattest Du keine Befürchtung, als Regisseur für Serienkillerstoffe abgestempelt zu werden?

Nein, da mach ich mir mehr Sorgen darüber, nicht auf irgendwas abgestempelt zu werden und zuhause auf meinem Arsch zu sitzen. Wenn die Leute mich als „Serienkiller-Regisseur" sehen, ist das okay. Zudem mag ich es, mit Material zu arbeiten, das sehr düster ist. Filme wie THE HILLSIDE STRANGLER erlauben mir Dinge zu tun, die das Publikum niemals vergessen wird.

Wie wichtig war es für Dich, nahe an der Realität zu bleiben?

Ich habe schon versucht, der wahren Geschichte gegenüber treu zu bleiben. Aber es gibt Dinge, die muss man in einem Film machen, um ihn aufregend und interessant zu gestalten. Wenn man das wahre Leben ganz originalgetreu abbildet, läuft man Gefahr, dass es langweilig wird. Darum müssen zeitliche Abläufe, Ereignisse und Figuren manchmal zusammengefasst werden. Ich weiß, es gibt einige Puristen da draußen, die diese Geschichten im Schlaf herunterbeten können und dann bei jeder kreativen Abweichung enttäuscht sind, aber das sind wirklich nur wenige Leute. Man hört sehr viel mehr Leute sich beschweren, wenn ein Film zu langsam oder nicht blutig genug ist. Unterm Strich sind dies Filme, keine Dokumentationen.

Steve Railsback für die Hauptrolle anzuheuern, war ein Geniestreich. Er sieht Ed Gein sehr ähnlich. War er die erste Wahl?

Steve zu engagieren war die Idee von jemand anderem. Als ich ihn traf, war mir sofort klar, dass er der richtige Mann für die Rolle ist. Er hatte sogar das Alter, in dem Ed verhaftet wurde. Ich erinnerte mich noch vage an ihn als Charles Manson in HELTER SKELTER und wusste, dass er der Herausforderung gewachsen war. Es wurden andere Schauspieler in Betracht gezogen, aber nachdem ich Steve getroffen hatte, war klar, dass er die perfekte Wahl war.

Hast Du Dir andere Gein-Filme wie z.B. DERANGED in der Vorbereitung auf den Film angesehen?

Ich hab mir alle Filme angesehen, die ich kriegen konnte. Ich wollte der Gefahr entgehen, irgendetwas zu kopieren, das es in diesen Filmen gegeben hatte. So sah ich auch DERANGED zum ersten Mal, und den fand ich wirklich Spitze. Interessant fand ich, dass all die anderen Filme (PSYCHO, THE TEXAS CHAINSAW MASSACRE und DAS SCHWEIGEN DER LÄMMER) nur vereinzelte Elemente der Ed-Gein-Geschichte nahmen und sie zum Teil ihrer eigenen Geschichten machten. Als ich mich mit der realen Geschichte befasste, war mir dann klar, dass ich etwas machen konnte, das ein Kinopublikum so noch nicht gesehen hatte.

ED GEIN sieht sehr viel besser als HENRY 2 aus. War das Budget deutlich größer?

Interessant, dass Du das so siehst. Denn HENRY 2 hatte tatsächlich ein höheres Budget und mehr Zeit für die Dreharbeiten. ED GEIN wurde mit extrem niedrigem Budget verwirklicht. Wir hatten für nichts Geld, weswegen es mich umso mehr überrascht, dass der Film so wurde, wie er nun ist. Ich schätze, das ist auch und vor allem den großartigen Schauspielern Steve Railsback und Carrie Snodgress und der fleißigen Crew zu verdanken.

Vier Jahre später kam dann THE HILLSIDE STRANGLER. War der Film das direkte Follow-up-Projekt zu ED GEIN?

Nein, es gab auch hier ein paar Projekte, die fast gemacht worden wären, aber aus denen nichts wurde. Showbusiness halt.

Du hast THE HILLSIDE STRANGLER zusammen mit dem ED GEIN-Autor Stephen Johnson geschrieben. Interessieren dich True-Crime-Stories besonders?

Ja, ich liebe True-Crime-Stories, wenn auch nicht notwendigerweise Serienkillerstoffe, aber die werden mir halt angeboten.

Du hast C. Thomas Howell und Nicholas Turturro als sadistische Killer besetzt. Besonders Howell ist überraschend, da er für solche Rollen nicht bekannt ist. Warst Du sicher, die richtige Wahl getroffen zu haben?

Ich habe mir wegen C. Thomas Howell keine Sorgen gemacht – ich wusste, dass er ein superber Schauspieler ist und als Sadist überzeugen würde. Tatsächlich war ich unglaublich froh, dass er die Rolle angenommen hat. Einige Schauspieler lasen das Skript, aber sie lehnten das Projekt ab, weil sie die Story verstörte. C. Thomas ist jedoch ein toller Kerl, der diese Herausforderung enthusiastisch annahm. Ich würde jederzeit wieder mit ihm arbeiten

Würdest Du sagen, dass THE HILLSIDE STRANGLER ein Schritt nach oben ist, wenn man deine beiden vorherigen Filme als Maßstab nimmt?

Auch hier bin ich überrascht, wie gut THE HILLSIDE STRANGLER geworden ist, denn die Produktion war nicht unproblematisch. Wir hatten ein sehr kleines Budget, mit dem wir arbeiten mussten, aber dennoch ist das

Ergebnis toll geworden. Mit hierfür verantwortlich sind sicherlich Howell und Turturro. Ich war mir nie so ganz sicher, wie der Film aufgenommen werden würde, da er sehr verstörend ist. Darum freut es mich besonders, wenn mir jemand sagt, dass er den Film sogar mehrmals angeschaut hat.

2007 hast Du das Drama DEATH AND TAXIS produziert. Wie kam es dazu?

Schauspieler und Regisseur Kevin Mukherji ist ein Freund von mir. Er hat das Projekt mit einem Mikrobudget zusammengestellt. Ich hab dann daran mitgearbeitet und war ihm beim Schnitt behilflich, aber das war's eigentlich auch. Es ist ein guter kleiner Film, aber kein Horrorfilm, auch wenn der Titel das vielleicht nahelegt.

Ein künftiges Projekt von Dir ist SOMETHING IN THE NIGHT. Was kannst Du uns darüber erzählen.

Ehrlich gesagt nicht viel. Die Produzenten wollen, dass ich den Film mache, aber bisher konnten sie die Finanzierung nicht zusammen bekommen.

Du hast ein Drehbuch mit dem Titel CITY GAS geschrieben. Es soll um einen Geschäftsmann gehen, der einen Killer anheuert, der während des Sommers für ihn arbeiten soll. Wie geht es damit voran?

Das ist eine wahre Geschichte, von der ich in den Zeitungen gelesen habe. Es ist die Geschichte vom

Tellerwäscher zum Millionär. Ein Mann kommt aus Indien nach New York und schafft es dort, aus dem Nichts heraus eine große Tankstellenkette aus dem Boden zu stampfen. Das Problem ist, dass der Kerl total paranoid ist und einen Schwarzen aus dem Ghetto anheuert, der seine Tankstellenrivalen ebenso wie Angestellte, von denen er glaubt, dass sie ihn bestehlen, ausschalten soll. Diese Geschichte fasziniert mich, seit ich in den späten 90er Jahren davon gehört habe. Ich war sogar bei der Gerichtsverhandlung dieses Mannes. Ein paar Firmen scheinen an der Finanzierung von CITY GAS interessiert zu sein und ich hoffe auf das Beste.

Abgesehen von CITY GAS, welche Geschichte würdest Du sonst gerne erzählen?

Ich habe ein Skript namens SUNSET geschrieben. Es geht um die in Los Angeles aktiven Serienkiller Carol Bundy und Doug Clark. Außerdem bin ich an einem Projekt namens UNBROKEN involviert. Dieses beschäftigt sich mit dem Killer Richard Speck, der 1966 in Chicago acht Schwesternschülerinnen ermordet hat.

Wo siehst Du Dich selbst in zehn Jahren?

Naja, hoffentlich mit mehr Geld in der Tasche als jetzt. Dies ist ein hartes Geschäft, so dass ich hoffe, dass ich in zehn Jahren noch immer Filme schreibe und inszeniere.

Was ist Dein liebster Genre-Film?

Da gibt es viel zu viele. Aber ich liebe düstere ausländische Filme, so etwas wie die Arbeiten von Ingmar Bergman oder Michael Haneke.

Welche Art Horror bevorzugst Du am meisten?

Ich mag Horrorfilme, wenn sie gut sind, aber wie oft gibt es das schon? In den 80er Jahren wuchs ich mit einer ganzen Reihe von Slasher-Filmen auf und es ist amüsant zu sehen, wie diese heutzutage alle als große Studio-Filme neu gedreht werden. Ich selbst hatte das Glück, dass ich hauptsächlich mit Filmen zu tun habe, die auf realen Ereignissen basieren und das ist in der Regel schockierender als alles, was man sich vorstellen kann. Ich schätze, man könnte sagen, dass mich die Filme am meisten beeindruckt haben, die man nicht mehr vergisst.

Mehr als 30 Fragen … möchtest Du noch irgendwas hinzufügen, was ich vergessen habe zu fragen?

Da fällt mir echt nichts mehr ein. Aber danke für das Gespräch.

Ich hab zu danken. Und viel Erfolg mit Deinen weiteren Projekten.

Tim Sullivan

Tim Sullivan, Jahrgang 1964, hat schon als Teenager erste Filmerfahrungen gesammelt. In den späten 80er Jahren war er als Produktionsassistent für Filme wie DER PRINZ AUS ZAMUNDA und DER PATE III tätig. Später arbeitete er für New Line Cinema und analysierte Drehbücher. Als Produzent betreute er DETROIT ROCK CITY, bevor er begann seine Karriere als Regisseur voranzutreiben. Das Interview wurde im Jahr 2010 anlässlich der deutschen DVD-Premiere von DRIFTWOOD in München geführt.

Deine erste Arbeit beim Film war THE DEADLY SPAWN. Wie kam es dazu?

Es ist unglaublich, dass ein kleiner Film, der von ein paar Freunden in ihren Gärten und Kellern im Jahr 1982 gedreht wurde, noch immer etwas ist, über das man spricht. Wenn mir als 16-jährigem gesagt hättest, dass wir uns 26 Jahre später in München darüber unterhalten hätte ich gesagt: Ja, und vielleicht fliege ich auch zum Mond. Oder vielleicht wird ein Farbiger mal Präsident der Vereinigten Staaten. Aber manchmal wird so etwas eben wahr.
Das waren noch die Zeiten, als ein Haufen von Horrorfans für wenig Geld einen Film drehen und denn auch tatsächlich in die Kinos bringen konnte. Ich hatte wirklich Glück. Ich war ein Horrorfan – und das seit ich fünf Jahre alt war und ich Bela Lugosi als Dracula im Fernsehen sah. Es war, als hätte ich Pandoras Büchse

geöffnet. Und es war etwas, von dem meine Eltern gar nicht wollten, dass ich es sehe, aber ich habe es irgendwie geschafft, den Film zu sehen. Und seitdem wollte ich Pandoras Büchse auch nie wieder schließen.

Dracula machte mir Angst, war aber auch faszinierend. Für mich war es, als würde ich einen magischen Trick ansehen. Horrorfilme zu sehen ist für mich wie einem Magier dabei zuzusehen, wie er seine Illusionen kreiert. Magier sind mysteriös und unheimlich. Viel von der bei diesen Shows gebotenen Atmosphäre hat mit der Präsenz des Todes zu tun. Man fragt sich, ob er rechtzeitig entkommen oder in zwei Stücke zersägt werden wird. Und genau darum sind Horrorfilme für mich das Äquivalent zu Magie. Es gibt die Präsenz des Todes, aber das Publikum weiß, dass der Magier nicht sterben wird. Und es weiß, dass Dracula niemanden wirklich beißt. Aber ein kleiner Teil von uns denkt darüber nach, wie es wäre, wenn es doch passieren würde. Es geht auch darum, uns unseren Ängsten zu stellen. Als ich fünf Jahre alt war, entdeckte ich dieses Gefühl und ich sah, wie es andere Menschen beeinflusste, wie es ihnen Angst machte und sie doch immer wieder anlockte. Ich wollte ein solcher Magier sein.

Aber wenn man ein Junge in New Jersey ist, dessen Dad längst nicht mehr da war, der etwas dicklich war und nie besonders viel Geld hatte — und ich sage das nicht, um Mitleid zu erheischen, sondern um zu zeigen, dass jeder sich über seine eigenen Wurzeln erheben kann, wenn ich es konnte — dann hat man nicht viele Möglichkeiten. Ich sah mir die alten Universal-Monsterfilme im Fernsehen an und entdeckte dann Forrest J. Ackermans Magazin „Famous Monsters of Filmland". Diese Filme zu sehen und Magazine zu lesen ging einher mit meinen eigenen kleinen Comics, die ich in den späten 70er Jahren zeichnete. Aber tatsächlich Filme zu machen, war praktisch undenkbar.

Mein Kunstlehrer in der achten Klasse veränderte für mich jedoch alles. Er sagte, dass sein Bruder an der School of Visual Art seinen Abschluss gemacht hatte. Er drehte gerade kleinere Stop-Motion-Animationsfilme. Und mein Lehrer meinte, ich sollte ihn mal treffen. Sein Name war John Dods. Er ist etwa zehn oder zwölf Jahre älter als ich. Zuhause hatte er eine Vielzahl von Stop-Motion-Figuren. Eine davon war Grog, ein Monster, mit dem er eine Reihe von kurzen Filmen gemacht hatte. John lebte in einem schönen Appartement in New Brunswick und hatte diesen riesigen Keller, den er zu seinem eigenen kleinen Filmstudio umfunkioniert hatte. Er hatte Miniaturen von Straßen, Bars und Häusern. Es war pure Magie. Er war nur ein junger Filmemacher, aber für mich hätte er auch Steven Spielberg oder George Lucas sein können, weil er der erste Mensch war, den ich traf und der tatsächlich Filme machte. Er war niemand, der nur darüber redete. Und er wurde mein erster und größter Mentor.

Er nahm mich immer mit nach New York. Und während wir meiner Mutter sagten, dass wir ins Museum gingen, waren wir tatsächlich in den Grindhouse-Kinos der 42. Straße. Und dort hab ich all diese Exploitation-Filme gesehen. Ich fühlte mich wie ein Kind im Süßigkeitenladen.

Zu der Zeit war ALIEN ein riesiger Hit. Und dann kamen die Splatter-Filme. Die Slasher-Filme kamen später. Wir nannten die Blut-und-Gedärme-Filme einfach Splatter. Tom Savini war Dank FREITAG, DER 13. und ZOMBIE so etwas wie ein Gott, aber zu jener Zeit gab es eine strikte Trennung. Wir hatten Monsterfilme wie ALIEN und Splatterfilme mit Effekten im Stile eines Tom Savini. John hatte jedoch die Idee, einen altmodischen Monsterfilm mit den modernen Splattereffekten zu machen. Er kannte Tim Hildebrandt, den berühmten Maler, der mit seinem Bruder zusammen für seine HERR DER RINGE-Arbeiten, aber auch vieles andere bekannt ist. Zu der Zeit hatten sich die Brüder getrennt und gingen ihrer eigenen Wege. Tim wollte 20.000 Dollar in Johns Film investieren und das Poster dafür zeichnen. Dafür bat er John, dass sein Sohn Charles eine kleine Rolle im Film erhalten würde. Charles ist ein toller Schauspieler – darum erhielt er auch gleich die Hauptrolle.

Ein paar Filmfans aus New Jersey drehten also über ein Jahr hinweg an jedem Wochenende einen Film. Das war unser Hobby. Ich war damals in der High School und die anderen hatten alle ihre Jobs, aber am Wochenende war es Zeit für THE DEADLY SPAWN. John hatte schon mit Stop-Motion-Miniaturen gearbeitet, aber für den Film erschuf er ein lebensgroßes dreiköpfiges Monster. Es war etwa 2,5 Meter hoch und 3 Meter breit und es bedurfte fünf Leuten, um es zu bewegen. Daran war auch ich beteiligt.

Wir drehten in Johns Keller und Tim Hildebrandts Haus. Die Sets waren so gebaut wie bei der MUPPET SHOW, das heißt, alles war zwei Fuß über dem Boden angebracht, damit die Puppenspieler sich darunter bewegen und die Figuren animieren konnten. Die Atmosphäre war toll und die Schauspieler konnten direkt mit den Monstern interagieren. Wir drehten im Regen, ich lag auf dem Boden, holte mir eine Grippe und es war völlig egal. Ich liebte es. Es war, als würde ich in den Krieg ziehen. Nur dass es ein glücklicher Krieg war und niemand verletzt wurde – außer den Figuren des Films.

Wir drehten diesen Film zum Spaß und über ein Jahr hinweg. In der ersten Hälfte des Jahres drehten wir alles, was im Haus stattfand, in der zweiten Hälfte alles, was im Keller passierte. In diesem Jahr ging Charles jedoch durch die Pubertät. Das kann man auch sehen. Wir nannten es die „Magische Pubertätstreppe", denn wann immer Charles in den Keller ging, entwickelte er Flaum im Gesicht und wenn er wieder hochkam, war er wieder ein Junge.

Als wir uns dem Ende der Dreharbeiten näherten, hatten fast alle den Film verlassen. Sogar der Regisseur war weg, weil er ein Engagement für ein Shakespeare-Stück am Broadway erhalten hatte. Die Monsterszenen waren darum großteils von John Dods selbst inszeniert worden.

Wir wollten es fast nicht glauben, aber eine Firma namens 21st Century, die in jener Zeit einige Low-Budget-Horrorfilme in die Kinos brachte, kaufte unseren Film. Der andere große Film, den sie damals noch im Angebot hatten, war NIGHTMARE IN A DAMAGED BRAIN. Und der wurde damit beworben, dass die Effekte von dem Kerl waren, der bei FREITAG, DER 13. die Effekte gemacht hatte.

Im Jahr 1983 war ich 18 Jahre alt und ich konnte es nicht fassen, dass der Film in den Grindhouse-Kinos lief, in die John und ich immer gegangen sind. Der Film startete im April 1983 – fast auf den Tag genau, da TANZ DER TEUFEL in die Kinos kam. Wir waren in dem einen Kino, TANZ DER TEUFEL im Nächsten. Bruce Campbell und Sam Raimi kamen rüber und sahen sich das riesige DEADLY SPAWN-Monster an, das im Foyer stand. Danach gaben wir ihnen unser Poster und sie gaben uns ihr Poster. Ihr Film lief besser als der unsere, aber es war diese Kameraderie, die die damalige Zeit für mich so besonders macht. Der Film lief ganz ordentlich und machte Geld. Was ihn später zu einem Kultfilm machte, war auch die Tatsache, dass er in England als Video Nasty beschlagnahmt wurde. Und nun sitzen wir hier im Jahr 2008 und sprechen immer noch über diesen kleinen Film. Es ist alles andere als ein großartiger Film. Die Produktionswerte sind nicht hoch, aber die Monstereffekte funktionieren auch heute noch. Ich glaube, die Leute mögen ihn, weil er echt ist, weil er von Herzen kommt, weil er nicht gemacht wurde, um damit groß abzusahnen. Es ist ein Film, der von ein paar Kids gemacht wurde. Wow, das war eine lange Antwort.

Ja, aber aufschlussreich. Wie steht es denn mit einem Sequel? Schon darüber nachgedacht?

Tatsächlich habe ich das. Wir könnten ein Sequel wirklich günstig und mit den gleichen Leuten produzieren. Wie cool wäre das? Als Synapse die 25th Anniversary Edition des Films auf DVD rausbrachte, haben sie mehr Geld auf die Restauration verwendet als wir auf das Drehen des Films. Ein Sequel könnte eine interessante Sache für den Sci-Fi Channel sein. Wir haben uns auch schon einige Gedanken gemacht. Das Sequel wäre mehr wie ein Remake mit neuen Figuren. Im Endeffekt so wie TANZ DER TEUFEL 2, der auch ein Remake des ersten war, aber bei dem die Filmemacher mehr Erfahrungen mitbrachten und ein höheres Budget zur Verfügung hatten. Sollte es dazu kommen, inszeniere ich und John Dods macht wieder die Monstereffekte. John ist auch heute noch ein begehrter Künstler. Er ist einer der großen Make-up-Künstler am Broadway. Wenn ein Stück Monster beinhaltet, kommt man auf ihn zu. Er hat Make-up für „Das Phantom der Oper", „Die Schöne und das Biest" und „Frankenstein Junior" gemacht. Für seine Arbeit an diesem Stück erhielt er sogar eine Tony-Nominierung.

Ich war kürzlich erst in New Jersey und ging die alten Straßen entlang und stolperte über „The Toxic Avenger – The Musical". Es ist brillant. Und auch hierfür hat John das Make-up entworfen. Wir sind also bereit für eine neue Version von THE DEADLY SPAWN. Ein umfangreiches Proposal habe ich auch zusammengestellt. Wir müssen nur noch einen Finanzier finden.

Du hast einen 2001 MANIACS Comic geschrieben und erwähnst im Vorwort auch die EC-Comics. Waren Comics für Dich ein großer Einfluss?

Ja, da waren sie, zusammen mit „Famous Monsters of Filmland". Besonders beeindruckten mich die Comics des

EC-Verlags. Als diese Comics in den 50er Jahren rauskamen, bin ich noch nicht geboren gewesen. Aber in den späten 70er und frühen 80er Jahren gab es eine Renaissance der EC-Comics, die von Russ Cochran in wundervollen Hardcoverbüchern neu veröffentlicht wurden. Sie waren in Schwarzweiß, nicht in Farbe wie die Erstauflagen, aber die Cover waren in Farbe gehalten. Rund alle sechs Monate kam ein neuer Band raus und ich nahm jeden Job an, den ich nur kriegen konnte, um mir diese Bücher leisten zu können. Vor den EC-Comics habe ich eine Menge Serien aus dem Gold Key-Verlag wie etwa die Adaption von „Dark Shadows" gelesen. Später kamen auch die Horrorserien von DC wie „House of Secrets" oder „House of Mystery" dazu.
Wirklich cool war eine Serie namens „Weird War", in der Horrorgeschichten während des Krieges spielten. Superhelden haben mich nie so interessiert. Ich mochte Batman, weil er so schön mysteriös war und seine Gegner einem Horrorkabinett entstiegen zu sein schienen. Aber Superman oder Spider-Man habe mich nie besonders begeistert. Die EC-Comics haben mich jedoch richtiggehend aus den Socken gehauen. Das war echte Pulp Fiction. Al Feldstein und Bill Gaines verdienen weit mehr Anerkennung, als ihnen des literarischen Wertes ihres Werkes wegen zuteil wurde. EC-Comics gab es nur ein paar Jahre lang, aber sie waren einfach großartig. In den verschiedenen Serien gab es auch viele Adaptionen von Geschichten solcher Autoren wie Ray Bradbury oder H.P. Lovecraft. Und das brachte mich dazu, die entsprechenden Romane zu lesen. Während also das Establishment Comics verdammte und sagte, sie

zersetzen das Gehirn der Leser, haben sich mich dazu gebracht, Romane zu lesen – und nicht nur die von Lovecraft und Bradbury, sondern auch anderen Autoren wie Dashiel Hammett.

Es war toll, als ich meinen eigenen Comic schreiben konnte. Da wurde mir erst klar, dass mein Stil des Drehbuchschreibens von den EC-Comics beeinflusst ist. Ich sah mir meine Drehbücher noch einmal an und verstand, dass ich wie für diese alten Comics schreibe. Und da traf es mich: Was ist eine Graphic Novel schon, denn ein Drehbuch mit Storyboards? Viele Menschen verstehen nicht, dass das Schreiben von Comics perfekte Übung für das Schreiben von Drehbüchern ist. Heutzutage wird das mehr klar mit Künstlern wie Steve Niles oder Frank Miller, die auch in die Filmwelt vordringen.

Ich mochte die „Tales from the Crypt" und liebte „Frontline Combat" und „Two Fisted Tales". Dies waren Kriegscomics, die seinerzeit jedoch kontrovers waren, denn sie bezogen Stellung gegen den Krieg. „Hurra, Amerika, bombardieren wir die Japaner" gab es dort nicht. Stattdessen gab es: „Hurra, Amerika, bombardieren wir die Japaner" – und das ist, was danach passiert! Sie zeigten die hässliche Seite des Krieges.

Wirklich interessant finde ich, dass die EC Comics oft für ihre angebliche Amoralität angegriffen wurden, aber tatsächlich sind sie moralische Fabeln. In diesen Geschichten machen Menschen böse Dinge, aber das hat auch immer Konsequenzen. Als ich das 2001 MANIAC-Prequel schrieb, habe ich versucht, „Two Fisted Tales" und „Tales from the Crypt" miteinander zu verbinden. Es ist praktisch mein „Two Fisted Tales from the Crypt".

Die EC-Comics waren dementsprechend ein direkter Einfluss auf HOOD OF HORROR?

Definitiv. Die Frage, die dir auf der Zunge brennt ist doch: Wie kommen ein weißer Junge aus New Jersey und Snoop Dogg zusammen? Ich muss zugeben, ich bin nicht gerade ein Rapper. Aber eins war interessant: Snoop Dogg ist ein riesiger Horror- und Comic-Fan. Er kennt EC, er kennt „Tales from the Crypt"!
Nachdem ich 2001 MANIACS gemacht hatte, kam Jonathan McHugh auf mich zu. Er war der Music Supervisor bei 2001 MANIACS und zuvor in der Musikabteilung von New Line Cinema tätig, wo wir uns kennen lernten und Freunde wurden. Er war auch für Jive Records tätig und kannte Snoop. Für diesen sollte er ein Horrorprojekt entwickeln. Snoop hatte zuvor in BONES mitgemacht, aber der war kein Hit. Ich wiederum war ein Fan von TALES FROM THE HOOD, einem urbanen Anthologie-Film. Es hatte mich immer überrascht, dass es kein Sequel davon gab. Als man auf mich zutrat wegen eines Skripts für einen Snoop-Horrorfilm, dachte ich darum an die alten Amicus-Filme. Dort kam zuerst TALES FROM THE CRYPT und danach VAULT OF HORROR. Darum dachte ich, man sollte nach TALES FROM THE HOOD den Film HOOD OF HORROR machen. Snoop sollte dabei so eine Art Cryptkeeper sein. Er selbst entwickelte die Hintergrundgeschichte für seine Figur, die in der Zeichentrickszene am Anfang zu sehen ist. Die

Grundidee war dass die „Hood of Horror" so eine Art Zwischenstopp auf dem Weg zur Hölle war. Und diejenigen, die diesen Weg beschreiten, fahren nicht nur zu Hölle, sondern erfahren auch noch, warum.

Ich hatte die Idee, drei Geschichten zu machen, in denen Menschen wirklich böse Dinge anstellen und ihre Bestrafungen so etwas wie poetische Gerechtigkeit sind. Ich wollte moralische Geschichten, die sich mit Themen wie Rassismus und Bigotterie beschäftigen. „Crossed out" war die erste Geschichte, in der eine Graffiti-Sprüherin merkt, dass sie töten kann, indem sie die Tags der anderen Sprüher auf den Paintings durchstreicht. Das Ende, als die Toten zurückkehren und mit ihren Eingeweiden praktisch ein Graffiti erschaffen, kommt direkt aus den „Tales from the Crypt". Dort gab es eine Geschichte, in der Baseballspieler als Tote zurückkehren und jenen töten, der sie getötet hat. Mit seinen Körperteilen spielen sie dann ein letztes Mal Baseball.

„The Scumlord" ist eine Hommage an eine meiner liebsten „Tales from the Crypt"-Geschichten. Hommage oder Rip-off – wie auch immer man es nennen will. Für mich ist es eine Hommage. Und zwar an die Geschichte „Blind Alley", die auch im TALES FROM THE CRYPT-Film von Amicus adaptiert worden ist. Hier übernimmt jemand das Regiment über ein Blindenheim, gibt aber immer weniger für seine Schützlinge aus, sondern streicht das Geld für sich ein. Aber die Blinden schlagen zurück. Und das ist genau das, was die Veteranen in meiner Geschichte machten. Nur dass mein Schurke hier ein weißer Rassist und Sohn eines texanischen Öl-Magnaten ist. Natürlich ist das George W. Bush. Ich fragte mich, was wohl wäre, wenn George W. Bush und seine Freundin das Regiment über ein Appartementhaus in den Slums, in dem Veteranen des Korea-Kriegs leben, übernehmen würde. Das ist die „Blind Alley"-Geschichte, die ganze Idee, die dahinter steckt: Einen EC-Comic mit Snoop Dogg zu machen.

Hast Du Herschell Gordon Lewis vor den Arbeiten an 2001 MANIACS getroffen?

Der gute alte Herschell. Dazu muss man wissen, dass Herschell Gordon Lewis nicht die Rechte an den Filmen besitzt, die er gedreht hat. An einem bestimmten Punkt in seinem Leben ließ er die Exploitation zurück und wurde dieser Werbe-Guru, was ihm Millionen eingebracht hat. David Friedman, der zusammen mit Herschell die Filme produzierte, besitzt die Rechte. Und er wiederum ist mit Chris Kobin befreundet, der zu mir kam, um mir 2001 MANIACS zu offerieren. Mit meiner Produktionsfirma New Rebellion Entertainment hatte ich nach DETROIT ROCK CITY, den ich produzierte, entschieden, dass ich meinen Traum, Regisseur zu werden, wahr machen wollte. Kobin kam also zu mir und erklärte, er hätte die Remake-Rechte an den Herschell-Gordon-Lewis-Filmen. Und ich war beeindruckt, denn Remakes waren zu der Zeit populär, da Robert Zemeckis mit Dark Castle viele von den alten William-Castle-Filmen mit einem Remake versah. Fürs Protokoll: Ist ein Film wie PSYCHO, DER EXORZIST oder DAS OMEN perfekt, dann sollte man kein Remake machen. Das mag ich nicht. Ebenso wenig wie die redundanten Remakes, die immer wieder produziert werden. Aber manche Filme, die über eine tolle Idee oder eine unglaubliche Energie verfügen, aber durch die Technologie der Zeit oder durch das Budget nicht das werden konnten, was sie hätten sein können, sind durchaus gute Kandidaten für ein Remake.

Ich finde, 2000 MANIACS ist ein gutes Beispiel dafür. Der Film hat eine unglaubliche Idee, viel Passion und Energie, kommt aber nicht immer über seine technologischen Einschränkungen hinaus. Darum fand ich, dass es Sinn ergab, hier ein Remake anzugehen. Als ich darüber nachdachte, wusste ich sofort, dass am Ende keiner überleben würde. Die erste Szene, die ich hatte, war die letzte Szene. Am Ende des Originals fahren Connie Mason und ihr Freund davon. Bei mir sollte das nicht so sein. Ich wollte die Überlebenden in cooler Steve-McQueen-Pose auf dem Motorrad davonfahren sehen – nur um durch über die Straße gespannten Stacheldraht enthauptet zu werden.

Viele meinten, der Film sollte ernsthaft sein, aber mir war klar, dass man bei einem Titel wie 2001 MANIACS keinen ernsthaften Film machen kann. Er muss sein Witz sein. Herschell Gordon Lewis war der erste Filmemacher, der im Film das machte, was EC-Comics bei den Comics machte. Und das ist, Morde witzig aufzubereiten. Die Morde in den EC-Comics und in Herschells Filmen sind die Pointe eines morbiden Witzes. Ich nenne das Splatstick – anstelle eines Kuchens gibt es hier einen abgetrennten Kopf ins Gesicht.

Es ist übertrieben und so grotesk, dass man es nicht ernst nehmen kann. Ich wollte praktisch eine lange EC-

Comic-Geschichte erzählen – auch in diesem Stil, also mit leuchtenden Farben und am helllichten Tage, ganz und gar nicht wie ein traditioneller Horrorfilm. Es sollte eine Satire des Amerika nach dem 9.11. werden, wenn eine Gruppe von Menschen, die von Terroristen attackiert worden ist, in ihrem Rachedurst so blind ist, dass sie das werden, was sie hassen.

War Robert Englund die erste Wahl für Bürgermeister Buckman?

Ich dachte darüber nach, wer Bürgermeister Buckman spielen könnte. Und es gibt eigentlich niemanden außer Robert Englund. Er ist der Lon Chaney oder Boris Karloff oder Bela Lugosi unserer Tage. Ich kannte ihn noch von meiner Zeit bei New Line Cinema und rief ihn an. Als ich ihm von dem Projekt erzählte, war er Feuer und Flamme, aber er machte auch gleich klar, dass man einen Film wie diesen als Burleske verwirklichen musste. Und mir war klar, dass er verstand, wie dieser Film sein musste.
David Friedman war als eine Art guter Schutzengel an der Produktion beteiligt, während Herschell in Florida war und wohl auch kein Interesse hatte, in dem Projekt involviert zu sein. Ich schätze, soweit es ihn betraf, war dies etwas aus seiner Vergangenheit. Nichtsdestotrotz rief ich ihn an und bat ihn um seinen Segen. Mit Ausnahme dieses Telefonats hatte ich keinerlei Kontakt zu Herschell. Das größte Kompliment, das ich jedoch erhalten konnte, bekam ich nach Fertigstellung des Films. David Friedman und Herschell Gordon Lewis waren die einzigen Menschen, denen ich den Film

wirklich vorführen wollte. Wir sandten Herschell eine Kopie und luden David zu einem Screening ein. Es war toll, 2001 MANIACS zusammen mit David Friedman zu sehen. Von der ersten Minute an schmunzelte er, dann lachte er, dann wieherte er richtiggehend. Und als der Film zu Ende war, sagte er zu mir: Tim, du hast einen modernen Film gemacht, aber den Witz des Originals intakt gehalten.

Zuerst gab es viele Leute, die die Mixtur aus Horror und Humor nicht mochten, aber seitdem hat der Film sein Publikum gefunden. Ich bin dankbar für das Lob, aber auch für die Kritik, da man aus ihr lernt. Aber nichts, das irgendjemand sagen kann, überschattet, was David Friedman zu mir sagte. Und das zweitgrößte Erlebnis war, als Herschell mich anrief und sagte: Sullivan, du bist ein kranker Kerl. Und ich liebe dich dafür.

2001 MANIACS und DRIFTWOOD wurden 2005 und 2006 gedreht. Doch der Wechsel in Stil und Inhalt ist beachtlich. Man könnte fast meinen, es ist nicht derselbe Filmemacher, der für beide verantwortlich ist.

Das war er auch nicht. Meine Mutter hat den Film gemacht (lacht). Sie sagte zu mir: Timmy, ich bin es leid, dass die Welt denkt, du bist ein kranker Kerl, wie Herschell Gordon Lewis sagte. Wir müssen etwas dagegen tun. Wir machen einen netten Film. Ich drehe ihn und du setzt deinen Namen drunter.

Nein, natürlich nicht, aber es ist schon interessant. Wenn ich darüber nachdenke, worüber wir uns jetzt unterhalten haben - Tom Savini, EC-Comics und Herschell Gordon Lewis -, dann würde man nicht glauben, dass sie einen Einfluss auf DRIFTWOOD hatten. Aber es gab viele Dinge, die mich in meinem Leben beeinflusst haben. Zum Beispiel Ray Bradbury. Ich habe viel von ihm gelesen. Und jeder einzelne Satz, den er schreibt, ist Poesie. Es gibt schon eine direkte Verbindung. Man öffnet ein „Tales from the Crypt"-Heft und liest diese wirklich gorige „Blind Alley"-Geschichte. Und dann blättert man um und es gibt die Adaption einer Geschichte von Ray Bradbury. Und dann kauft man sich Bücher von Bradbury und liest etwas wie „Das Böse kommt auf leisen Sohlen" und es ist diese subtile Ode an die Jugend, der Horror, der sich im Kopf festsetzt und nicht körperlich feststellbar ist. Bradbury hat mich sehr beeinflusst, als ich aufwuchs. Und das führte mich zu Stephen King, der einerseits so etwas wie „Brennen muss Salem", andererseits etwas wie „Stand by Me" schreibt – oder „Die Leiche", wie sie in Kurzgeschichtenform hieß. King kann sowohl den apokalyptischen Horror von „The Stand" als auch das gefühlvolle „Pin-up", die Vorlage für THE SHAWSHANK REDEMPTION – DIE VERURTEILTEN schreiben. Als ich älter wurde, hat sich mein Interesse an Horror sehr vertieft.

Als Teenager ging es um Blut und Splatter, aber als ich älter wurde, begeisterten mich WENN DIE GONDELN TRAUER TRAGEN, der originale CARNIVAL OF SOULS oder die Filme von Mario Bava, deren Brillanz von der genialen Atmosphäre kommt, die sie erzeugen. Und das interessiert mich, das ist es, was ich am Horror liebe.

Horror kann ein dreckiger Witz sein, aber eben auch ein lyrisches Gedicht. Wie ich schon sagte, ich liebe Rock'n'Roll. Kiss ist meine Lieblingsband. Sie gaben uns „Shout it out loud", aber eben auch „Beth". Wenn also 2001 MANIACS meine Rock-Hymne ist, dann ist DRIFTWOOD meine Ballade.

Nach 2001 MANIACS dachte ich wirklich angestrengt darüber nach, was ich als nächstes machen soll. Rein formal betrachtet war HOOD OF HORROR der nächste Film, aber den habe ich nur geschrieben. Jeder sagte mir, ich solle ein Sequel zu 2001 MANIACS machen. Aber ich wollte mich zuerst an etwas anderem versuchen. Das Leben ist kein Genre. Man hätte vielleicht gerne, dass das eigene Leben wie eine Romanze ist, aber mein Leben gleicht mehr einer romantischen Komödie mit vielen peinlichen Momenten. Man wacht vielleicht morgens auf und wäre gerne in einem Actionfilm. Aber das Leben ist kein Genre. Und kein Mensch ist nur auf eine Sache beschränkt – und hat sonst nichts. Darum wollte ich dem Publikum andere Seiten von mir zeigen – und auch andere Seiten des Horrors.

Der größte Horror ist für mich, wenn es einem Individuum nicht erlaubt ist, zu sein, wer man ist. Wenn es einem nicht erlaubt ist, sich selbst zu verwirklichen. Horror zu lieben ist keine einfache Sache. Wenn man aufwächst und auf diese morbiden Dinge wie Dracula oder Frankenstein steht, während andere 16-jährige Football spielen und den Cheerleaders nachsteigen, dann ist das nicht einfach. Als ich ein Teenager war, drehte ich mit einem Haufen 25-Jährigen, die vermutlich alle noch Jungfrauen waren – Sorry, John, du weißt, es ist so – einen Horrorfilm. Das ist alles andere als die Norm. Es war immer hart, aufzuwachsen und sich als ein Außenseiter zu fühlen. Und das Gefühl zu haben, dass das, was ich liebte, von anderen als abnormal oder im Extrem sogar als gefährlich, eklig oder amoralisch angesehen wurde.

Als ich 2001 MANIACS zum Abschluss brachte, entwickelte sich in den USA gerade dieser Trend von Erziehungscamps für Jugendliche. Seit dem Columbine-Massaker gab es viel Spekulation, was die Jungs zum Töten gebracht hatte. Natürlich schob man die Schuld auf Marilyn Manson oder Horrorfilme, aber unterm Strich waren die Menschen, die das taten, nicht bereit, sich selbst zu hinterfragen. Die Eltern und die Gesellschaft waren für diese Kids nicht da. Es ist leicht, äußeren Umständen die Schuld zu geben, aber das geht am Punkt vorbei. Im Zuge dessen begannen findige Geschäftsleute damit, alte Jugendgefängnisse oder Krankenhäuser aufzukaufen und aus ihnen Erziehungscamps zu machen, in die Eltern ihre Kinder für Gelder, die schon für die College-Ausbildung reichen, schicken können. Und sie versprachen, dort aus den Jungs „echte Männer" zu machen, was auch immer das heißen soll.

Diese Jungs sind jedoch keine Kriminellen. Es gibt sicherlich kriminelle Jugendliche, die man besser wegsperrt, aber diese Kids kamen in solche Einrichtungen, weil sie z.B. Horrorfilme sahen. Ich meine, ich hätte ein solches Kind sein können, wenn ich andere Eltern gehabt hätte. Gott verhüte, dass man anstelle des Mädchen von gegenüber auf den Jungen von gegenüber steht. Dafür könnte man in solch ein Camp gesteckt werden. Oder weil man Tattoos oder Piercings hat. In Amerika hat man im Alter unter 18 Jahre keinerlei Rechte. Wenn man 16 Jahre alt ist, Heavy Metal hört, ein paar Tattoos trägt, vielleicht Jungs mag, können einen die eigenen Eltern in solch eine Anstalt schicken. Und dann ist man am Arsch, bis man 18 ist. Ich weiß das so gut, weil ich als Lehrer eine Gruppe von Jugendlichen betreue. Und eines der Kids war an solch einem Ort. Ich habe mich dann schlau gemacht und mehr über diese Camps herausgefunden. Sie haben tolle Namen wie „Happy Meadows", aber die sind nur Fassade. An diesen Orten werden Kids misshandelt, terrorisiert, eingeschüchtert – und man raubt ihnen jedweden Sinn für Individualität. Wenn das keine Horrorgeschichte ist, dann weiß ich auch nicht.

Wegen meiner Wut auf das, was den Kids an diesen Orten angetan wird, musste ich die Geschichte erzählen. Einer meiner liebsten Nicht-Horrorfilme ist DER UNBEUGSAME mit Paul Newman. Darum dachte ich mir: Wie wäre es, DER UNBEUGSAME mit Geistern zu machen?

An der Produktion war auch Dark Horse Comics beteiligt?

Ja, Mike Richardson von Dark Horse Comics wollte gerade damit beginnen, Filme exklusiv auf DVD zu veröffentlichen. Er hatte einen Deal mit Image Home Entertainment ausgehandelt. Sie würden finanzieren und er produzieren. Mein Film war der erste, der nächste war MY NAME IS BRUCE mit Bruce Campbell. Ich war wirklich gesegnet bei DRIFTWOOD, denn Richardson hat einige echte Hollywood A-Listen-Leute angeheuert. Mein Cutter war M. Scott Smith, der zusammen mit seinem Vater Bud an vielen William-Friedkin-Filmen gearbeitet hat. Bud half bei DRIFTWOOD aus und ich habe in vier Monaten mehr von ihm gelernt als in vier Jahren Filmschule.

Mit der Geschichte konnten wir einige sehr talentierte Menschen für diesen Film anheuern. Ich liebe auch den Cast, denn alle sind für etwas anderes bekannt und mussten sich deshalb auch einer Vorverurteilung stellen. Ricky Ullman ist ein großer Disney-Star und Diamond Dallas Page ist ein Wrestler. Wir haben also ein Disney-Kid, einen Wrestler und einen kleinen Horrorfilmer, die einen ernsthaften Film machen.

Aber es funktionierte, weil jeder mit Herz und Seele dabei war. Und wir hatten unglaubliches Glück mit dem verlassenen Gefängnis in Kalifornien, das ich gefunden hatte. Wir konnten dort umsonst drehen, da Gouverneur Schwarzenegger es zum Gesetz machte, dass Regierungseigentum Filmemachern umsonst zur Verfügung gestellt werden muss. Ohne dieses Gefängnis hätte ich DRIFTWOOD nicht innerhalb von 15 Tagen und mit einer Million Budget drehen können.

Wir haben bei dem Gefängnis kampiert. Und ich sage dir, in diesem Gefängnis spukte es wirklich. Viele eigenartige Dinge passierten. Es war alles andere als leicht oder angenehm, dort zu sein. Aber ich glaube, das hat jeden von uns motiviert. Wir machten das Beste aus dem, was wir hatten. Wir wollten eine Geschichte erzählen, die von Herzen kommt. Als der Film in den USA rauskam, war ich wirklich nervös, denn es hieß ja immer: „Von dem Kerl, der 2001 MANIACS gemacht hat."

Wie war dann die erste Reaktion des Publikums?

Als die Premiere im Zuge eines Filmfestivals im Mann's Chinese Theatre in Los Angeles anstand, erklärte ich vor Filmstart, dass dies nicht wie 2001 MANIACS ist. Während der gesamten Vorstellung herrschte eine Totenstille und ich dachte mir schon, dass die Leute ihn hassen und ich besser heute als morgen mit dem 2001 MANIACS-Sequel beginne. Als der Abspann lief, standen alle auf und applaudierten. Wir hatten danach noch ein Q&A und ich war total überwältigt, dass der Film vor allem Horrorfans ansprach. Er traf sie, weil sie das Gefühl kennen, Außenseiter zu sein.

Die größte Ehre, die man dem Film machen konnte, war, dass er für einen Saturn Award, den Oscar der SF- und Horror-Branche, nominiert wurde. Ich kann das heute noch kaum fassen. Und nun bin ich in Europa – ich war zuerst in London und Dublin – und promote den Film hier. Und überall erhält er denselben Zuspruch. Weißt Du, ich würde meine Karriere gerne nach dem Vorbild von Guillermo del Toro ausrichten, der einen BLADE und einen DEVIL'S BACKBONE, einen HELLBOY und danach einen PAN'S LABYRINTH dreht. Mein nächster Film ist darum auch das Sequel zu 2001 MANIACS. Und danach kommt ein Film, der sehr wohl wieder in Richtung DRIFTWOOD geht, wenn auch nicht inhaltlich. Der Film heißt BROTHERS OF THE BLOOD und ist eine Vampir-

Romanze. Ein gotischer Thriller, in dem zwei Vampire eine sterbliche Frau lieben.

Worum soll's da gehen?

Ich möchte ihn in Dublin drehen. Dieser Trip war sehr erfolgreich. Ich habe mich auf Anhieb in Dublin verliebt, als ich dort war. Ursprünglich sollte BROTHERS OF THE BLOOD in San Francisco gedreht werden, aber als ich Dublin sah, wusste ich, dass wir dort drehen müssen. Es gibt in Großbritannien eine populäre Show: SKINS. Es geht um Teenager und ihr Leben, ist dabei aber sehr realistisch und sehr erwachsen. Einer der Stars der Show ist Mitch Hewer. Ich sah ihn und kontaktierte ihn. Nachdem er das Treatment gelesen hatte, erklärte er sich einverstanden, in dem Film mitzuspielen. Es wird eine Ko-Produktion von Anchor Bay UK und dem Irish Film Board. Wir wollen mit diesem Film wirklich Neuland betreten. Ich nenne da Genre „Vampire Erotica". Wir wollen in dem Film das tun, was Anne Rice in ihren Romanen tut, was aber nie in die Filmadaptionen gerettet wird. Es wird ein sehr reifer und erwachsener Vampirfilm, der zuerst in Europa veröffentlicht werden wird, weil ich einfach glaube, dass ihr in Europa diese Art Film mehr versteht als meine Landsleute.

Ich habe vor kurzem THE WAR PRAYER gesehen, in dem Du die Rolle des Predigers spielst. Wie kam es denn dazu?

Oh mein Gott, du kennst auch wirklich alles. Hat er dir gefallen?

Ja, sehr, ich finde, dass die Geschichte von Mark Twain heute noch genauso wichtig ist wie 1905, als er sie geschrieben hat.

Ich muss sagen, ich bin sehr beeindruckt, dass du THE WAR PRAYER gesehen hast. Ich bin schon immer dafür bekannt gewesen, dass ich kein Blatt vor den Mund nehme, wenn es um Politik geht. Ich erinnere mich an den 11.9. und die Tage danach. Es war eine schreckliche Tragödie, aber wir als Amerikaner müssen so ehrlich zu uns selbst sein und uns fragen: „Was haben wir jemandem, einer anderen Kultur angetan, dass diese uns so sehr hassen, um uns dies anzutun?"
Zu der Zeit war es nicht populär so etwas zu sagen. Und tat man es doch, lief man Gefahr, eine aufs Maul zu bekommen. In unserer heutigen Zeit, mit dem Internet und Seiten wie MySpace hat jeder die Möglichkeit, seine Meinung bekannt zu machen. Und es gibt viele Menschen da draußen, die einem zuhören. Und so sehr ich es schätze und begrüße, über Horror zu reden, so glaube ich doch auch, dass es sehr wichtig ist, Menschen zum Denken zu animieren, vor allem junge Menschen. Denn sie sind unsere Zukunft.
Es ist wichtig, sich über unsere Regierung und Politik zu informieren. Und so versuche ich immer wieder, die Fans auch irgendwie herauszufordern. Die meisten von ihnen schätzen das, andere wollen einfach nur einen Horrorfilm sehen. In den letzten Jahren habe ich

gesehen, wie George W. Bush und seine Regierung einen Mantel der Furcht über die Nation ausgebreitet haben. Die Menschen denken nicht mehr, sie reagieren nur noch. Die Menschen in Amerika haben schon lange nicht mehr für sich gedacht, sondern nur noch reagiert. Reaktion ist, wenn jemand sagt: „Das hier sind die Bösen, legen wir sie um." Und das tun wir dann auch. Aber wenn man nachdenkt, dann ist es: „Das hier sind die Bösen, le--" Und jemand unterbricht mit: „Moment mal, warum sind das die Bösen und warum machen wir das jetzt?"

Gerade im Moment gibt es eine echte Revolution in Amerika. In einer Woche ist Barack Obama hoffentlich Präsident – und die Dinge beginnen sich zu verändern. Ich weiß, dass ein Wechsel nicht über Nacht kommt, aber ein Anfang muss gemacht werden. Manchmal bedarf es besonders schlimmer Zeiten, bevor endlich jemand aufsteht und sagt: „Das ist falsch. So kann es nicht weitergehen."

Und so sehr diese Finanzkrise uns auch schadet, so muss ich doch sagen, dass Gottes Wege unergründlich sind. Denn manchmal muss es ganz schlecht werden, bevor es besser werden kann. Ich werde oft gefragt, was mein Lieblingshorrorfilm ist. Ich antworte dann immer mit DER EXORZIST. Und der Grund, warum DER EXORZIST mein liebster Horrorfilm ist, ist einfach, dass es Satan bedarf, der uns in den Rücken sticht, damit wir vor Gott auf die Knie gehen. Oft scheuen sich die Menschen davor, sich dem Bösen zu stellen. Aber ich glaube, das ist genau das, worum es bei DER EXORZIST im Kern geht. Ich glaube, dass es acht Jahren Bush bedurfte, damit wir endlich den

Mut haben, einen farbigen Mann wie Barack Obama ins höchste Amt zu wählen. Ja, ich glaube, es gibt einen Grund für alles. Manchmal wünschte ich, es müsste nicht so schlecht kommen, bevor es wieder gut wird, aber so scheint die Welt zu funktionieren.

Ich spreche über diese Dinge viel in meinen Blogs auf MySpace und versuche, politisch auch etwas zu sagen. Sogar mit einem Film wie 2001 MANIACS, der unterm Strich eine Metapher ist. George W. Buckman, George W. Bush. Es ist alles eine Metapher. Und das gilt auch für Captain Kennedy aus DRIFTWOOD. Mir fiel lange nicht auf, dass ich meine Schurken immer wie eine perverse Version von John Wayne anlege.

Ich war wirklich überrascht, als mich mein Freund Dan Studney anrief. Er produzierte gerade einen Kurzfilm nach einer Kurzgeschichte von Mark Twain aus dem Jahr 1905. Und er hatte mich auf einigen Conventions gesehen und bemerkt, wie ich zu den Zuschauern spreche und mich dabei auch durchaus in meine Tiraden hineinsteigere. Darum meinte er zu mir, dass er noch einen Schauspieler für den Fernsehprediger suchte – und mich gerne dafür hätte. Ich sehe mich selbst nicht als Schauspieler, darum bestand ich darauf, erst einmal vorzusprechen, um auch wirklich sehen zu können, dass ich die Rolle tragen kann, da ich dem Film nicht schaden wollte. Es war eigenartig, diesen Prozess mal aus der anderen Warte heraus zu beobachten. Ich war schließlich überzeugt, dass ich die Rolle spielen könnte. Wir drehten in San Francisco und ich spielte an der Seite von Jeremy Sisto, der einfach brillant war.

Der Film lief auf vielen Festivals und hat, wie du schon sagst, eine Botschaft und Aussage, die heute noch so aktuell ist wie im Jahr 1905, als Mark Twain die Geschichte zu Papier brachte. Ich würde gerne sagen, dass ein Film wie THE WAR PRAYER irgendwann nicht mehr aktuell sein wird, aber leider glaube ich, dass ein solcher Film immer gebraucht werden wird.

Ich hab mal gelesen, Du seist im Gespräch für das Remake von IT'S ALIVE gewesen. Aber der Film wurde dann von jemand anderem gemacht.

Das war ein totaler Fehler. Ich habe eine Internet-Kolumne und interviewe öfters Freunde aus dem Showgeschäft. Als ich mit Larry Cohen sprach, erklärte der, dass er gerade an einem Remake arbeitet. Und irgendwie h at sich das dann über andere Websites so verbreitet, dass ich das Remake mache. Aber daran war kein Funke Wahrheit.

Was war das schrägte Gerücht bezüglich deiner Arbeit.

Es gibt noch einen anderen Autor, der auch Tim Sullivan heißt. Und er schreibt SHREK 4. Als diese Nachricht in den Branchenblättern stand, bekam ich eine Menge Anrufe und Gratulationen. Und ich sagte immer nur: „Glaubt ihr wirklich, dass man mich diesen Film schreiben lässt? Was könnte ich schon anbieten? Die Vierteilung des gestiefelten Katers? Oder den Pfefferkuchenmann, der auf dem Motorrad herumheizt und geköpft wird? Kommt mal wieder auf den Boden der Realität zurück."

Was können wir als nächstes von dir erwarten?

Ich habe ein Drehbuch namens CLOWNS für Tobe Hoooper geschrieben. Eventuell produziert er nur und ich werde die Regie übernehmen. Diamond Dallas Page soll in dem Film auch mitspielen. Außerdem plane ich etwas ganz Anderes, als das, was man von mir gewöhnt ist. Neben Kiss bin ich ein riesiger Fan der Doors. Ich bin mit Ray Manzarek von den Doors befreundet und gemeinsam haben wir ein Drehbuch namens FLASH OF EDEN geschrieben, das eine Art moderner EASY RIDER ist. Er und ich werden den Film gemeinsam inszenieren. Und es wird keine Enthauptungen geben.

Deine Wünsche und Hoffnungen für die Zukunft?

Ich möchte gerne als Filmemacher wahrgenommen werden, nicht als ein Horrorfilmemacher oder ein Komödienmacher oder ein homosexueller Filmemacher. Ich bin ein Geschichtenerzähler. Und es gibt noch viele Geschichten, die ich erzählen will.

Stefan Müller

Der 1984 in Graz geborene Stefan Müller hat mit TARTARUS einen der schönsten und besten Low-Budget-Horrorfilme in deutscher Sprache erschaffen. Auch zuvor hat er sich schon im Horror-Genre umgetan und arbeitet nun auch an einem neuen Film namens BIEST. 2010 wurde dieses Interview anlässlich des Kinostarts von TARTARUS geführt.

Erzähl uns bitte ein bisschen über Dich.

Schon in jungen Jahren hab ich mir den Familiencamcorder gegriffen der an sich dafür gedacht war meine Kindheit filmisch festzuhalten, du weißt schon Weihnachtsfest, Schikurse und erster Schultag, all diese großen Events eben.
Und mit dem Camcorder hab ich dann meine ersten filmischen Gehversuche gemacht. Angefangen hat es mit Lego- bis hin zu Stop-Motion-Filmchen mit JURASSIC PARK-Spielzeug und im Gymnasium ging's dann weiter mit den ersten Realfilmen, in denen dann natürlich die Klassenkollegen herhalten mussten.
Und naja, es hat einfach bis heute nicht aufgehört und ähnlich wie bei Robert Rodriguez hat sich durch die langjährigen Arbeiten von Kindheit an einfach ein immenser Lernprozess und Erfahrungswert gebildet. Das war und ist halt die "Learning by doing"-Filmschule, und wenn man an der dranbleibt und irgendwie halt auch bedacht darauf ist Publikumstauglich zu erzählen, dann ist die Gold wert.

2002 war der Moment wo es ernsthafter geworden ist. Wir haben im Freundeskreis einen Filmverein gegründet, LOOM, und uns seither mit Dutzenden anderen Filmbegeisterten zusammengeschlossen. Dadurch hat sich mittlerweile auf der einen Seite ein wundervoller Freundeskreis und auf der anderen Seite ein sehr starkes und kreatives Netzwerk entwickelt, was es uns ermöglicht mit viel Leidenschaft und recht starker Manpower, relativ günstig Filme zu produzieren.

Die Story von TARTARUS ist von Martin Kroissenbrunner und Dir. War euch von Anfang an klar, dass ihr die Gefahr nicht zeigen, sondern mit Suggestion arbeiten wolltet? Oder war dies eine dem Budget geschuldete Entscheidung?

Der Martin und ich waren uns schon sehr früh bei der Entwicklung einig, dass wir das Monster und seine Taten sehr dezent und gezielt zeigen wollen. Eine große Inspiration für vieles im Film, aber besonders für die Momente wo sich das Vieh die Frauen im Wald holt, war Spielbergs DER WEISSE HAI. Dort wird der Hai im letzten Akt des Films großteils nur anhand von Fässern gezeigt die an ihm angebracht sind, um ihn an der Wasseroberfläche zu halten. Auch bei DER WEISSE HAI hat Spielberg sich das einfallen lassen müssen, weil der gebaute Hai für den Film gerade nicht funktioniert hat. Bei uns waren die Fässer sozusagen die Frauen. Aber wenn man darüber nachdenkt, ist es irgendwie lustig. Man hat einerseits nicht genug Geld, um das Monster rund um die Uhr in voller Pracht zu zeigen, aber andererseits sind die besten Monsterfilme ohnehin jene, die das nicht tun. Also macht man da als Künstler eigentlich überhaupt keinen Kompromiss.

Wie groß war das Budget des Films?

€ 30.000.

Wie lange habt ihr gedreht? Und wo?

Wir haben von Herbst 2007 bis Frühjahr 2008 auf mehrere Blocks verteilt gedreht. Alle Außen- und Innenmotive sind Originalschauplätze aus der Steiermark und dem Burgenland. Weil wir nicht die Mittel hatten uns historisch korrekte Dörfer und Gebäude bauen zu lassen sind wir dann direkt zu den Freilichtmuseen spaziert und haben die um Erlaubnis gefragt. Die meisten Außenaufnahmen der Häuser und sämtliche Innenaufnahmen sind also wirklich in musealen und zeitlich ziemlich akkuraten Gebäuden aufgenommen worden.

Es gab Wetterumschwung, oder? Mir kam es vor, dass man nicht immer den Atem der Schauspieler sehen kann.

Kann leicht sein, dass man den Atem nicht immer sieht, aber ich versichere dir, dass uns allen meistens sehr, sehr kalt war.

Wie lief das Casting? Kroissenbrunner spielt Veith Schartl selbst. Moritz Thate als Jakob ist aber auch sehr gut. Wie hast Du ihn gefunden; er ist ja Frankfurter.

Das Casting lief praktisch von selbst. Der Moritz hat in Graz seine Schauspielausbildung gemacht und im Sommer 2007 bei einem Kurzfilm mitgespielt, an dem ich auch mitgearbeitet habe. Dort hab ich ihn dann spielen sehen und daraufhin sofort für TARTARUS rekrutiert.

Der Martin war für mich irgendwie festgelegt. Je mehr wir an der Figur vom Veith getüftelt haben, desto logischer wirkte für mich der Gedanke, ihn das selbst spielen zu lassen. Und den Leopold Keber kenne ich schon ewig, der war praktisch von Anfang an für die Rolle des Dr. Kranzler vorgesehen und über ihn habe ich dann auch die Ines Gruber kennen gelernt, bei der ich ebenfalls nicht lange für die weibliche Hauptrolle überlegen musste.

War die Beleuchtung der schwierigste Aspekt beim Filmen? Bei einigen Nachtszenen sind Gesichter etwas stark ausgeleuchtet. Es sorgt für eine unnatürliche, aber vielleicht ganz passende Stimmung.

Der Look des Films sollte von Anfang an sehr düster und ein wenig abstrakt wirken. Martin Schneider, der Kameramann von TARTARUS, hat sich dafür entschieden den Film meist unnatürlich auszuleuchten und hauptsächlich mit hartem Licht zu arbeiten. Wir haben also einerseits Farben und Lichtquellen aus Bereichen, die da sonst nicht herkommen würden, vor allem in der Höhle, und zusätzlich kaum weiche oder absichtlich gebouncede Lichter verwendet. Dazu kommt dann in der Postproduktion noch ein „Bleach Bypass"-Look auf den gesamten Film, der noch zusätzlich den Kontrast, die Sättigung und den Belichtungsumfang verändert. Alles zusammen ergibt dann diesen „strangen" Look.

Wenn Du heute zurückdenkst, was blieb dir von der Produktion am Meisten im Gedächtnis haften? Eine Anekdote vielleicht?

Bei TARTARUS haben wir natürlich in der Vorproduktion begonnen, die ganzen Motive für den Film zu finden und natürlich auch eine dementsprechende Dreherlaubnis vom jeweiligen Eigentümer zu bekommen. Während der Dreharbeiten dann kommen an diesen Motiven, meist eben in Freilichtmuseen, auch oft Gruppenführungen mit Schaulustigen am Set vorbei. Das heißt man trifft sehr viele Leute, meist in der Altersklasse 50+, die einem alle letzten Endes dieselben Fragen stellen und halt auch mitunter vor allem die Frage: „Aha, TARTARUS, worum geht's denn da?"

Und weil man halt echt nicht immer die Zeit und die Power hat jeder Person jedes Mal eine ausführliche und spannende Inhaltsangabe abzuliefern, ist es gut, wenn man einen klaren Satz hat, nach dem dann Ruhe ist. Und unser Satz war: „Da geht's um 'ne Alien-Invasion im 19. Jahrhundert." Und für mich war das jedes Mal einfach nur großartig zu beobachten, wie die Leute reagieren, wenn sie diesen Satz serviert bekommen. Danach war nämlich wirklich Ruhe. Man bemerkt dann in ihren Gesichtern entweder ein gewisses Unverständnis, oft gepaart mit einem Hauch von Verzweiflung, oder sie finden es ganz, ganz toll dass wir sowas machen, obwohl sie ebenfalls keine Ahnung haben was sie gerade eben gehört haben. Ich wünschte ich hätte das auf Band, wäre sicher ein starker Trailer für den Film gewesen.

Die Musik von Matthias Erb ist ausgezeichnet. Sie ist groß und episch. Wie war die Zusammenarbeit? Hattest Du definitive Wünsche, die Du bei der Musik verwirklicht sehen wolltest oder hat Erb einfach drauf losgelegt?

Ich schätze den Matthias sehr, er hat einfach ein großartiges Gespür für gute Filmmusik. TARTARUS ist bereits unsere vierte Zusammenarbeit. Wir sind also schon so ein bisschen aufeinander eingespielt.
Und mittlerweile hat sich da vom Prozess her irgendwie schon eine kleine Routine entwickelt. Das heißt wir reden das erste Mal über alles, nachdem der Matthias das Buch gelesen hat. Bei diesem ersten Gespräch geht es dann einerseits um den Grundton des Films und wie viele unterschiedliche Themen zu entwickeln sind. In TARTARUS haben wir drei Hauptthemen, die Helden, die Bösen und das moderierende „Invasionsthema", wie wir's genannt haben. Dann geht's weiter, wenn der Schnitt da ist.
Der Matthias schaut sich den Film an und hört dann bereits an gewissen Stellen des Films, bei denen ich genauere Vorstellungen habe, eingefügte Temp Tracks. Danach wird nochmal darüber gequatscht und dann verschwindet er in sein Kämmerchen und haut in die Tasten. Irgendwann spielt er mir dann die jeweilige Nummer vor und hat es dann meist auch voll getroffen, und wenn nicht ist er nie sehr weit entfernt.

Die Entscheidung mit echten Dialekten zu arbeiten, ist einigermaßen kühn. Dachtest du darüber nach, auf hochdeutsch zu drehen, um die Chancen für eine deutsche Auswertung zu erhöhen?

Eigentlich nicht. Es war aber bei uns auch vom Drehbuch und der Geschichte her wichtig, dass der Jakob als Preuß natürlich anders spricht als der Rest in Pahlbach.

The Butcher Brothers

Die Butcher Brothers, das sind Mitchell Altieri und Phil Flores, die sich 2006 mit THE HAMILTONS unter Horrorfans einen Namen machten. Seitdem hat das Duo verschiedene Horrorfilme inszeniert und auch ins Studiosystem hineingeschnuppert. Aber die Freiheit des Independent-Kinos ist ihnen am liebsten. Das Interview wurde 2012 anlässlich der deutschen DVD-Premiere von THE THOMPSONS geführt.

Eins gleich vorweg – wie kommt man auf den Namen Butcher Brothers?

Der Name erfand sich praktisch von selbst, als wir unseren ersten Horrorfilm machten. Wir hatten schon ein paar andere, normalere Filme gedreht, wollten aber ein Pseudonym für dieses dunklere Material nutzen. Es sollte etwas sein, das leicht wiedererkennbar und erinnerungswürdig ist. Nach einer trinkseligen Nacht und mit einem brutalen Kater am nächsten Morgen waren die Butcher Brothers geboren.

Welche Filme haben euch am meisten beeinflusst?
Wir sind große Fans von Lynch, Cronenberg, Tarantino, Polanski, Hooper, Spielberg – und das sind längst nicht alle.

Wie schwierig war es, THE HAMILTONS mit fast keinem Budget zu produzieren?

Das war eine echte Herausforderung, aber das gilt für jeden Film. Bei THE HAMILTONS hatten wir eine sehr engagierte, kleine Crew, einen Haupthandlungsort und eine Menge Gefallen, die wir erbaten. Eine Freundin ließ uns ihr Haus benutzen. Es hatte diesen kleinen Keller, in dem wir die ganzen Kellerszenen drehten. Da haben wir diesen kleinen Mordraum aufgebaut und dann 14 Tage lang mit unserer tollen Besetzung gearbeitet. Dabei wurde aus uns allen so etwas wie eine kleine Familie, da wir gemeinsam all das durchstehen mussten. Das ist wahrscheinlich auch der Grund, warum wir immer noch alle zusammen arbeiten.

Der Film ist eine interessante Variation des Vampir-Mythos, sozusagen eine Art Mixtur aus Arhaus und Gorefilm. Hattet Ihr Bedenken, dass das eine Element die jeweils andere Klientel vergraulen könnte?

Ehrlich gesagt, hat uns nur interessiert, eine Geschichte zu entwickeln, die auch uns selbst anspricht. Die Idee mit den Vampiren hatten wir schon lange, bevor der Blutsauger-Trend begann. Zudem sind wir von diesem Americana-Traum, der Fassade und der Dysfunktion dahinter fasziniert. Wir dachten, dass eine äußerlich scheinbar normale Familie, die einige Geheimnisse hat, eine interessante Kombination für einen Horrorfilm wäre.

Nach THE HAMILTONS hattet ihr die Gelegenheit, mit APRIL, APRIL – TOTE SCHERZEN NICHT einen Studiofilm zu machen. Wie kam es dazu und hätte es die

Möglichkeit gegeben, dass ihr selbst auch das Drehbuch verfasst hättet?

APRIL, APRIL war Kapitel 1 im Buch der Erfahrungen, die man als junger Filmemacher mit den Studios sammelt. Wir hatten ein Skript für den Film geschrieben, das wir auch richtig interessant fanden. Das Projekt wurde genehmigt und am Ende hatten wir dann ein Drehbuch, das nicht von uns stammte, und einen extrem engen Drehplan. Die Gelegenheit, den Film zu machen, wollten wir uns trotzdem nicht entgehen lassen, also kurbelten wir diesen Film, mit dessen Geschichte wir überhaupt nicht vertraut waren, herunter. Letzten Endes waren das Studio und die Produktionsfirma damit glücklich, aber wir hatten das Gefühl, als ob wir uns dafür aufopfern mussten.

Würdet ihr nochmal für ein großes Studio arbeiten wollen?

Ja, es geht nicht wirklich darum, ob ein Studio nun gut oder schlecht ist. Man muss einfach wissen und verstehen, was die Studios brauchen, während man zugleich versucht, seine eigene Geschichte zu erzählen und deren Integrität zu wahren. Letzten Endes will jeder einen erfolgreichen Film machen. Es wäre ja cool, wenn man auf einen Koffer voller Geld träfe, um sein eigenes Ding zu machen, aber das passiert halt nie...

Mit VON DER BÖSEN ART seid Ihr dann wieder zu den kleinen, eigenen Geschichten zurückgekehrt. Der Film ist immens gewalttätig. Was fasziniert euch an Gewalt?

VON DER BÖSEN ART war unsere Antwort auf APRIL, APRIL. Wir wollten etwas machen, das düster und blutig ist und Grenzen auslotet. Zugleich sollte es aber auch solides Storytelling sein. Wenn man im Horrorbereich arbeitet, kommt immer die Frage auf, wie weit man gehen will. Bei VON DER BÖSEN ART entschieden wir, dass wir ganz tief in dieses Sujet eintauchen wollten. Wir wollten zeigen, was passiert, wenn eine Gruppe von gewalttätigen Menschen von etwas terrorisiert wird, das noch weit gewalttätiger ist. Das von ihnen so weit entfernt ist, dass sie es nicht mal mehr verstehen. Die Gewalt musste sinnlos sein und am Ende beinahe desensibilisierend wirken, während man das Feeling einer guten, Rock'n'Roll-Party hat.

Interessanterweise habt Ihr danach direkt eine Komödie gedreht. Wolltet Ihr zeigen, dass ihr verschiedene Genres beherrscht?

Die ersten paar Filme, die wir drehten, waren ein Drama (LONGCUT) und dann eine Komödie (LURKING IN SUBURBIA). Als wir dann einen Horrorfilm drehten, konnten wir nicht anders, als diese Elemente einfließen zu lassen. THE HAMILTONS und VON DER BÖSEN ART haben beide einen gewollt schwarzen Humor. Uns scheint, dass die besten Horrorfilme immer etwas Galgenhumor besitzen.

Als ihr 2006 THE HAMILTONS verwirklicht habt, dachtet Ihr da gleich schon an die Möglichkeit eines Sequels?

Wir liebten die Figuren aus THE HAMILTONS, wussten aber, dass es schwer werden würde, die Tonalität der Geschichte in einem Sequel neu zu erschaffen. Im Lauf der Zeit arbeiteten wir an verschiedenen Drehbuchversionen und veränderten die Geschichte dabei immer mehr. Cory Knauf, der Francis Thompson spielt, kam an Bord und wir entwickelten dann eine Geschichte, die wirklich zu sich selbst fand, als sich die Gelegenheit ergab, in Großbritannien zu drehen.

Wie lange wurde in Großbritannien gedreht?

Es war ein schneller Dreh, aber wir konnten dennoch sehr viele schöne Sachen auf dem Land drehen. Wir hatten Glück, tolle Schauspieler und sehr gute Crew-Mitglieder zu finden, was die Erfahrung, in England zu drehen, noch schöner gemacht hat. Wir hätten nur gerne etwas mehr vom Land selbst gesehen. Das, was wir sahen, war aber großartig.

War England Eure erste Wahl?

Ja, das war es. Das ergab auch den meisten Sinn für die Mythologie, die wir mit den Filmen aufbauen. Als sich die Gelegenheit dann auch noch ergab, dort zu arbeiten, haben wir zugegriffen.

War das Budget von THE THOMPSONS sehr viel größer als bei THE HAMILTONS?

THE HAMILTONS entstand praktisch mit nichts. THE THOMPSONS war da ein Schritt nach vorne. Wir hatten eine größere Crew und prächtigere Locations, was einen großen Unterschied macht. Aber natürlich war es immer noch ein schneller, dreckiger Indie-Dreh.

Nach zwei Filmen mit der Vampirfamilie stellt sich die Frage: Wie sieht's mit einem dritten Teil aus?

Wir würden gerne eine Trilogie draus machen und haben auch schon eine Geschichte, die uns vorschwebt. Etwas, das die Tonalität beider Filme miteinander kombiniert und Grenzen neu auslotet.

Mit Ausnahme von APRIL, APRIL schreibt Ihr Eure Drehbücher immer selbst. Wie wichtig ist euch diese Form der Kontrolle über die Geschichte?

Es ist wichtig, die Geschichte in ihrer intimsten Form zu kennen – egal, wer sie geschrieben hat. Wir lieben es aber, unsere eigenen Geschichten zu erzählen. Dennoch ist es auch erfrischend, die Arbeit von jemand anderem zu lesen, wenn sie ansprechend ist. Manchmal ist es besser, nicht selbst zu schreiben, damit man eine realistischere Perspektive auf das Material erhält.

Drei neue Filme sind von euch angekündigt: HOLY GHOST PEOPLE, RAISED BY WOLVES und BLACK SUNSET. Was können wir erwarten?

HOLY GHOST PEOPLE ist abgedreht. Es geht um eine junge Frau, die nach ihrer vermissten Schwester sucht und Gerüchten zufolge bei einem Kult lebt, der aus religiösen Gründen mit Schlangen hantiert. Der Film sollte im Januar 2013 auf ersten Festivals zu sehen sein.
In Kürze drehen wir RAISED BY WOLVES. Darin geht es um eine Gruppe von jugendlichen Native-American-Skateboardern, die davon hören, dass es einen leeren Pool auf einer verlassenen Ranch gibt – perfekt fürs Skaten. Aber dort fanden vor Jahren Manson-artige Morde statt. Natürlich nimmt das alles kein gutes Ende.
BLACK SUNSET ist unsere Hommage an den psychedelischen Horrorfilm der 60er und 70er Jahre. Im Moment können wir nur sagen, dass es eine animierte Drogensequenz und einen Killer-Soundtrack geben wird. Wir können es kaum erwarten, mit der Arbeit an dem Film zu beginnen.

Was ist Euer liebster Horrorfilm?

Das sind viel zu viele, aber THE SHINING und DER WEISSE HAI gehören dazu.